JN272087

大学入試
150パターンで解く
英作文

米山達郎 著

研究社

はじめに

英作文で合格答案を書けるようになるためには、以下の3点を実行することが大切です。

> ① 文法的に正しい英文を書くことで減点を最小限に抑える
> ② 答案を見直したときにミスを発見して正しく修正できる
> ③ 自信を持って使いこなせる英文を大量に覚えている

① 文法的に正しい英文を書くことで減点を最小限に抑える

英作文で受験生が犯しやすいミスの根本原因を分類してみると、「日本語の発想での直訳」、「文法知識の不足」、「単語力の不足」、「純粋なケアレスミス」などに大別できます。本書では特に**「文法知識の不足」を解消する**ことに的を絞っています。なぜなら、文法知識は「有限個」なので学習しやすいですし、「客観的」に正誤を判定できますし、英語力全般の向上にも有効だからです。大学入試の英作文問題に限って言えば、「自然な英文を書く」ことよりも、「やや不自然でも文法的に正しい英語を書く」ことの方が大切です。**自分の書いた英語が文法的な観点から正しいかどうかを受験生がセルフチェック**できれば、減点を最小限度に抑えることができ、合格答案に一歩近づけることになるわけです。

② 答案を見直したときにミスを発見して正しく修正できる

英作文では自分の書いた答案を見直して、ミスを発見することが大切です。ただし、「ミスを見つけるぞ！」と決意してもそう簡単にできるわけではありません。それなりの訓練を積まないとミスはうまく発見できないのです。ですから、英作文のミスを能率的に発見するには答案の見直し方を練習する必要があります。本書が豊富な誤答例を掲載しているのには、まさに**「ミスの発見」の練習**を積んで欲しいからです。様々な誤答例をきちんと分析をすることで、ようやく「これは間違っている！」と断言できるようになります。**受験生が犯しやすい典型的なミスを読者の皆さんが「仮想的に」先取り体験する**ことで、本番の試験でそのようなミスを回避することができるのです。本書の誤答例を自分とは無関係だと考えないでください。我が身に置き換えて、「自分は絶対にこんなミスはしないぞ！」と自覚することが大切なのです。

③ 自信を持って使いこなせる英文を大量に覚えている

　単語を覚えて文法を理解するだけでは英作文は上達しません。単語と文法に加えて「英文」を覚えることが大切です。英文という「一定の情報を含んだ文」を大量にインプットしていないと、自然な英文を書くことは不可能です。とはいえ、「とにかく丸暗記だ！」という学習法は意味がありません。大切なのは、**本番の試験で初めて出会う問題に対しても有効活用できるような汎用性の高い英文を確実に覚える**ことです。そのためには、まず英文のポイントを正確に理解することが不可欠です。本書ではこのような「**理解する → 覚える → 応用する**」という学習が効果的に行えるように、類書に比べてもはるかに詳しく丁寧に英文のポイントを解説しています。丸暗記してもすぐに忘れますが、きちんと理解したことは忘れにくいものです。

　以上の3点を確実に実行できるようになるまで、本書に粘り強く取り組んでください。そうすれば必ず英作文で合格答案が書けるようになることを保証します。頑張ってください！

　本書のすべての英文のチェックはRandall Pennington氏とStephen Farrell氏にお願いしました。細かい所まで丁寧にチェックしてくださり、本当にありがとうございました。原稿の内容チェックは久保田智大氏にお願いしました。数々の的確な指摘に感謝します。最後になりますが、今回も編集担当の佐藤陽二さんには非常にお世話になりました。この場を借りてお礼を申し上げます。

米山　達郎

Acknowledgements

　I would like to thank Dr. Randall O. Pennington Jr. of the University of Delaware English Language Institute for his editing and advice in the preparation of this book. Special thanks too to Stephen Sylvester Farrell for proofreading all the sentences. I am very fortunate to have been able to work with both of you.

本書の構成と使い方

Part 1　英作文の基本手順──解法を確認する──　p. 1
　英作文問題を解く上で、受験生に知っていてもらいたい基本知識を確認・整理するパートです。英作文について受験生が抱いている様々な思い込みや誤解を解消することが狙いです。一気に読み通して、英作文の正しい作法の概要を頭の中に描けるようになりましょう。

Part 2　暗唱英文 150 の解説──重要ポイントを理解する──　p. 29
　ポイントを正確に理解した上で、確実に覚えて欲しい英文を紹介するパートです。すべて「短文」に統一していますが、本番の試験で活用できるポイントが満載ですから、じっくりと取り組んでください。最終的にはここで扱う 150 個の英文が、皆さんが覚えるべき『暗唱英文 150』になります。〈解説〉では「そのどこが重要なのか、なぜそうなるのか、どう覚えるべきなのか」というポイントや根拠や学習法も含めて説明しています。単純な丸暗記は無意味です。自分の頭でじっくりと考え、一般常識もフルに利用して、常に別の問題への応用まで意識しながら読み込んでください。

Part 3　誤文訂正問題 150──暗唱英文を定着する──　p. 207
　英作文でミスをなくすためには、答案を見直して自分でミスに気づいて正しく修正する訓練が必要です。150 個の誤文訂正問題を通して「ミス発見センサー」の感度を磨きましょう。誤文訂正問題の番号は、暗唱英文の番号と一致しているので、不正解の場合は該当する暗唱英文の解説に戻ってきちんと復習をしましょう。反復練習こそが英作文の点数アップを保証してくれるのです。

付録　暗唱英文 150──追加ポイント解説──　p. 223
　150 個の暗唱英文を再録し、日本語を見てすぐに英語を思い出す練習が効果的にできるようにしています。この英文を使いこなせたら、まず本番の試験で困ることはありません。すべて完璧に覚えるまで何度でも繰り返し取り組んでください。研究社のホームページから音源をダウンロードして、「耳で聞く → 目で見て音読する → 手を使って紙に書いてみる → 暗唱例文と照らし合わせる → 間違った箇所を修正する」という作業を実践しましょう。

本書の構成通りに必ず「Part 1 → Part 2 → Part 3 → 付録」という順番で学習を進めてください。最大の学習効果が上がるように配慮して、パートの構成や問題の並び方まで工夫していますから、勝手に読み飛ばすことなく、必ずこの順番で取り組むことが肝心です。また、英作文の実力は日々緩やかに向上していくものなので、短期間に集中してたくさんの問題をまとめて解くよりも、毎日少しずつ問題を解いて、少しずつ復習するという学習法を推奨します。もちろん鉛筆を握って紙に英文を書くという作業は必須です。

　暗唱英文 150 を確実に記憶に定着させるためには、繰り返し英文に触れる反復練習が不可欠です。そこで読者の皆さんが携帯電話を使っていつでも手軽に暗唱英文 150 に触れることができるように、ツイッター上で専用のアカウントを作成しました。暗唱英文 150 を「日本語＋英文」の形式でランダムに毎日配信していきます。「大学入試 150 パターンで解く英作文」（@yone19651）をフォローして、反復練習に役立ててください。なお、今後はこのアカウントを通じて、大学入試の英作文に関する様々なお役立ち情報も逐次お届けする予定です。どうぞお楽しみに。

Part 1
英作文の基本手順──解法を確認する──

　英作文に取り組むときに、受験生にぜひ知っていてもらいたい基本的な知識を確認・整理するパートです。英作文について受験生が抱いている様々な思い込みや誤解を解消することが狙いです。一気に読み通して、**英作文の正しい解法の概要を頭の中に描ける**ようになりましょう。
　具体的には、「英作文を書く手順」、「文型や文法の基本」、「品詞・句・節の確認」、「意訳のコツ」などについて解説しています。「英作文問題をどこから手をつけていいかわからない」とか、「英文法の知識を英作文でどのように活用していいかわからない」とか、「直訳と意訳をどのように使い分ければいいかわからない」という受験生は特にじっくりと読み込んでください。
　さらに Part 2 が終わってからもう一度 Part 1 を読み返すことを勧めます。最初に読んだときとは異なる新たな「気づき」がきっとあるはずです。Part 3 が終わってから再度 Part 1 を読めば完璧です。

　英作文の問題を解くときに「どこから手を付ければいいのだろうか？」と迷うかもしれないが、日本語を英語に訳す際の基本的な手順はいつも変わらない。どんな英作文の問題でも原則として以下の手順 1〜4 を守って検討していけばよい。本番の試験でも日頃の学習と**同じ手順を守って英作文の答案を作成する**ことが、合格点を確保するための有効な戦略といえる。

★英作文解法の基本手順
1　【手順1】主語（S）を決定する
2　【手順2】述語動詞（V）を設定する
3　【手順3】修飾表現を処理する
4　【手順4】英文を連結する

（注）上記の手順は「SV が 1 組含まれる短文」という情報単位で実行する。いくつかの文が連なった長い日本語を英訳する場合は、【手順1】を行う前段階として**「長い問題文を SV が 1 組含まれる短文の情報単位に分割する」**という手順が発生することになる。

1 【手順1】主語（S）を決定する

　英語には原則として主語（S）が必要である。よって英作文を書く場合は、まず最初に「**主語を何にすべきか？**」を考えることが大切。もちろん、日本語の主語にあたる語句をそのまま英語でも主語として使えることも多い。
　（例）父が私にこのパソコンを買ってくれました。
　☞日本語の主語にあたる「父が」をそのまま英語でも主語にして、My father bought me this personal computer. とする。

　ところが、日本語の主語にあたる語句をそのまま英語で主語に使えない場合もあるので要注意。
　（例）昨日東京は雨だった。
　☞「東京は」を主語にして（×）Tokyo was rain yesterday. とはできない。「東京は」は場所を表す副詞として表現すべき。「昨日東京では雨が降った」ということなので、It rained in Tokyo yesterday. とするのが自然。

　このように、**日本語の「…が」や「…は」で示された語句が常に英語でも主語として使えるとは限らない**。だから、その日本語の使われている具体的な文脈や状況をよく見極めた上で、一般常識もフル活用して適切な主語を決定することが、英作文では必要になってくるわけだ。

　さらに、**日本語では一人称の「私（たち）」や、二人称の「あなた（たち）」が省略されやすいので、省略された I / We / You を補って英語に訳出しなければならない**場合も多い。
　（例）（朝食を食べたかどうか親から聞かれて…）もう朝食は食べたよ。
　☞「私は朝食を食べた」ということなので、主語を補って I have already had breakfast. となる。
　（例）（朝食を食べない娘に向かって…）朝食は食べるべきだ。
　☞「お前は朝食を食べるべきだ」ということなので、主語を補って You should have breakfast. となる。

　あるいは、日本語でいくつかの文を並べるときも、同じ主語は何度も書かないので、やはり**省略された主語を補って訳す必要がある**。
　（例）息子と2人でサッカー観戦に出かけた。球場に着いたのは試合開始の直前だった。
　→1文目と2文目の主語はどちらも「息子と私＝私たちは」なので、2文目は代名詞の We を主語にするのが適切。全体は My son and I went to see a soccer game. We got to the stadium just before the game started. となる。

以上のように、日本語の主語をそのまま英語で使えない場合や、日本語に主語が明示されていない場合には、問題文の文脈や状況に応じて適切な主語を決定する必要がある。具体的には以下のパターンで考えよう。

(a) 一般主語を使う
(b) 無生物主語を使う
(c) 名詞句を主語にする
(d) 名詞節を主語にする
　（注）句・節がわかっていない人は先に p.16 を読むこと。
(e) 形式主語の It を使う
(f) 前文内容を受ける代名詞を使う

(a) 一般主語を使う

英語の一般主語の you は「特定のあなた」という意味ではなく、「**一般的に人は誰でも（＝people in general）**」という意味になる。
（例）現地に行く方が外国語はうまく習得できる。
<u>You</u> can learn a foreign language better if you visit the country where it is spoken.
☞ この日本語は特定の人だけにあてはまる内容ではなく、「一般的に人は誰でも現地に行く方が外国語はうまく習得できるものである」という一般論を述べているので、一般主語の you を用いるのが適切。

このように**個別の主語が設定できない**文脈や状況では、一般主語の you で書ける場合が非常に多い。英語の一般主語にはいくつかのバリエーションがあるが、以下の 3 点だけ押さえておけば十分。

① 一般主語は you を使うのが原則。英語では筆者から見た読者全般を二人称の you で捉えて、「あなた方は＝皆さんは＝一般的に人は誰でも」という発想で使うからである。
② you と we は交換可能な場合もあるが、一般主語の we を使うときは、**we と対立する別の集団を想定**している場合が多い。we には「（〜とは異なり）私たちは…」というニュアンスがあり、自分たちとそれ以外の存在との違いを前提として使われる。
（例）現代は競争社会だ。
<u>We</u> live in a competitive world.

☞「(過去とは異なり) 我々現代人は競争社会に暮らしている」という文脈では we を用いる方が自然。
(例) ヒトは動物と多くの点で異なっている。
We are different from animals in many ways.
☞「人類／人間／ヒト」は human beings や humans と表現できるが、自然や野生動物などと対比して「私たち人間は」という場合は we を使うことが多い。
③ 一般主語の they / people は you でも we でもない第三者を指す場合に使う。これは三人称複数の they / people の原義とも合うのでわかりやすいだろう。
(注) 単数の第三者には someone / somebody を用いるのが原則。someone / somebody は代名詞で受ける場合は、(1) he、(2) she、(3) he or she、(4) they の 4 通りがあるが、大学入試では (1) he や (4) they を用いるのが無難。

(b) 無生物主語を使う

無生物主語構文とは「無生物」が主語、「人」が目的語という構造で、主語の「無生物」が目的語の「人」に何らかの行為や状態を引き起こすという意味を表す文のことである。
(例) 怪我のせいで彼は明日の試合に出られないかもしれない。
His injury may prevent him from playing in tomorrow's game.
☞「怪我が彼を妨げるかもしれない → 何から？ → 明日の試合に出ることから」
という発想で〈S (無生物) prevent O (人) from doing〉を用いている。
無生物主語で使える動詞はだいたい決まっており、**すべての動詞が無生物主語構文で使えるわけではない**。よって、無生物主語の乱用は慎み、自信がある場合にのみ使うことが大切。まずは人を主語にして書けないかどうかを検討してみて、次に人を主語にしたら書けない、あるいは無生物主語の方が書きやすい場合に限り無生物主語構文を使うくらいを目安にして考えよう。詳しくは Part 2 で扱う。例文を「人主語」で書くと He may not be able to play in tomorrow's game because of his injury. となる。

(c) 名詞句を主語にする

(注) 句・節がわかっていない人は先に p. 16 を読むこと。
主語に使える品詞は名詞や代名詞だが、名詞句も主語として使える。
(例) 毎日運動することは体にいい。
Exercising every day is good for your health.

☞「毎日運動すること」は動名詞句を使って exercising every day と表現できる。名詞句は原則として三人称単数扱いなので、述語動詞は is にする。
（注）不定詞 to do も名詞句になるが、To exercise every day を主語にして、To exercise every day is good for your health. とするのは自然ではない。形式主語の It を用いて It is good for your health to exercise every day. とするのが自然。このように**不定詞句を主語として使うのは避けた方がよい**。よって、**英作文の主語として使える名詞句は実質的には動名詞句だけ**だと考えて構わない。もちろん、「もしあなたが毎日運動したら、あなたは健康になる」と言い換えても文意は大きく変わらないので、一般主語の you を用いて If you exercise every day, you will be healthy. と書くこともできる。

(d) 名詞節を主語にする

（注）句・節がわかっていない人は先に p. 16 を読むこと。

疑問詞節、what 節、that 節、whether 節などの名詞節も主語として使える。
（例）君のやったことは道徳的に間違っていた。
What you did was morally wrong.
☞「君のやったこと」は what 節を使って what you did と表現できる。名詞節は原則として三人称単数扱いなので、述語動詞は was にする。
（注）「彼らが賛成するということは確かだ」はどうなるだろうか？ 主語の「彼らが賛成するということ」は、接続詞 that を使って that they will agree という名詞節で表現できるので、全体は **That** they will agree is certain. となる。ただし、これも形式主語の It を用いた It is certain **that** they will agree. の方が自然。このように **that 節を主語として使うのは避けた方がよい**。もちろん、「彼らはきっと賛成するにちがいない」と言い換えて、They will certainly agree. や They are sure [certain] to agree. と人主語を用いて書くこともできる。

(e) 形式主語の It を使う

「…するのは〈形容詞〉である」という日本語は、形式主語の It を使って書けることが多く、真主語には不定詞句、that 節、疑問詞節、whether 節などを使う。
（例）夜中に一人でこの辺りを歩くのは危険だ。
It is dangerous to walk around here on your own at night.
☞〈It is＋形容詞＋to do〉を用いる。「それは危険だ → 何が？ → 夜中に一人でこの辺りを歩くこと」という発想。
（注）〈It is＋形容詞＋that SV〉を用いた（×）It is dangerous that you walk around here on your own at night. は非文。**形式主語の It に対して、真主語に不定詞句と that 節のどちらを使うかは、形容詞によって決まる**。

(f) 前文内容を受ける代名詞を使う

英語では前文内容を受ける指示代名詞には this / that / it を使うことができる。ただし、it は既出の語句を受ける用法の方がずっと一般的で、前文内容を受ける場合でも if 節や when 節の内容を受けることが多い。英作文で**前文内容を受ける場合は** this や that を使うのが一般的だと考えて構わない。また、この this / that / it も (b) で解説した「無生物主語」に準じて使えば表現の幅が広がるので非常に便利である。

(例) 僕はいつも一人だ。そのせいで孤独を感じる。

I am always alone. This makes me feel lonely.

☞「その」は「僕はいつも一人だ」という前文内容を指すので、This を主語にすればよい。もちろん、「それが理由で孤独だ」と言い換え、Because of this [For this reason], I feel lonely. と人主語を用いてもよい。

〈応用・発展〉

前文内容を this や that で受けて、さらにその前文内容を it で受けるという書き方は英語では頻出する。〈文 1 → 文 2 (this) → 文 3 (it)〉という構成で、this と it は共に〈文 1〉の内容を受ける。

(例) 彼から騙されたせいで、私は悲しかったし、大変困った事態まで生じた。

He deceived me. **This** made me sad. Moreover, **it** caused a lot of trouble.

☞This も it も共に 1 文目の内容 (He deceived me) を受ける。3 文目を this caused a lot of trouble とすると、この this は 2 文目の内容 (This made me sad) を受けることになり、「私が悲しかったことが多くの困った状況を引き起こした」という意味になってしまう。

(例) 僕は宿題をたった 3 日で仕上げた。母親に話したら、「これは奇跡だ！」と言われた。

I finished my homework in just three days. I told my mother about **that**. She told me that **it** was a miracle.

☞that も it も共に 1 文目の内容 (I finished my homework in just three days) を受ける。3 文目を this was a miracle とすると、この this は 2 文目の内容 (I told my mother about that) を受けることになり、「母親に話したことが奇跡だ」という意味になってしまう。

このように、英作文を行う場合には日本語の主語にあたる語句をそのまま英語でも主語に使う必要はないし、そのまま使えない場合も多い。「**どんな主語を使えば一番書きやすくなるか？**」ということを常に念頭に置いて英作文に取り組めばよい。同じ日本語でも主語によって全く異なった英語で書けるのだから、**なるべくミスが避けられそうな主語を選んで英語に訳出するのが最も安全な戦略**と言える。ある主語を決定して書き始めて何か問題が生じた場合は、その主語を見直すことが大切である。ほんのちょっと発想を変えて日本語を言い換えるだけで、はるかに書きやすくなることがある。杓子定規に考えず、もっと柔軟な発想で英作文にアプローチして欲しい。

2 【手順2】述語動詞（V）を設定する

　日本語の述語動詞は省略されることはなく、文末付近に書かれているので発見するのは難しくない。以下の3点に留意して適切な述語動詞（V）を設定しよう。

> (1) 主語とのつながりを考慮して使うべき動詞を定める
> (2) その動詞が使えるフレーズ（＝語法・文型）を確認する
> (3) 文脈・状況・常識を活用して、その動詞の形を微調整する（時制や助動詞など）

（注）【手順2】の述語動詞（V）を設定する際に、「この動詞を用いるとすれば主語はXXXになるな！」とか、「この動詞なら無生物主語の方が自然だ！」などの気づきがあって初めて【手順1】の主語（S）が決まる場合もある。

　（例）私は昨日彼女に謝罪した。
　（1）「謝罪した」が述語動詞 → （2）apologize to A「A（人）に謝罪する」というフレーズを確認（文型はSV）→ （3）「昨日」のことなので過去形にする → I apologized to her yesterday.
　（例）彼が君にお金を貸してくれるかもしれない。
　（1）「貸してくれる」が述語動詞 → （2）lend A B「A（人）にB（物・お金）を貸す」というフレーズを確認（文型はSVO$_1$O$_2$）→ （3）「かもしれない」に相当する助動詞が必要 → He may lend you some money.
　（例）彼女が人を待たせたことはない。
　（1）「待たせる」が述語動詞 → （2）keep A waiting「A（人）を待たせる」というフレーズを確認（文型はSVOC）→ （3）「（今まで）…したことがない〈経験〉」は現在完了形にする → She has never kept anyone waiting.

このように「**動詞の語法（＝動詞の使い方の決まり）**」を正確に覚えていないと動詞の設定はできないことになる。ここでは文型（＝単語の並べ方の決まり）の基本知識と今後の動詞に関する学習法を確認しておこう。文型を理解するコツは**日本語の語順との違いをイメージで実感する**ことであり、動詞の覚え方のコツは**なるべく具体的な「フレーズ」で覚える**ことだ。それぞれの文型で用いる主な動詞のリストや、特に英作文でポイントとなる動詞の語法は Part 2 で詳しく扱うことにする。

動詞の語法から見た文型の考え方
① **第1文型（SV）**

（例1）赤ちゃんが笑った。My baby laughed.

英文には必ず主語（S）と述語動詞（V）があるので、英作文では「誰が／何が」にあたる主語（S）と「どうする／どうした」にあたる述語動詞（V）を確定することになる。（例1）の主語は「赤ちゃんが」＝My baby、述語動詞は「笑った」＝laughed なので、My baby laughed. となる。これは日本語と英語の語順が全く同じなので間違えることはまずない。

（例2）私は大阪に数日間滞在します。

I will stay in Osaka for a couple of days.

「S は V する」という日本語は、主語（S）と動詞（V）だけで成り立つ第1文型（SV）の語順で表現する。日本語と英語の語順が同じなので、S の部分に名詞や代名詞を代入して、V の部分に動詞を代入すれば OK。

ただし、第1文型は S と V だけになることは少なく、〈前置詞＋名詞〉を後ろに伴う場合が多いということを覚えておこう。（例2）は「私」が主語、「滞在する」が述語動詞なので、I（S）＋will stay（V）という語順になり、その後に続けて「大阪に」は in Osaka、「数日間」は for a couple of days と〈前置詞＋名詞〉で表現している。

〈第1文型で用いる動詞の覚え方〉

laugh＝「笑う」とか、wait＝「待つ」という覚え方をしないように。laugh at his jokes「彼のジョークに笑う」とか、wait for a train「電車を待つ」のように**前置詞つきのフレーズで覚える**のがポイント。このようなフレーズで覚えておくと、**動詞の後に前置詞句が続くことで、その動詞が自動詞だと自動的にわかる**という利点がある。動詞と前置詞の相性まで一緒に覚えられるのも利点。

② **第 2 文型（SVC）**
（例 3）彼女は悲しそうに見えた。She looked sad.
「誰は何々である／どうである」という文を書きたいときは第 2 文型を用いる。（例 3）の「彼女は悲しそうに見えた」と書きたいときの主語は「彼女は」、述語動詞は「見えた」。そうすると She looked ... となるが、「何々」に当たる「悲しそうに」が足りない。そこで「...」のところに sad を補う必要がある。このように説明を補う語のことを「補語」と呼ぶ。
（例 4）私は 40 歳の日本人男性です。I am a forty-year-old Japanese male.
「S は C である」という日本語は、主語（S）と動詞（V）と補語（C）から成り立つ第 2 文型（SVC）の語順で表現する。主語（S）の説明を補語（C）で補っているので、結果的に第 2 文型は〈S＝C〉という関係を表すことになる。（例 4）は「私（S）＝40 歳の日本人男性（C）」という関係なので、第 2 文型を用いて I（S）＋am（V）＋a forty-year-old Japanese male（C）. となる。
補語（C）には形容詞や名詞などを使う。（例 3）の補語は形容詞の sad で、（例 4）の補語は名詞の male。さらに、**第 2 文型では〈S＝C〉の関係を表す動詞なら be 動詞以外でも使える。**（例 3）の「彼女は悲しそうに見えた」も「彼女（S）＝悲しかった（C）＋そう見えた（V）」という関係にあることを確認しておこう。
〈第 2 文型で用いる動詞の覚え方〉
become＝「なる」とか、look＝「見える」という覚え方をしないように。become a writer「作家になる」とか、look sad「悲しそうに見える／悲しげな顔をしている／悲しい表情を浮かべる」のように**補語つきのフレーズで覚える**のがポイント。

③ **第 3 文型（SVO）**
（例 5）母はクッキーを焼いた。My mother baked some cookies.
「誰が何をどうする／どうした」という文を書きたいときは第 3 文型を用いる。例文の主語は「母は」、述語動詞は「焼いた」なので My mother baked。今度は「何を」にあたる「クッキーを」が足りない。そこで、some cookies を足して、My mother baked some cookies. で完成。このように「何を」の部分は動詞の動作の目的・対象にあたるので「目的語」と呼ぶ。
（例 6）彼に電話をしてその件について話し合った。
I called him and we discussed the matter.
「S は O を／に V する」という日本語は、主語（S）と動詞（V）と目的語（O）

から成り立つ第3文型（SVO）で表現する。日本語の語順通りに〈S＋O＋V〉とは言えない。日本語を「Sは＋Vする＋Oを／に」という語順に変換して考えるのがコツ。目的語（O）には名詞や代名詞を使う。

　（例6）の前半は「私は（S）＋電話した（V）＋彼に（O）」と語順を変換してI（S）＋called（V）＋him（O）となる。後半は「私たちは（S）＋話し合った（V）＋その件を（O）」と語順を変換してwe（S）＋discussed（V）＋the matter（O）となる。

〈第3文型で用いる動詞の覚え方〉
　（例5）のbakeように自然に目的語が浮かぶ動詞は大丈夫だが、（例6）は（×）I called to him や（×）we discussed about the matter というミスを犯しやすい。これは日本語の「…に」や「…について」に引きずられて前置詞のto やaboutを付けた間違いである。よって、call＝「電話する」とか、discuss＝「話し合う」という覚え方はしないように。第3文型で用いる動詞は **call someone**「誰かに電話する」とか、**discuss something**「何かについて話し合う」のように**目的語つきのフレーズで覚える**のがポイント。このようなフレーズで覚えておくと、**動詞の後に目的語が続くことで、その動詞が他動詞だと自動的にわかる**という利点がある。さらに、**第3文型は日本人が苦手な前置詞を用いる必要がないので、「可能な限りミスを防ぐ」という戦略からも英作文でお勧めといえる。**迷ったらなるべく人主語の第3文型で書くようにしよう。

④ **第4文型（SVO₁O₂）**
　（例7）彼が私にこのCDをくれた。He gave me this CD.
「誰が＋誰に＋何を＋どうする／どうした」という文を書きたいときは第4文型を用いる。この語順は第3文型に「誰に」という目的語を足した形だと考えればよい。（例7）の主語はHe、動詞はgave、「何を」にあたるのはthis CDだが、そこに「私に」という目的語を加えることになる。その場合は、動詞のすぐ後ろに置いて、John gave me this CD. とする。語順は常に「誰に（O₁）」→「何を（O₂）」となる。

　（例8）私は彼に年賀状を送った。I sent him a New Year's card.
「SはO₁にO₂をVする」という日本語は、主語（S）と動詞（V）と2つの目的語（O₁/O₂）から成り立つ第4文型（SVO₁O₂）の語順で表現する。日本語を「Sは＋Vする＋O₁に＋O₂を」という語順に変換して考えるのがコツ。通例O₁には「人」、O₂には「もの」が入る。

　（例8）は「私は（S）＋送った（V）＋彼に（O₁）＋年賀状を（O₂）」と語順を変換

して I (S) ＋ sent (V) ＋ him (O_1) ＋ a New Year's card (O_2) となる。ここでは（×）I sent a New Year's card him というミスに注意。
〈第4文型で用いる動詞の覚え方〉
give＝「与える」とか、send＝「送る」という覚え方をしないように。give someone something「ある人にある物を与える」とか、send people New Year's cards「人々に年賀状を送る」のように**2つの目的語つきのフレーズで覚える**のがポイント。

⑤ **第5文型（SVOC）**
（例9）君は奥さんを幸せにした。You made your wife happy.
「誰が＋誰を（何を）＋どう＋する」という文を書きたいときは第5文型を用いる。（例9）の主語は You、動詞の「した」は made。「奥さんを」は目的語の your wife なので、You made your wife. これだけだと「君は奥さんを…にした」となり、文が不完全なままである。そこで「…」に「どう」に当たる happy を補えば You made your wife happy. となる。この happy も説明を補う語なので「補語」と呼ぶ。

（例10）君を秘書にしよう。I will make you my secretary.
「SはOをCにVする」という日本語は、主語（S）と動詞（V）と目的語（O）と補語（C）から成り立つ第5文型（SVOC）の語順で表現する。日本語を「Sは＋Vする＋Oを＋Cに」という語順に変換して考えるのがコツで、第5文型は「SはO＝CにVする」という関係を表す。補語（C）は目的語（O）の説明を補っている。（例10）の「私は君を秘書にする」は「私は（S）＋する（V）＋君（O）＝秘書（C）」という関係。第5文型を用いて I (S) ＋ will make (V) ＋ you (O) ＋ my secretary (C). となる。
〈第5文型で用いる動詞の覚え方〉
make＝「する」とか、leave＝「放置する」という覚え方をしないように。make someone happy「誰かを幸せにする」とか、leave her alone「彼女を一人の状態に放置する／彼女を一人にしておく／彼女に干渉しない」のように**目的語と補語つきのフレーズで覚える**のがポイント。補語には形容詞、名詞だけでなく、不定詞、現在分詞、過去分詞、動詞の原形など様々な表現が用いられるので、具体的な動詞の語法として個別に覚えていくのが効果的である（詳細は Part2 で扱う）。

ここまでで、英作文を正確に書く鍵は動詞が握っていることは納得できただろう。動詞の使い方が正しかったら、本番の試験でも構造面の減点は最小限度に抑えられる。構造面の減点を最小限度に抑えることが合格の最低条件なので、日頃から動詞を使い方、すなわち「動詞の語法」をきちんと整理して覚えることが大切である。具体的には、以下の点に留意して具体的な作業に取り組むこと。

〈対策①〉動詞は〈動詞＋後続形〉というフレーズで覚える。
　動詞を覚えるときは意味だけ覚えても不十分。単語集や辞書の例文を利用して、**〈動詞＋後続形〉というフレーズで覚えよう**。自動詞と前置詞の相性は個別に覚えていくしかなく、他動詞には目的語として名詞句や名詞節をとるものがある。つまり、動詞の後に続くのは前置詞か？ 名詞か？ その名詞は人か物か？ 不定詞か動名詞か？ that節か疑問詞節か？ …という具体的なカタチまで覚えていなければ、正確な英文は書けないのだ。動詞がどんな要素を後に続けるかを一発で思い出せるように、フレーズ暗記法を実行してもらいたい。

〈対策②〉中学校で習うような基本動詞の使い方にこそ習熟する。
　「難しい日本語を英語に訳すときは難しい単語を用いなければならない」と思っている皆さん。それは完全に間違った思い込みである。大学入試の英作文で出題される動詞の90%は、中学校までに学習した基本動詞で書くことができる。難しい動詞は使える状況や文脈は限られており、応用性や汎用性に欠ける傾向がある。逆に**基本的な易しい動詞ほど状況や文脈に制限されずに広く使える**。基本動詞を馬鹿にしないで、確実に使いこなせるようにしよう。**基本動詞こそ辞書をこまめに引くことを勧める**。

〈対策③〉長文の復習をする際に、英作文の視点から英文を検討する。
　長文の復習は「英語 → 日本語」という観点から、英文の日本語訳ばかりに注目してしまう。しかし、皆さんが日頃読んでいる長文こそが、英作文の手本とすべき正しい自然な英語のモデルなのである。長文の復習を日本語訳の確認だけで終わらせるのはもったいない。必ず、**長文で出てきた動詞の使い方にまで注意を払うようにしよう**。この復習法を実践することによって、その**動詞が用いられる適切な状況や文脈が自然と体得できる**ことになる。まさしく、英文を書く力は、英文を読む力と表裏一体なのである。動詞の語法だけでなく、**冠詞、前置詞、時制などの使い方にも注目して長文を復習する**とさらに効果的である。

3 【手順3】修飾表現を処理する

SV を設定して文の骨格が決まったら、以下の3点に留意して修飾表現の処理に移ろう。

- **(1) 名詞を修飾する短い表現は〈形容詞＋名詞〉で処理する**
- **(2) 名詞を修飾する長い表現は〈名詞＋形容詞句・形容詞節〉で処理する**
- **(3) 名詞以外を修飾する表現は副詞・副詞句・副詞節で処理する**
---

(1) 名詞を修飾する短い表現は〈形容詞＋名詞〉で処理する

（例）彼は最も優秀な生徒の一人だ。He is one of the best students.
☞「最も優秀な」は「生徒（名詞）」を修飾する形容詞。英語も日本語と同様に〈形容詞＋名詞〉の語順が原則。

(2) 名詞を修飾する長い表現は〈名詞＋形容詞句・形容詞節〉で処理する

（例）彼は私が5年前に英語を教えていた生徒だ。
He is a student whom I taught English to five years ago.
☞関係詞節 whom I taught English to five years ago は名詞 student を修飾する形容詞節。「私が5年前に英語を教えていた」は「生徒（名詞）」を修飾する長い形容詞的要素なので、〈名詞＋関係詞節〉を用いている。このように**名詞に文情報が加わる場合は関係詞節を用いる**のが一般的。
（例）私は壁の絵が見える。I can see the picture on the wall.
☞前置詞句 on the wall は名詞 picture を修飾する形容詞句。
（例）私を助けてくれる友人はいない。I have no friends to help me.
☞不定詞句 to help me は名詞 friends を修飾する形容詞句。
（例）隣に住んでいる大学生と話した。
I talked to the college student living next door.
☞現在分詞句 living next door は名詞 college student を修飾する形容詞句。
（例）会議で議論された問題は重要だった。
The problems discussed in the meeting were important.
☞過去分詞句 discussed in the meeting は名詞 problems を修飾する形容詞句。

（注）形容詞句は上記の4種類。前置詞句は他の表現で書き換えることが難しいので、地道に前置詞に慣れていこう。不定詞句、現在分詞句、過去分詞句のほとんどが関係詞節で書き換えられる。よって英作文では無理に使わなくてもよい。

(3) 名詞以外を修飾する表現は副詞・副詞句・副詞節で処理する

　名詞を修飾するのが形容詞で、名詞以外を修飾するのが副詞だと理解しておけばよい。

① 副詞は動詞を修飾する
　（例）彼女は速く走った。She ran fast.
　　☞fast は副詞で、動詞の ran を修飾している。
② 副詞は形容詞を修飾する
　（例）彼女はとても健康だ。She is very healthy.
　　☞very は副詞で、形容詞の healthy を修飾している。
③ 副詞は副詞を修飾する
　（例）彼女はとても速く走った。She ran very fast.
　　☞very は副詞で、副詞の fast を修飾している。
④ 副詞は文を修飾する
　　ありがたいことに彼女は健康だ。Fortunately, she is healthy.
　　☞fortunately は副詞で、she is healthy という文を修飾している。

　副詞句・副詞節は原則として動詞（や動詞を含む文）を修飾すると理解すればよい。

　（例）私は壁に絵を掛けた。I put the picture on the wall.
　　☞前置詞句 on the wall は動詞 put を修飾する副詞句。
　（例）友人を見送るために空港まで行った。
　I went to the airport to see a friend off.
　　☞不定詞句 to see a friend off は動詞 went を修飾する副詞句。
　（例）私は音楽を聴きながら公園を走った。
　I ran in the park, listening to music.
　　☞現在分詞句 listening to music は動詞 ran を修飾する副詞句（＝いわゆる分詞構文）。
　（例）若い頃はよくアジア旅行をした。
　When I was young, I often traveled to Asia.
　　☞接続詞節（＝従属節）When I was young は主節 I often traveled to Asia を修飾する副詞節。

　（注）動詞の語法のミスのような文構造に関わる重大なミスに比べたら、**形容詞や副詞のミスは「ニュアンスの誤差」という軽度の減点対象になるので、あまり神経質になる必要はない**。「すごい」という形容詞の訳出として great, wonderful, fantastic, marvelous

14

のどれがいいかという採点基準は設けていないから過度の心配は無用。ただし、**語順や句・節のミスは構造上のミスとみなされる**ので、やはり、文法的に正しい英語を書くことを最優先すべきである。

4 【手順4】英文を連結する

「主語の決定」→「述語動詞の設定」→「修飾表現の処理」という手順を繰り返せば、1つのまとまった意味内容と英文構造を持った短文がいくつか揃ったことになる。あとはその**短文どうしを適切に連結して長文に構成する**ことになる。文（SV）と文（S'V'）を連結して長文に構成する方法には以下の3パターンがある。

> (1) 副詞（句）(however, on the other hand など) で連結する
> (2) 等位接続詞 (and, but, or, so など) で連結する
> (3) 従属接続詞 (if, because, though, that など) で連結する

(1) 副詞（句）で連結する
（例）彼は頭はいいが、賢明ではない。He is clever. However, he is not wise.
☞ however は副詞。直後にコンマを付けることがポイント。

(2) 等位接続詞で連結する
（例）彼は頭はいいが、賢明ではない。He is clever, but he is not wise.
☞ but は等位接続詞。but の直後にはコンマはつけない。

(3) 従属接続詞で連結する
（例）彼は頭はいいが、賢明ではない。Though he is clever, he is not wise.
☞ though は従属接続詞。He is not wise(,) though he is clever. と主節を最初に書いてもよい。

文と文が複雑に絡み合った長文の英作文の解き方は、**短くて単純な構造の短文に分解して**、「主語の決定」→「述語動詞の設定」→「修飾表現の処理」を実行し、**最終的にその短文どうしをうまく連結する**という手順を踏めばよい。英文を連結する副詞（句）や接続詞は Part 2 で詳しく学習する。

〈参考〉
英文を書くという観点から、句・節の基本を整理しておこう。ここでは、文法で学んだ知識が英作文でどのように応用できるかという見取り図を描くことが目標だ。句と節の理解は英文解釈においても欠かせない知識なので、じっくりと読み込んで基本を正確に理解しておこう。

〈句・節の定義と種類〉
　2語以上の単語が集まって1つの名詞や形容詞や副詞に相当する働きをする場合、その「カタマリ」を「句」や「節」と呼ぶ。句と節には次の違いがある。

> **句**：主語と動詞が含まれないカタマリで、そのカタマリが名詞の働きをするものを「名詞句」、形容詞の働きをするものを「形容詞句」、副詞の働きをするものを「副詞句」と呼ぶ。
> **節**：主語と動詞が含まれるカタマリで、句の場合と同じようにその働きによって、「名詞節」・「形容詞節」・「副詞節」と呼ぶ。

① **前置詞句**

　形容詞句（＝名詞を修飾）と副詞句（＝名詞以外を修飾）の働きをする。同じ前置詞を使っていても、修飾する対象の違いによって、形容詞句と副詞句に働きが区別されることを確認しておこう。
　（例）私は壁の絵が見える。I can see the picture on the wall.
　☞前置詞句 on the wall は、名詞 picture を修飾する形容詞句。
　（例）私は壁に絵を掛けた。I put the picture on the wall.
　☞前置詞句 on the wall は、動詞 put を修飾する副詞句。

〈英作文における考え方〉

　日本語には前置詞は存在しないので、どんな前置詞を使うかは基本的には覚えるしかない。皆さんが学習する日頃の英語長文が格好の手本となる。今後は習った英文の復習をする際に、前置詞の使い方にも十分に注意を払うこと。とはいえ、それまで習っていない前置詞の使い方が出題される場合もあるので、その場合は減点覚悟で何かの前置詞を使うしかない。前置詞の減点はそれほど大きくないのであまり神経質にならないこと。あるいは、その英文を「前置詞句以外の表現を使って書けないだろうか？」という発想が非常に大切だ。「**内容さえ大きくずれなければ、表現形式は自由である**」というのが英作文の大前提なので、**品詞変形や構造変形の発想**を有効活用して、**前置詞との正面勝負を避ける**のも手である。
　（例）作文では短文を使いなさい。
　〈前置詞を用いた解答〉In compositions, you should use short sentences.
　☞前置詞に in を使うことを知っている受験生はまずいない。
　〈前置詞を用いない解答〉When you are writing compositions, you should use short sentences.
　☞「あなたが作文を書いているときには」という〈接続詞＋文〉に構造変形すれ

ば、前置詞で悩まなくてよくなる。

② 不定詞句

名詞句（＝S/O/Cになる）、形容詞句、副詞句の働きをする。
〈英作文における考え方〉
(1) 名詞句
- 主語（S）：主語に不定詞句を使うのは避けるべき。〈It is＋形容詞＋to do〉が頻出する。
- 目的語（O）：目的語に不定詞句を用いる他動詞は無理に覚えなくても良い。なぜなら、目的語に動名詞を用いる他動詞を覚えてしまえば、それ以外はすべて目的語に不定詞句を用いると判断して構わないからだ。
- 補語（C）：〈S is to do〉「Sは…することである」のように補語に不定詞句を用いるパターン。

(2) 形容詞句
　不定詞句が名詞を修飾する場合、そのほとんどが関係詞節で処理できる。つまり、わざわざ不定詞を使う必要はない。
　（例）「私を助けてくれる友人」a friend to help me
　☞「友人が私を助ける」という主格の関係なので、a friend who will help me と、主格の関係代名詞を用いて書ける。
　（例）「私が助ける友人」a friend for me to help
　☞「私が友人を助ける」という目的格の関係なので、a friend（whom）I will help と、目的格の関係代名詞を用いて書ける。

よって、英作文では暗唱英文 **77** で紹介する「同格用法」の不定詞句だけを使う必要があると考えて構わない。
　（例）「夢を実現する機会」a chance to realize a dream
　☞これは関係詞では書けない。a chance to do「…する機会」というフレーズで覚えよう。他の表現形式で書くことが不可能な場合は、割り切って覚えるしかないわけである。

(3) 副詞句
　不定詞句が名詞以外を修飾する場合、「目的、結果、感情の原因、判断の根拠、程度」などの意味になり、英作文では多用されるし、慣用表現も多いので十分に習熟する必要がある。とはいえ、このあたりの知識は文法問題の重要ポイントでもあるので、日頃の学習でも触れる機会が非常に多く、実際の入試ではそれほど差はつかないのが現状である。

③ **動名詞句**

　名詞句の働き（＝S/O/C）をする。
〈英作文における考え方〉
　英作文で特にポイントになることはないが、動名詞句は主語に用いてもよいということと、avoid doing「…することを避ける」や mind doing「…することを気にする」などの〈SV doing〉のフレーズで用いる他動詞は覚えなければならない。

④ **分詞句**

　形容詞句と副詞句（＝分詞構文）の働きをする。
〈英作文における考え方〉
（1）形容詞句
　形容詞句として名詞を修飾する場合、関係詞節で処理できるので、英作文では特に分詞句を使わなくてもよい。ただし、分詞を使うと時制の問題をクリアーでき短い表現で済むという利点もある。
　　（例）「英語を話している男」　the man speaking English
　　☞「男が英語を話す」という能動関係。関係詞節を用いて the man who is speaking English と書ける。
　　（例）「世界で話される言語」　the language spoken in the world
　　☞「言語が話される」という受動関係。関係詞節を用いて the language which is spoken in the world と書ける。
　もちろん、分詞が単独で名詞を修飾する a crying baby（泣いている赤ちゃん）や injured people（負傷者）という表現も使うが、日本語と同じ語順で直訳できるので、ミスをすることはまずない。
（2）副詞句（＝分詞構文）
　「分詞構文」は文法や解釈では重要項目だが、「理由、時、条件、譲歩、連続」の意味の分詞構文は、原則として英作文では使う必要はない。具体的な接続詞の because, when, if, though, and などを使って「接続詞＋文」で処理したほうが意味が明確になるからである。よって、英作文では「付帯状況」の意味の分詞構文だけ使えば十分と考えて構わない。特に〈with＋名詞＋分詞〉の表現は頻出する。

⑤ **関係詞節**

　原則として形容詞節の働きをする。

〈英作文における考え方〉
　日本語で「文＋名詞」のように「文」が「名詞」を修飾している場合、英語では「名詞＋関係詞節」の構造で書くことが原則である。すでに解説したように、関係詞節は不定詞句や分詞句の代わりをしてくれる汎用性の高い表現だ。名詞を修飾する表現としては、とにかくまずは関係詞節を優先すること。英作文で最も頻繁に用いる修飾表現なので十分に習熟することが大切である。文法でも関係代名詞と関係副詞の違いなどは徹底的に学習するのでそれほど英作文ではミスをすることはない。ところが、「制限用法（コンマなし）」と「非制限用法（コンマあり）」の区別は、文法問題ではそれほど問われないが、英作文では重要ポイントになるので注意が必要。制限用法とは、「関係詞の内容を否定した別の先行詞も存在する場合に使う」ので、「先行詞が固有・唯一存在の場合は非制限用法を使う」という目安で考えればよい。

（例）「神社仏閣がたくさんある町」

a town where there are a lot of shrines and temples

☞「神社仏閣がたくさんない別の町」もこの世に存在するのは当然なので、制限用法（コンマなし）を使う。

（例）「神社仏閣がたくさんある京都」

Kyoto, where there are a lot of shrines and temples

☞「京都」は固有名詞なので非制限用法（コンマあり）を使う。制限用法にすると、「神社仏閣がたくさんない別の京都」がこの世に存在することになってしまう。

⑥ **疑問詞節**
　原則として名詞節（＝S/O/C）の働きをする。
〈英作文における考え方〉
　英作文では間接疑問として使う場合に、疑問詞節内の語順のミスが多いので注意が必要である。
　（例）彼女がどこに住んでいるか知らない。I don't know where she lives.
　☞（×）where does she live の語順は不可。
　（例）彼がどれほど金持ちなのか知らない。I don't know how rich he is.
　☞（×）how he is rich の語順は不可。

⑦ **接続詞節**
　原則として副詞節の働きをする。

〈英作文における考え方〉
　例外的に that / if / whether などは名詞節の働きをする場合もあるが、このあたりは英文解釈の重要ポイントでもあるので、受験生はあまり間違わないのが実情である。念のために等位接続詞と従属接続詞と接続副詞の違いだけは再確認しておくことを勧める。

　以上の句と節の 7 パターンの大まかな使い分けを以下の表で確認しておこう。

句	名詞句	形容詞句	副詞句
① 前置詞句	×	○	○
② 不定詞句	○	○	○
③ 動名詞句	○	×	×
④ 分詞句	×	○	○

節	名詞節	形容詞節	副詞節
① 関係詞節	×	○	×
② 疑問詞節	○	×	×
③ 接続詞節	×	×	○

（注）関係代名詞 what や接続詞 that / whether が名詞節の働きを持つなど、この表には例外もある。

　英作文を解く基本手順の説明は以上でおしまい。最後に日本語をうまく英語に意訳するコツを紹介する。意訳のコツには次の 4 パターンがある。

（1）易しく言い換える
（2）人主語で言い換える
（3）品詞や構造を変える
（4）なるべく簡潔に書く

（1）易しく言い換える
　日本語特有の漢字を多用した抽象的で難しい表現は、そのまま直訳しても英語にうまく訳せない場合が多い。そういう場合は「もっと易しい近似的な表現に言い換えられないか？」と考えることが大切。**子どもに対してわかりやすく具体的**

に説明してあげるつもりで、**もっと易しい表現に言い換える**ことがコツ。

（例）「情報の氾濫に対する懸念」

☞ この日本語を子どもに易しく説明するとしたら、**worry about too much information**「多すぎる情報を心配する」くらいで十分。「氾濫」や「懸念」という難しい漢字を、「多すぎる」や「心配する」と標準的な表現に言い換えている。

さらに、日本語の慣用句や比喩表現も、英語に直訳できない場合がほとんどである。日本と欧米では文化・伝統・歴史が異なるので、日本語と英語の慣用句や比喩表現にも大きな違いが出てくるわけである。よって、日本語の慣用句や比喩表現が出題されたときも、**子どもに易しく説明するつもりで言い換え**よう。

（例）猿も木から落ちる。

☞ このことわざを子どもに易しく説明するとしたら、**Anyone can make a mistake.**「誰でもミスをすることがある」くらいで十分。すべての慣用句や比喩表現を暗記するのは不可能だし、暗記したものが必ず出題されるという保証もない。

(2) 人主語で言い換える

「散歩は楽しみである」「散歩が楽しみになった」「散歩の楽しみ」などのように、日本語では名詞 A/B を用いて「A は B である」「A は B になる」「A の B」という表現を頻繁に使う。ところが、このような表現を A is B、A becomes B、B of A と直訳したら、英語として不自然になることが多い。このような場合は**「人主語」を用いて日本語を言い換える**と書きやすくなる。人主語で始めて、次にその人主語と自然につながる動詞を設定するのだが、動詞は日頃から**「フレーズ暗記法」で後続形まで覚えている**ので、文法的なミスも少なくなる。

（例）散歩が楽しみになった。

直訳は Walk became pleasure. だが、これは自然な英語とは言えない。「人主語」を用いて日本語を言い換えてみると、以下のようにずいぶん英語が書きやすくなる。

〈意訳1〉「私は散歩をすることを楽しむようになった」

　　　　I began to enjoy walking.

☞ 「楽しみ」という名詞を「…することを楽しむ」という動詞に変えている点に注目。〈enjoy doing〉というフレーズは受験生におなじみなのでミスも少ない。結果的に「散歩」と「楽しみ」という2つの名詞は使わなくて済むことになる。

〈意訳2〉「私は散歩することが楽しいと思った」I found it pleasant to walk.
☞「楽しみ」という名詞を「楽しい」という形容詞に変えている点に注目。〈find it＋形容詞＋to do〉というフレーズは受験生におなじみなのでミスも少ない。結果的に「散歩」と「楽しみ」という2つの名詞は使わなくて済むことになる。

名詞 pleasure については、〈give A pleasure〉「A に楽しみを与える」は覚えておくべき表現なので、以下のように無生物主語を用いて書くこともできる。
〈意訳3〉「散歩をすることが私に楽しみを与えてくれた」
　　　　Walking gave me pleasure.

(3) 品詞や構造を変える

「日本語が名詞なら英語も名詞で書かなければならない」とか、「日本語が文なら英語も文で書かなければならない」と誤解をしている受験生が非常に多い。実際には**日本語の意味する内容が 8～9 割くらい答案に再現されていれば、英語の表現形式は自由である**」というのが英作文の基本原則である。つまり、内容さえだいたい同じだったら、品詞や文構造といった表現まで一致させる必要はないのだ。よって、**英作文では問題文の日本語の品詞や文構造を自由に変形して英訳してよい**ことになる。日本語の品詞や文構造を崩さないように無理に直訳するよりは、品詞や文構造を変形して意訳する方が書きやすくなることも多い。具体的な変形に関しては以下のパターンをじっくりと理解しよう。

① 名詞は動詞や形容詞などに品詞変形してみる

日本人が英作文で名詞を用いるとミスが増える。なぜなら、英語の名詞を選択すると可算・不可算の区別、単数形・複数形の区別、特定・不特定の区別、冠詞類の区別、一緒に用いる前置詞との相性…などの複雑な区別と組み合わせを検討しなければならないからである。よって、英作文ではなるべく名詞を使わない方がミスは減ることになる。具体的には、**問題文の日本語が名詞でも動詞や形容詞などに品詞変形**してみよう。「この名詞は複数形かな？」「冠詞は a かな the かな？」「名詞と名詞をつなぐ前置詞は何だろう？」などと迷ったら、速やかに名詞との真っ向勝負を避けて別の品詞に変えることが大切。

（例）「彼女の話す英語のうまさ」
「うまさ」に相当する英単語は簡単には浮かばない。品詞変形をすると以下のように書きやすくなる。

〈意訳1〉「彼女は英語を話すのがうまい」She is good at speaking English.
☞ 名詞の「うまさ」を形容詞の good「うまい」に品詞変形している。〈be good at (doing) A〉「A (すること) がうまい」は受験生におなじみのフレーズ。

〈意訳2〉「彼女は英語をうまく話す」She speaks English well.
☞ 名詞の「うまさ」を副詞の well「うまく」に品詞変形している。

(例)「その歌手の人気の高まり」
　直訳は the rise of popularity of the singer だが、名詞を3つも使うことになる。品詞変形をすると以下のように書きやすくなる。
〈意訳1〉「その歌手はより人気がある」The singer is more popular.
〈意訳2〉「その歌手はより人気になった」The singer has become more popular.
☞ 名詞 popularity を形容詞 popular「人気がある」に品詞変形して、「高まり」の内容を「より人気がある」と比較級に持ちこむ (← 名詞が3個から1個に減る!)。あとは問題文の具体的な状況に応じて時制などは微調整すれば良い。

　このように「増加／減少／上昇／下降／拡大／縮小／前進／後退」などの表現は、**形容詞や副詞の比較級に品詞変形する**と書きやすくなることが多いということをぜひ覚えておこう。「人気の高まり／人気上昇／人気アップ」とは、以前の人気と現在の人気を比較して、「以前よりも現在の方が人気がある」ということだからである。
　(例)「…の人気の衰え／人気の下火」
　　　→ be less popular「…はより人気がなくなる」
　(例)「…の可能性の増大」
　　　→ be more likely to do「…する可能性がより高くなる」
　(例)「…の可能性の低下」
　　　→ be less likely to do「…する可能性がより低くなる」

② **句や節へ構造変形してみる**
　英作文で名詞を安易に用いるのを避けるためには、**名詞句や名詞節などへの構造変形**も積極的に活用してもらいたい。動名詞や疑問詞節などを用いると、受験生が苦手とする「可算名詞と不可算名詞の区別」や「冠詞の使い分け」などの心

配事が一気に解決できるので非常に便利。

（例）病は必ずしも不幸とは限らない。
「病」は illness / sickness / disease のどれが、「不幸」は unhappiness / misfortune / misery のどれがふさわしいのか、名詞の選択は面倒な問題が多すぎる。以下のように構造変形をしてみよう。

〈意訳 1〉Being sick doesn't necessarily mean that you are unhappy [being unhappy].
☞「病気であることはあなたが不幸であるということを必ずしも意味しない」という言い換え。「病」を「病気であること」という動名詞句に、「不幸」を「あなたが不幸であるということ」という that 節や動名詞句に変形している。〈**S mean that 節 [doing]**〉は「S は…を意味する／（結果として）…ということになる」という意味で英作文ではよく用いる表現。

〈意訳 2〉It doesn't necessarily mean that you are unhappy just because you are sick
☞「病気だからといって、必ずしも不幸であるということにはならない」という言い換え。「病」を「あなたが病気だから」という副詞節に変形している。〈**It doesn't necessarily mean that ～ just because . . .**〉は「…だからといって、必ずしも～ということにはならない」という意味の定型表現。

〈**how SV**〉は「どのように…」が直訳だが、名詞の構造変形に活用できる。
（例）「日本人の死生観」how Japanese people view death
☞「日本人は死をどのようにみなすのかということ」という言い換え。「人生観（how S view life）」「世界観（how S view the world）」などにも応用できる。
（例）「人が痛みを感じるメカニズム」how people feel pain
☞「人は痛みをどのように感じるのかということ」という言い換え。「脳のシステム（how the brain works）」「会社の仕組み（how the company is organized）」などにも応用できる。

〈**how＋形容詞・副詞 . . .**〉は「どの程度…／どのくらい…／いかに…」が直訳だが、以下のように応用することもできる。
（例）「彼女の以前の勉強量」how much she used to study
☞「どのくらい多く彼女は以前勉強していたかということ」という言い換え。

(例)「彼女の英語の語彙力」how many English words she knows
☞「どのくらい多く英単語を彼女は知っているかということ」という言い換え。

〈how＋形容詞・副詞 . . .〉は「…さ／…度／…性」などの**抽象名詞の意訳**にも大活躍する。
(例)「その本のおもしろさ」how interesting the book is
☞「その本がいかにおもしろいかということ」という言い換え。「難しさ (how difficult S is)」や「すごさ (how great S is)」などにも応用できる。
(例)「その女優の世界での知名度」how famous the actress is in the world
☞「その女優が世界でいかに有名かということ」という言い換え。「密集度／混雑具合 (how crowded S is)」や「好感度／人気度 (how popular S is)」などにも応用できる。
(例)「野生動物の危険性」how dangerous wild animals can be
☞「野生動物がいかに危険でありえるかということ」という言い換え。「重要性／大切さ (how important S is)」や「希少性／珍しさ (how rare S is)」などにも応用できる。

関係代名詞 what を用いた〈**what S is (like)**〉という定型表現も便利。
(例)「**10年前の東京 (の町並み)**」what Tokyo was (like) ten years ago
(例)「**20年後の日本 (の姿／のあり方)**」what Japan will be (like) in 20 years
(例)「**オリンピックの理想像／あるべき姿**」what the Olympic Games should be

(4) なるべく簡潔に書く
　日本語では直接的な表現より曖昧な婉曲表現が好まれるが、婉曲表現をそのまま直訳すると不自然な英文になることが多い。英作文ではこのような**日本語の婉曲表現のニュアンスは思い切って削り取り、できるだけ簡潔に書く**ようにしよう。コツは「要するに言いたいことは何だ？」という**中心的な情報に絞り込んで英訳する**ことである。
　さらに、形式を整えるためだけに用いられ、具体的な情報価値を持たない「**虚辞（きょじ）**」にも注目しよう。日本語の虚辞をすべて英訳すると不自然になってしまうので、原則として**虚辞は無視する**ように心がけよう。要するに、**瑣末な情報はなるべく切り捨てて中心情報を優先的に簡潔に書く**ことが、英作文では重要なのである。

（例）やはりそれが実情というものではないだろうか。I think that is the case.
☞「やはり」は after all、「…というもの」は同格表現、「…ではないだろうか」は wonder / suspect / doubt のどれを使えば良いかな？ …などと婉曲表現をすべて訳そうとしたらダメ。書き手が伝えたい**中心情報**は「私はそれが実情だと思う」ということ。「やはり…／…というもの／…ではないだろうか」などの婉曲的なニュアンスはすべて無視して簡潔に書くこと。

（例）理解できない点があったら、僕の場合はまあネットなどで調べますかね。
If there is something I don't understand, I usually search the Internet.
☞「点」は point、「…の場合は」は in the case of、「まあ…」は well、「…など」は and so on、「…ですかね」は付加疑問文を用いる…などと婉曲表現をすべて訳そうとしたらダメ。書き手が伝えたい**中心情報**は「もし私が何か理解できないことがあれば、たいていネットを検索する」ということ。

（例）携帯電話は便利な道具だ。The cell phone is useful.
☞「道具」は tool / device / instrument / machine のどれが適切か？ …などと考え始めたらダメ。携帯電話が「道具」なのは当たり前。よって「道具」は情報としては余分な表現（＝わざわざ書かなくてもよい表現）とみなすことができる。このような**重複情報は虚辞として無視**して、「携帯電話は便利だ」と簡潔に書けばよい。同様に、「日本は暮らしやすい国だ」「父は頑固な人物だ」「数学は難しい科目だ」という日本語も虚辞の発想を用いて「日本は暮らしやすい（← 日本が国なのは当たり前）」「父は頑固だ（← 父が人物なのは当たり前）」「数学は難しい（← 数学が科目なのは当たり前）」という中心情報だけを書けばよい。

（例）彼は自転車に乗って職場に行く。He goes to work by bicycle.
☞ by car / by bus / by train など〈by＋（無冠詞の）名詞〉は〈移動手段〉を表す。by bicycle は「自転車に乗って／自転車で」という意味。「乗って」という**動詞的な意味がそもそも前置詞 by に含まれている**ことに注目して欲しい。これは sit around the fire「火を囲んで座る」、dance to music「音楽に合わせて踊る」、cut meat with a knife「ナイフを使って肉を切る」、a man with a camera「カメラを持った男性」、the influence of TV on children「テレビが子どもに与える影響」なども同じである。**日本人は前置詞に動詞的な意味合いを加えて理解している**わけだ。このような感覚は、英

文解釈で英語を日本語に訳す際に、前置詞に動詞的な意味合いを補って訳さないと日本語として不自然になるという具体的な経験を通して徐々に習得していくしかない。

（例）その国の面積はとても広い。**The country is large.**
☞ 形容詞の large には、そもそも「面積が広い」という意味がある。つまり、わざわざ「面積」という名詞を書かなくても、形容詞 large に名詞の「面積」の情報は含まれているわけである。これは tall「身長が高い」、narrow「幅が狭い」、light「重さが軽い」、far「距離が遠い」、often「機会・頻度が多い」なども同じで、わざわざ「身長・幅・重さ・距離・機会」という名詞を書かなくても、形容詞だけでその情報は過不足なく伝わる。**形容詞や副詞にはそれを用いる単位や分野を表す名詞が最初から意味的に含まれている**わけだ。このような感覚は、英単語を覚える際に日本語との違いに細かい注意を払うことで自然に身についていく。

〈参考〉
日本語に書かれている表現を英語では無視して表現しないのが「虚辞」だったが、逆に**日本語に書かれていない表現を英語では補って表現する**のが「補訳（ほやく）」である。日本人が特に間違えやすい補訳は「目的語の補訳」、つまり必要な目的語を書き忘れてしまうミスだ。そのような「目的語の付け忘れ」のミスを防ぐには、動詞は後続形を含めたフレーズで覚えるという「フレーズ暗記法」を徹底するしかない。

（例）久保田純一郎と申します。ジュンと呼んでください。
（×）My name is Kubota Junichiro. Please call Jun.
（○）My name is Kubota Junichiro. Please call me Jun.
☞ call O C「O を C と呼ぶ」というフレーズで覚えておけば、「ジュンと呼んでください」に「私をジュンと呼んでください」と目的語を補訳して訳出できることになる。日本語では省略できても、**英語では目的語は省略できない**。なお、call A は「A に電話する」という意味なので、Please call Jun は「ジュンに電話する」という意味になる。

Part 2
暗唱英文150の解説——重要ポイントを理解する——

　　ポイントを正確に理解した上で、確実に覚えて欲しい150個の英文を紹介するパートです。本番の試験で活用できる実践的なポイントが満載ですから、じっくりと取り組んでください。最終的にはここで扱う150個の英文が、読者の皆さんが覚えるべき「暗唱英文150」になります。

　　和文に対する英訳として正しいものを a) と b) の2つの英文から選んでください。ただし英文の中には **a) と b) の両方が正しい場合もある**ので気をつけてください。自分なりに2択問題の解答を考えてから〈解説〉を読むようにしましょう。

　　〈解説〉では「そのどこが重要なのか、なぜそうなるのか、どう覚えるべきなのか」というポイントや根拠や学習法も含めて説明しています。単純な丸暗記は無意味です。自分の頭でじっくりと考え、一般常識もフルに利用して、常に**別の問題への応用まで意識**しながら読み込んでください。

　　150個の英文の並びには意味があります。体系的に理解できるように、Part 1 で説明した英作文の作成手順に沿って並べてありますから、必ず**英文の番号の順番通りに学習を進める**ようにしてください。

　　熟読して内容を十分に理解したら、**文法ルールや語法などの定型表現は何度も繰り返して完全に覚える**ようにしましょう。見出しの英文は150個ですが、**解説に含まれる例文も加えると合計で500個以上**になります。

---

❶ 朝早く彼女からメールが届きました。
a) I got an e-mail from her early in the morning.
b) She e-mailed me early in the morning.

解説
▼英文にはすべて主語が必要である。ただし**日本語で「…は」や「…が」が付いた名詞が英語でもそのまま主語に使えるとは限らない**。本問は「メール」に「…が」が付いているが、「メール」を主語にした（△）An e-mail arrived . . . は自然な英語とは言えない。

▼「私は彼女からメールを受け取った」と人主語で言い換えて、I (S) got (V) an e-mail (O) from her. とする方がずっと自然な英語になる。あるいは「彼女は私にメールを送った」と言い換えて、She (S) e-mailed (V) me (O)... でもよい。このように**なるべく「人主語」を用いることが自然な英文を書くための最大のコツ**だということを常に念頭に置いて、英作文に取り組むこと。

▎解答

1 朝早く彼女からメールが届きました。
a) I got an e-mail from her early in the morning. (○)
　　←「私は彼女からメールを受け取った」
b) She e-mailed me early in the morning. (○)
　　←「彼女は私にメールを送った」

❷ インターネットのおかげで私たちは世界中の人々と意思疎通を図ることができるようになった。
a) Thanks to the Internet, we have become able to communicate with people all over the world.
b) The Internet has enabled us to communicate with people all over the world.

▎解説

▼人主語を優先的に使うという基本戦略に加えて、英語では「人以外のもの（＝無生物）」を主語に使うことも珍しくない。「無生物が人を…する／…させる」という日本語は違和感があるが、英語では自然な表現になることも多い。特に「原因・理由・条件」などを表す無生物を主語に用いて、それが人に何らかの働きかけをするという表現はよく使われる。

▼「**S のおかげで A は…できるようになる → S（無生物）は A（人）が…するのを可能にする**」は〈**S enable A to do**〉と表現する。本問も「インターネットは私たちが世界中の人々と意思疎通を図るのを可能にした」と言い換えて、〈S enable A to do〉を用いた b) が正解になる。

▼無生物主語の表現は使いこなせるようになると非常に便利であるが、無生物主語と一緒に使える動詞（V）はだいたい決まっているので、最初のうちは本書で学んだ動詞だけを使うようにして、徐々に様々なバリエーションに慣れていけば十分である。また、**その動詞と無生物主語を一緒に用いることができるかどうか自信がない場合は、無理に「無生物主語」を使わないで「人主語」で書くことを優**

先しよう。

|解答|
2　インターネットのおかげで私たちは世界中の人々と意思疎通を図ることができるようになった。
a) Thanks to the Internet, we have become able to communicate with people all over the world. (○) ← 人主語
b) The Internet has enabled us to communicate with people all over the world. (○) ←〈S（無生物）enable A（人）to do〉

> **❸** ひどい風邪を引いたせいで金曜日の授業に出ることができなかった。
> a) A bad cold prevented me to attend classes on Friday.
> b) A bad cold prevented me from attending classes on Friday.

|解説|
▼「SのせいでAは…できなくなる → S（無生物）はA（人）が…するのを妨げる」は〈**S prevent A from doing**〉と表現する。本問も「ひどい風邪は私が金曜日の授業に出ることを妨げた」と言い換えて、〈S prevent A from doing〉を用いた b) が正解。人主語を用いれば I couldn't attend classes on Friday because I had a bad cold. となる。
▼〈S enable A to do〉と〈S prevent A from doing〉は逆の意味になる。

> 2　〈S enable A to do〉「SのおかげでAは…できるようになる」〈可能・実現〉
> ↕
> 3　〈S prevent A from doing〉「SのせいでAは…できなくなる」〈不可能・非実現〉

|解答|
3　ひどい風邪を引いたせいで金曜日の授業に出ることができなかった。
a) A bad cold prevented me to attend classes on Friday. (×)
b) A bad cold prevented me from attending classes on Friday. (○)
　　←〈S（無生物）prevent A（人）from doing〉
|別解|　I couldn't attend classes on Friday because I had a bad cold. (○) ← 人主語

❹ この映画を見ると私はいつも爆笑する。
a) This movie always makes me to burst out laughing.
b) This movie always makes me burst out laughing.

解説

▼「S が原因で A は…することになる → S（無生物）は A（人）を／に…させる」は〈S make A do〉と表現する。本問も「この映画はいつも私を爆笑させる」と言い換えて〈S make A do〉を用いた b）が正解。

▼英作文では無生物主語を用いた〈S make A do〉の表現を頻繁に用いるので、追加例文で慣れるようにしよう。可能なら make の見出しで辞書を引いて用例を増やすことが望ましい。

(例1) 魚の臭いをかぐと気分が悪くなった。
The smell of fish made me feel sick.
☞「魚の臭いが私を気分悪くさせた」という発想。feel は動詞の原形。

(例2) その髪型にすれば 10 歳若く見えますよ。
That haircut will make you look ten years younger.
☞「その髪型はあなたを 10 歳若く見えるようにする」という発想。look は動詞の原形。

(例3) どうして君はそう思うのですか。
What makes you think so?
☞「何があなたにそう思わせるのか」という発想。think は動詞の原形。

(例4) 強風のせいで涙が止まらない。
The strong wind is making my eyes water.
☞「強風が目に涙を出させているところだ」という発想。water「(目が) 涙を出す」は動詞の原形。目的語が人以外であることにも注目。

解答

4 この映画を見ると私はいつも爆笑する。
a) This movie always makes me to burst out laughing. (×)
b) This movie always makes me burst out laughing. (○)
　　← 〈S make A do〉
　別解 Whenever I see this movie, I burst out laughing. (○) ← 人主語

❺ 彼女の姿を見るだけで怒りを覚えることもある。
a) Just seeing her sometimes makes me angry.
b) Just seeing her sometimes makes me anger.

|解説|

▼「S が原因で A＝C になる → S（無生物）は A（人）＝C（の状態）にする」は〈S make A C〉と表現する。この表現の C（補語）には形容詞、分詞、名詞などを用い、A＝C の関係（A is C）が成立することがポイント。
　（例）あの映画のおかげで彼はスターになった。
　That movie has made him a star.
　☞「あの映画が彼＝スターにした」という発想。him＝a star の関係（He is a star）が成立する。
▼本問は「ただ彼女の姿を見ることが私＝怒っている状態にすることがある」という発想。angry は形容詞。me＝angry の関係（I am angry）が成立する。よって a) が正解。b) の anger「怒り」は抽象名詞。me＝anger の関係（I am anger「私は怒りです」）は成立しない。
▼〈S make A C〉は人主語で「S（人）は A（人）＝C（の状態）にする」という使い方もできる。
　（例）君を幸せにしたい。I want to make you happy.
　☞人主語。happy は形容詞。you＝happy の関係（You are happy）が成立する。
▼英作文では無生物主語を用いた〈S make A C〉の表現を頻繁に用いるので、追加例文で慣れるようにしよう（可能なら make の見出しで辞書を引いて用例を増やすことが望ましい）。

（例1）学校がうるさくてなかなか勉強できない。
The noise in the school makes learning difficult.
☞「学校の騒音が学習＝困難にする」という発想。difficult は形容詞。
（例2）毎日散歩すればより健康になるよ。
It will make you healthier to take a walk every day.
☞「毎日散歩することが君＝より健康にする」という発想。it は形式主語、to take a walk every day が真主語。healthy は形容詞。
（例3）鎖によってその犬は動きにくくなった。
The chains have made it harder for the dog to move.

☞「鎖は犬が動くこと＝より困難にした」という発想。it は形式目的語、to move が真目的語。hard は形容詞。
（例4）この件とは無関係だということをはっきりさせたい。
I'd like to make it clear that I have nothing to do with this.
☞ 人主語。「…ということ＝明確にする」という発想。it は形式目的語、that 節が真目的語。clear は形容詞。(例3/4)のような〈**make it＋形容詞＋to do**〉と〈**make it＋形容詞＋that 節**〉の表現も英作文では非常に便利。ぜひ習熟したい。

■解答
5　彼女の姿を見るだけで怒りを覚えることもある。
a) Just seeing her sometimes makes me angry. (○) ←〈S make A C〉
b) Just seeing her sometimes makes me anger. (×)
　　← 抽象名詞は補語に使えない。

■まとめ
無生物主語を用いた主な表現

① 〈S enable A to do〉「S は A が…するのを可能にする」「S のおかげで A は…できるようになる」
② 〈S prevent A from doing〉「S は A が…するのを妨げる」「S のせいで A は…できなくなる」
③ 〈S make A do〉「S は A に…させる」「S が原因で A は…することになる」
④ 〈S make A C〉「S は A＝C（の状態）にする」「S が原因で A＝C になる」
⑤ 〈S help A (to) do〉「S は A が…するのに役立つ」
⑥ 〈S allow A to do〉「S は A が…するのを許可する [認める]」
⑦ 〈S force A to do〉「S は A が…するのを強制する」「S のせいで A は…せざるをえなくなる」
⑧ 〈S remind A of B〉「S は A に B を思い出させる」「S を見ると [聞くと] A は B を思い出す」
⑨ 〈S show that 節〉「S は（事実や証拠として）…ということを示す」「S を見ると [聞くと] …とわかる／S は…ということの証拠だ」

（例⑤）この本を読めば英語の語彙を増やすのに役立つだろう。
This book will **help** you (to) increase your English vocabulary.

〈人主語の別解〉If you read this book, you will be able to increase your English vocabulary.
（例⑥）プライドが高かったので彼は自分のミスを認めなかった。
His pride didn't **allow** him to admit his mistakes.
〈人主語の別解〉He was so proud that he didn't admit his mistakes.
（例⑦）その事故のせいで彼女は約束を取り消さなければならなくなった。
The accident **forced** her to cancel her appointment.
〈人主語の別解〉She had to cancel her appointment because of the accident.
（例⑧）この写真を見るといつも古き良き時代を思い出す。
This photo always **reminds** me of the good old days.
〈人主語の別解〉Whenever I see this photo, I think of the good old days.
（例⑨）彼の発言は怒っている証拠だった。（← 彼の発言は彼が怒っていることを示した）
His remark **showed** that he was angry.
〈人主語の別解〉When I heard his remark, I realized that he was angry.

❻ 残念ながら僕の英語はあまり進歩していないと思う。
a) I'm afraid I'm not making much progress with English.
b) I'm afraid I'm not making a progress very much with English.

■解説
▼英語の名詞は3種類に大別することが可能。

① 可算名詞と不可算名詞の両方に用いることができる（可算と不可算で意味が変わる場合もある）
② 可算名詞にしか用いることができない（＝「絶対可算名詞」と呼ぶ）
③ 不可算名詞にしか用いることができない（＝「絶対不可算名詞」と呼ぶ）

（例）「火がつく」catch fire
　　「近所で火事が起きた」A fire broke out in my neighborhood.
☞fireは「物質としての火（← 数えられない）」では不可算名詞、「具体的な火事、火災（← 数えられる）」では可算名詞。
（例）「2つの部屋」two rooms
　　「5人分のスペース」room for five people

☞ room は可算名詞では「部屋（← 数えられる）」、不可算名詞では「スペース、余地（← 数えられない）」という意味。

▼英作文ではまず ③「絶対不可算名詞」を確実に覚えて、① の使い分けは徐々に**慣れていくという学習法が現実的**である。本問の progress は絶対不可算名詞なので（×）a progress とは言えない。

★主な絶対不可算名詞

> □ advice「助言、忠告」□ baggage [luggage]「（旅行用の）手荷物」
> □ evidence「証拠」□ furniture「家具」□ homework「宿題」
> □ housework「家事」□ information「情報」□ knowledge「知識」
> □ news「知らせ」□ scenery「景色」□ damage「損害、被害」
> □ fun「楽しみ」□ harm「害」□ progress「進歩」□ traffic「交通（量）」
> □ wealth「富、財産」□ weather「天気」

▼多くの名詞は可算名詞と不可算名詞の両方に用いることができる（→ ① のパターン）。特に**不可算名詞に形容詞を加えると可算名詞に変わる**ことは多い。名詞に形容詞を付けることで他の名詞と区別するという観点が強まり、区別できるということは複数個の種類が存在することになり、まさにその名詞を「数えている」ことになるからである。このあたりの感覚は英文を読む（復習する）ときに、名詞の可算と不可算の使い分けに細かい注意を払うという地道な経験を通して培うしかない。

(例)「達成感」the sense of achievement
☞「達成すること」という動詞的なニュアンス。具体的な形がないので不可算名詞扱い。

(例)「偉大な業績」**a** great achievement
「数々の業績」many achievement**s**
☞「達成した結果＝目に見える業績」というニュアンス。形容詞が付くことで他の業績と区別して（数えて）いるという意識が生じるので可算名詞扱い。

|解答|

6　残念ながら僕の英語はあまり進歩していないと思う。
a) I'm afraid I'm not making much progress with English.（○）
　← progress は絶対不可算名詞。
b) I'm afraid I'm not making a progress very much with English.（×）

❼ 彼はこの高校の生徒で、クラスで一番だ。
a) He is the student at this high school, and he is a top of the class.
b) He is a student at this high school, and he is the top of the class.

解説

▼「不特定の可算名詞」は〈a [an] ＋名詞〉と表すが、この不定冠詞の a [an] は「1つ／1人」という意味ではなく、**複数存在する名詞の中の 1つ／1人の名詞（＝one of the＋複数名詞）**」という意味になることも多い。本問でも高校の生徒が「1人」という状況は常識的に考えられない。「高校に存在する複数の生徒の中の 1人」ということなので a student（＝one of the students）とするのが自然である。よって b) が正解。日本人は不定冠詞 a [an] をすべて「1つ／1人」という意味だと誤解しているので要注意。

　（例）ここに 1 週間滞在した。I stayed here for a week.
　　☞この a week は one week の意味。

▼「特定の名詞」には〈the＋名詞〉を使う。この定冠詞の the がまさに「1つ／1人だけ（＝他に存在しない）」や「全部／全体」という意味になる。英作文では**読み手が文脈や常識から何を指すのかを明確に判断できる名詞には the をつける**と考えればよい。本問でも常識的にクラスのトップは「1人だけ（＝他に 1 番はいない）」なので、the top とするのが自然である。

　（例）お店があったが、ドアは閉まっていた。
　We found a store, but the door was closed.
　　☞文脈からこのドアが「そのお店のドア（＝特定のドア）」であることは明らかなので the door とするのが正しい。さらに、「**旧情報 → 新情報**」の〈**情報展開の原則**〉からも the door とするのが自然である。一般的に、書き手が読み手に新情報を伝えたいときは、読み手が知っていると予想されること（＝旧情報）は文頭付近に置き、読み手が知らないと予想されること（＝新情報）は文末付近に置く。

We「私たち（旧情報）が何をしたかと言うと…」
→ found a store「ある店を見つけた（新情報）」
☞読み手には「お店」という情報が来るとは予測できないはずなので〈a＋名詞〉を用いている。
but the door「そのお店のドア（旧情報）は…」
→ was closed「閉まっていた（新情報）」

> ☞ a door とするとそのお店とは無関係な読み手の知らない「不特定のドア」になるので不自然。

解答

7　彼はこの高校の生徒で、クラスで一番だ。
a) He is <u>the student</u> at this high school, and he is <u>a top</u> of the class. (×)
b) He is <u>a student</u> at this high school, and he is <u>the top</u> of the class. (○)

---

❽ 英語を学ぶ目的の1つは、外国人の考え方を知ることである。
a) One of the purposes of learning English is to learn about foreigners' ways of thinking.
b) One of purpose of learning English is to learn about foreigner's ways of thinking.

解説

▼例えば book (本) ははっきりした形を持ち、「1冊の本、2冊の本…」と数えられる可算名詞だが、可算名詞の book を英作文でそのまま使うことはできない。可算名詞は「**特定 vs. 不特定**」と「**単数形 vs. 複数形**」を組み合わせて以下のように4パターンの使い分けをするのが基本。

① a [an] ＋可算名詞の単数形	不特定＋単数	**a** book (ある1冊の本)
② the＋可算名詞の単数形	特定＋単数	**the** book (その1冊の本)
③ 可算名詞の複数形	不特定＋複数	book**s** (ある複数の本)
④ the＋可算名詞の複数形	特定＋複数	**the** book**s** (その複数の本)

▼可算名詞を a / the / -s を付けないで、そのままの形で使うことはできないので、(×) This is book. のような使い方はできない。b) の purpose と foreigner がこのミスを犯している。

▼例えば water (水) ははっきりした形を持たず、「1つの水、2つの水…」とは数えられない不可算名詞。不可算名詞はそもそも「単数形 vs. 複数形」の区別はない。よって、不可算名詞は「特定 vs. 不特定」の2パターンの使い分けだけを考えればよい。

⑤ 不可算名詞そのまま	不特定	water（水）
⑥ the＋不可算名詞	特定	<u>the</u> water（その水）

▼不可算名詞に単数形や複数形は存在しない。よって、a water（ある一つの水）/ waters（ある複数の水）/ the waters（その複数の水）という使い方はできない。
▼英作文で名詞を使う場合は、上記の合計6パターンの組み合わせを常に意識することが大切。とくに、可算名詞をそのまま使うミスと不可算名詞に不定冠詞をつけたり複数形にするミスだけは絶対にしないこと。本問の「目的」と「外国人」は以下の組み合わせになる。

「…の目的の1つ」（○）One of the purposes...　（×）One of purpose...
　☞「…の1つ」とは「複数個の要素から成る特定の集合体から任意の1つの要素を選ぶ」ということなので、〈one of the＋複数名詞〉となる。ここでも「英語を学ぶ目的はいくつかある → そのいくつかある特定の目的の中の1つの不特定の目的」ということなので、④〈特定＋複数〉の the purposes とするのが正しい。

「外国人」（○）foreigners　（×）foreigner
　☞本問の状況では「どの国の外国人」であるかは特定できない。さらに、常識的に外国人は複数存在するので、③〈不特定＋複数〉の foreigners とするのが正しい。**複数名詞の所有格**を表す foreigners' という形にも注意しよう。

|解答|
8　英語を学ぶ目的の1つは、外国人の考え方を知ることである。
a) One of <u>the purposes</u> of learning English is to learn about <u>foreigners'</u> ways of thinking.（○）
b) One of <u>purpose</u> of learning English is to learn about <u>foreigner's</u> ways of thinking.（×）

---

❾ 誰に車を貸したの？――友達。
a) Who did you lend your car? — I lent a friend it.
b) Who did you lend your car? — I lent it to a friend.

|解説|
▼「A（人）に B（物・お金など）を貸す」は〈**lend A B**〉や〈**lend B to A**〉と表現する。「旧情報 → 新情報」の〈情報展開の原則〉に従って、〈lend A B〉の場合は B が新情報、〈lend B to A〉の場合は A が新情報になる。よって以下の例文は自

然な英語になる。

(例) I lent him a car. ←〈lend A B〉(B が新情報)
☞ I lent him「私が彼に（旧情報）何を貸したかというと…」→ a car「車だった（新情報）」

(例) I lent my car to him. ←〈lend B to A〉(A が新情報)
☞ I lent my car「私が自分の車を（旧情報）貸したのは誰かというと…」→ to him「彼だった（新情報）」

▼本問は疑問詞 who を用いているので、相手が知りたい新情報は「貸した相手」である。よって、who の答えである新情報 a friend を文末で表現する〈lend B to A〉を用いた b) が自然な語順となる。代名詞は前出語句を受けるのでもちろん旧情報。代名詞 it（＝my car）を文末に置いた a) の語順は不自然な語順になる（→旧情報は文頭付近で表現すべきだから！）。

▼第 4 文型（SVO_1O_2）は、目的語に用いる名詞と代名詞によって、以下の 4 通りの組み合わせが考えられるが、実際には ③ ④ は非文になる（→旧情報を表す代名詞を文末で用いているから！）。③ ④ の場合は**第 3 文型（SVO_2 to O_1）を用いること**。前置詞句になると文末に代名詞を置いても不自然にはならない。本問の a) は ③ の非文のパターンに相当するので不可。

① SV＋名詞＋名詞	(○) lend a friend a car
② SV＋代名詞＋名詞	(○) lend him a car
③ SV＋名詞＋代名詞	(×) lend a friend it
→ SV＋代名詞＋to＋名詞	(○) lend it to a friend
④ SV＋代名詞＋代名詞	(×) lend him it
→ SV＋代名詞＋to＋代名詞	(○) lend it to him

■解答
9 誰に車を貸したの？——友達。
a) Who did you lend your car? — I lent a friend it. (×)
　　←〈lend A B〉(B が新情報)
b) Who did you lend your car? — I lent it to a friend. (○)
　　←〈lend B to A〉(A が新情報)

■まとめ
第 4 文型に用いる主な動詞

① 〈前置詞 to タイプ〉
＊give him a cake＝give a cake to him「彼にケーキをあげる」という書き換えをする動詞
□ give A B「A に B を与える」□ hand A B「A に B を手渡す」
□ lend A B「A に B を（無料で）貸す」□ offer A B「A に B を提供する」
□ pay A B「A に B（金額）を払う」□ send A B「A に B を送る」
□ show A B「A に B を示す」□ tell A B「A に B（情報）を伝える」
□ teach A B「A に B（学科）を教える」□ write A B「A に B（手紙）を書き送る」
② 〈前置詞 for タイプ〉
＊buy her a cake＝buy a cake for him「彼にケーキを買ってあげる」という書き換えをする動詞
□ buy「買ってあげる」□ cook「料理してあげる」□ get「手に入れてあげる」□ make「作ってあげる」□ find「見つけてあげる」

⑩ なんてすてきなドレスなのかしら。試着してみれば。
a) What a nice dress! Why don't you try it on?
b) What a nice dress! Why don't you try on it?

解説

▼「旧情報の代名詞を文末に置くのは不自然」という特徴は、put on「（衣服）を身に付ける」、take off「（衣服）を脱ぐ」などの句動詞（＝他動詞＋副詞）の使い方にも現れている。
　（例）turn A on / turn on A「A（テレビ・照明）をつける」

① 〈turn＋名詞＋on〉Could you turn the light on?（○）
② 〈turn on＋名詞〉Could you turn on the light?（○）
③ 〈turn＋代名詞＋on〉Could you turn it on?（○）
　← 代名詞は他動詞と副詞で挟むのが原則。
④ 〈turn on＋代名詞〉Could you turn on it?（×）
　← 代名詞を文末に置くのは非文。このミスだけ注意。

▼本問も try it on の語順が正しいので a) が正解。a nice dress を the dress という名詞で受ければ、try on the dress という語順も正しくなる。代表的な句

動詞は次のものを覚えよう。

> □ put on A / put A on「A（衣服）を身につける」
> □ try on A / try A on「A（衣服）を試着する」
> □ take off A / take A off「A（衣服）を脱ぐ」
> □ turn on A / turn A on A「A（テレビ・照明）をつける」
> □ turn off A / turn A off「A（テレビ・照明）を消す」
> □ put off A / put A off「A（予定）を延期する」
> □ pick up A / pick A up「A（人）を車で迎えに行く」
> □ carry out A / carry A out「A を実行する」
> □ look up A / look A up「A を（辞書で）調べる」
> □ bring up A / bring A up「A（子ども）を育てる」

■解答

10 なんてすてきなドレスなのかしら。試着してみれば。
a) What a nice dress! Why don't you try it on?（○）
　　←〈他動詞＋代名詞＋副詞〉
b) What a nice dress! Why don't you try on it?（×）

> ⓫ 彼女のマンションは東京の都心にある。
> a) There is her condominium in central Tokyo.
> b) Her condominium is in central Tokyo.

■解説

▼「〈名詞〉が〈場所〉に存在する、ある、いる」は〈there is＋名詞＋場所〉と表現できるが、この表現で用いる〈名詞〉は**〈不特定の名詞〉**に限るのが原則。
　（例）机の上に本がある。
　There is a book on the desk. / There are some books on the desk.
　☞ a book / some books は不特定の名詞。

▼〈名詞〉が**〈特定の名詞〉**の場合には〈There is＋名詞＋場所〉の表現を使うことはできず、**〈名詞＋is＋場所〉**と表現する。旧情報である特定の名詞を文頭で表現するのは、「旧情報 → 新情報」の〈情報展開の原則〉からも当然のことである。

▼本問の「彼女のマンション（her condominium）」は所有格が付いた〈特定の名詞〉なので、〈名詞＋is＋場所〉を用いた b）が正解。このように**日本語では同じ〈存在〉を表す「…がある、いる、ない、いない」でも、名詞が〈不特定〉か〈特**

42

定〉かによって**英作文では表現を使い分ける**ことに注意しよう。
　（例）そのサラリーマンはまだ喫茶店にいた。
　（○）The office worker was still in the cafe.
　（×）There was still the office worker in the cafe.
　☞「そのサラリーマン（the office worker）」は特定の名詞。**the / that / this / those / these などが付いた名詞**は「その…／あの…／この…／それらの…／これらの…」という意味になることからも、〈特定の名詞〉だとすぐにわかる。
　（例）東京スカイツリーは彼の会社から近いところにある。
　（○）Tokyo Skytree is close to his office.
　（×）There is Tokyo Skytree close to his office.
　☞「東京スカイツリー（Tokyo Skytree）」は世の中に1つしか存在しない**固有名詞**なので、もちろん〈特定の名詞〉。

|解答|
11　彼女のマンションは東京の都心にある。
a) There is her condominium in central Tokyo.（×）
　　← 特定の名詞に〈there is＋名詞＋場所〉は使えない。
b) Her condominium is in central Tokyo.（○）
　　← 特定の名詞には〈名詞＋is＋場所〉を使う。

⓬ 僕には信頼できる友人がいない。
a) There is no reliable friend with me.
b) I have no reliable friends.

|解説|
▼「ある、ない、いる、いない」という日本語に対して、いつも〈There is＋名詞＋場所〉や〈名詞＋is＋場所〉の表現が使えるとは限らない。状況に応じて適切な表現を工夫することが大切。
　（例1）運転免許はあるが、車はない。
　（○）I have a driver's license, but I don't have a car.
　（×）There is a driver's license, but there is no car.
　☞そもそも〈There is＋名詞＋場所〉という表現は「具体的な場所に物や人が存在する」という状況に焦点を当てた表現である。よって、「机の上に免許証がある（There is a driver's license on the desk.）」とか、「駐車場には

車が一台もない（There are no cars in the parking lot.）」という状況なら〈There is＋名詞＋場所〉を使うのが自然である。ところが、（例1）は「私は運転免許証を持っているが、車は持っていない」という「**所有の有無**」に焦点を当てている状況なので、**人主語と have** を用いるのが適切。本問もこのパターン。よって b) が正解。

（例2）（あたりを探してみて）財布がないぞ！
（○）I can't find my wallet! / My wallet is gone [missing]!
（×）There is not a wallet. / I don't have a wallet.

☞ I don't have a wallet. は「（普段から）財布は持っていない／財布は使わない（主義だ）」という意味。（例2）は「自分の財布がたまたま見つからない／財布がどこかに行った」という状況なので I can't find my wallet. とするか（← 人主語の発想）、〈**S is gone [missing]**〉「**S が行方不明／S が一時的に見つからない**」という表現を使うのが適切。

■解答
12　僕には信頼できる友人がいない。
a) There is no reliable friend with me. （×）
b) I have no reliable friends. （○）
　　←「僕は信頼できる友人を持っていない」という発想。

⓭ この問題については医者と相談した方がいい。
a) You should discuss about this problem with a doctor.
b) You should discuss this problem with a doctor.

■解説
▼「**A について話し合う、議論する、相談する**」は〈**discuss A**〉や〈**talk about A**〉と表現する。日本語の「…について」に引きずられて、（×）discuss about ... とするミスが非常に多い。

▼「discuss は『議論する』という意味の他動詞」とか、「talk は『話し合う』という意味の自動詞」という覚え方は即座に止めること。discuss this problem や talk about this problem のように具体的なフレーズで覚えていれば、discuss の後には this problem という目的語が来るので discuss は他動詞だとわかり、talk の後には about this problem という前置詞句が来るので talk は自動詞とわかる。

▼他動詞や自動詞の区別を暗記する必要はなく、〈**discuss A**〉や〈**talk about A**〉

といった具体的なフレーズで覚えておけば他動詞か自動詞なのかは自然と判断できる。この「フレーズ暗記法」は英作文を書く上で効果絶大なので、一日も早く自動詞と他動詞の丸暗記から脱却しよう。

|解答|
13　この問題については医者と相談した方がいい。
a) You should discuss about this problem with a doctor. (×)
b) You should discuss this problem with a doctor. (○)
　　←〈discuss A with B〉「A について B と話し合う」

|別解|
You should talk about this problem with a doctor. (○)
←〈talk about A with B〉「A について B と話し合う」

⑭　迷子の犬を探しています。近くの公園の中はすでに探しました。
a) I am searching a lost dog. I have already searched for the nearby park.
b) I am searching for a lost dog. I have already searched the nearby park.

|解説|
▼動詞の search には 2 通りの使い方がある。〈search for A〉で「A（という求める対象）を探す」、〈search A〉で「A（という場所）を探す」という意味になる。よって、「迷子の犬を探しています」は「探し求めている対象」なので〈search for A〉を用いて、I am searching for a lost dog. となり、「近くの公園の中はすでに探しました」は「探す場所」なので〈search A〉を用いて I have already searched the nearby park. となる。このような場合は、自動詞・他動詞を区別するというよりも、〈search for A〉と〈search A〉という 2 種類のフレーズの形で具体的な意味と使用状況を理解して覚える方がずっと効率的であることを納得してもらいたい。

|解答|
14　迷子の犬を探しています。近くの公園の中はすでに探しました。
a) I am searching a lost dog. I have already searched for the nearby park. (×)
b) I am searching for a lost dog. I have already searched the nearby park. (○) ←〈search for A〉と〈search A〉の違い。

> ⓯ 彼女は3日前に日本を離れた。私は1週間後にフランスに旅発つ予定だ。
> a) She left Japan three days ago. I am going to leave for France in a week.
> b) She left from Japan three days ago. I am going to leave to France in a week.

■解説

▼動詞の leave には2通りの使い方がある。〈**leave A**〉で「**A（出発地）を離れる**」、〈**leave for A**〉で「**A（目的地）に向かう**」という意味になる。よって、「彼女は3日前に（出発地の）日本を離れた」は She left Japan three days ago. となり、「私は1週間後に（目的地の）フランスに旅発つ予定だ」は I am going to leave for France in a week. となる。やはり具体的なフレーズの形で個別に覚えることが大切。

■解答

15　彼女は3日前に日本を離れた。私は1週間後にフランスに旅発つ予定だ。
a) She left Japan three days ago. I am going to leave for France in a week.（○）←〈leave A（出発地）〉と〈leave for A（目的地）〉の違い。
b) She left from Japan three days ago. I am going to leave to France in a week.（×）

> ⓰ 彼は正午までにはきっとそこに到着するにちがいないと思う。
> a) I am sure that he will arrive there by noon.
> b) I am sure that he will get there by noon.

■解説

▼「**Aに到着する**」は〈**arrive at A**〉や〈**get to A**〉というフレーズを使う。よって「そこに到着する」を（×）arrive at there や（×）get to there とするのは不可。there や here などの**副詞は前置詞の目的語になれない**からである。よって arrive there / get there とするのが正しい。at A / to A という前置詞句（＝副詞句）が副詞 there に変わったと考えればわかりやすい。「Aに到着する」は〈**reach A**〉というフレーズも使えるが、（×）reach there は不可。**副詞は他動詞の目的語にはなれない**からである。

▼自動詞と他動詞の正しい使い方は次の4通りだけになる。

① 〈**自動詞単独**〉　　　　　　　He arrived.「到着した」
☞ 自動詞は単独で用いることができる。後に副詞(句)が続くことが多い。
② 〈**自動詞＋前置詞＋名詞**〉　　He arrived at the station.「駅に到着した」
☞ 自動詞の後に前置詞句が続くパターン。
③ 〈**自動詞＋副詞**〉　　　　　　He arrived there.「そこに到着した」
☞ 自動詞の後に副詞が続くパターン。② の at the station が ③ の there に変わったと考えればよい。
④ 〈**他動詞＋名詞**〉　　　　　　He reached the station.「駅に到着した」
☞ 他動詞には必ず目的語が続く。目的語になるのは名詞(句)や代名詞。

☞ 上記の 4 通りの使い方以外の、〈自動詞＋名詞〉、〈自動詞＋前置詞＋副詞〉、〈他動詞単独〉、〈他動詞＋副詞〉という形はすべて不可。このミスも英作文では頻発するのでくれぐれも注意しよう。

(×) He arrived the station. ←〈自動詞＋名詞〉
☞ 自動詞は名詞を目的語にとることはできない。

(×) He arrived at there. ←〈自動詞＋前置詞＋副詞〉
☞ 原則として〈前置詞＋副詞〉という形はない。from here や from abroad などの例外もある。

(×) He reached. ←〈他動詞単独〉
☞ 他動詞には必ず目的語が必要。他動詞を単独で使うことはできない。

(×) He reached there. ←〈他動詞＋副詞〉
☞ 他動詞には必ず目的語が必要。副詞は目的語に用いることはできない。

解答
16　彼は正午までにはきっとそこに到着するにちがいないと思う。
a) I am sure that he will arrive there by noon. (○) ←〈自動詞＋副詞〉
b) I am sure that he will get there by noon. (○) ←〈自動詞＋副詞〉

まとめ
★他動詞と間違えやすい自動詞を覚えよう！
☞「wait は『待つ』という意味の自動詞」という覚え方はダメ。wait for him「彼を待つ」のように前置詞つきの具体的なフレーズで覚えること！

□ agree with A「A (人・意見・考え) に賛成する」
□ apologize to A for B「B のことで A に謝罪する」

- □ argue with A about [over] B「B について A と口論する」
- □ arrive at [in] A「A に到着する」
- □ complain to A of [about] B「B について A に文句を言う」
- □ get to A「A に到着する」
- □ graduate from A「A を卒業する」
- □ object to A「A に反対する」
- □ participate in A「A に参加する」
- □ return to A「A に戻る」
- □ search for A「A を探し求める」
- □ wait for A「A を待つ」

★自動詞と間違えやすい他動詞を覚えよう！
☞「reach は『到着する』という意味の他動詞」という覚え方はダメ。reach Osaka「大阪に到着する」のように目的語つきの具体的なフレーズで覚えること！

- □ answer A「A（質問）に答える／A（人・手紙）に返信する」
- □ approach A「A に近づく」
- □ attend A「A（会議・授業など）に出席する／A（学校・教会など）に通う」
- □ discuss A「A について話し合う」
- □ enter A「A（建物・部屋など）に入る」
- □ leave A「A を去る」
- □ marry A「A と結婚する」
- □ mention A「A に言及する」
- □ oppose A「A に反対する」
- □ reach A「A に到着する」
- □ resemble A「A に似ている」
- □ search A「A（場所）を探す／調べる」

⑰ 彼女は目を閉じて寝ているふりをした。
a) She closed her eyes and pretended to be asleep.
b) She closed her eyes and pretended being asleep.

解説

▼「…するふりをする／…と見せかける」は〈**pretend to do**〉というフレーズで表す。よって、「寝ているふりをした」は pretended to be asleep となる。pretend は後に不定詞を続けるので、(×) pretended being asleep のように動名詞を続ける形は不可。このように、**ある動詞が後に不定詞と動名詞のどちらを続けるかは覚えるしかない**（→ ⓭ の〈まとめ〉のリストを覚えよう）。

解答

17　彼女は目を閉じて寝ているふりをした。
a) She closed her eyes and <u>pretended to be</u> asleep. (○)
　　←〈pretend to do〉
b) She closed her eyes and <u>pretended being</u> asleep. (×)

⓲　私は完璧な親であろうとすることをあきらめています。
a) I have given up to try being a perfect parent.
b) I have given up trying to be a perfect parent.

解説

▼「…することをあきらめる／断念する」は〈**give up doing**〉というフレーズで表し、「…しようとする／…するよう努める」は〈**try to do**〉というフレーズで表す。すると「…しようとすることをあきらめる」は give up trying... となり、「完璧な親であろうとする」は try to be a perfect parent となる。よって、この2つを合体した「完璧な親であろうとすることをあきらめる」は give up trying to be a perfect parent となる。

「…しようとすることをあきらめる」give up <u>trying</u>...
＋「完璧な親であろうとする」<u>try to</u> be a perfect parent
→「完璧な親であろうとすることをあきらめる」give up trying to be a perfect parent

▼このように〈**動詞＋動名詞＋不定詞**〉や〈**動詞＋不定詞＋動名詞**〉のような組み合わせの形もよく用いられるので、フレーズ暗記法を徹底して正確な形を用いることができるようにしよう。

　（例）その事件に関して言及は避けると私は約束した。
　I promised to avoid mentioning that accident.
　　☞〈promise to do〉と〈avoid doing〉の組み合わせた〈動詞＋不定詞＋動名詞〉という形。

解答

18　私は完璧な親であろうとすることをあきらめています。
a）I have given up to try being a perfect parent.（×）
b）I have given up trying to be a perfect parent.（○）
　　←〈give up doing〉+〈try to do〉

⓳ 朝食の後、私は忘れずにその薬を飲んだ。
a）I remembered to take the medicine after breakfast.
b）I remembered taking the medicine after breakfast.

解説

▼remember は後に to do と doing の両方を続けることができるが、両者は意味が異なる。

①「（これから）…するのを覚えている／忘れずに…する」
　→〈remember to do〉=〈don't forget to do〉
②「（すでに）…したことを覚えている／記憶がある」
　→〈remember doing〉

（例1）忘れずに私に会いに来てください。Remember to meet me.
（例2）君を何度か見かけたのを覚えています。
　I remember seeing you several times.

▼本問は①〈remember to do〉のフレーズを用いればよいので、「忘れずにその薬を飲んだ」は remembered to take the medicine となる。
▼remembered taking the medicine は「その薬を飲んだことを覚えている／その薬を飲んだ記憶がある」という意味になるので不可。

解答

19　朝食の後、私は忘れずにその薬を飲んだ。
a）I remembered to take the medicine after breakfast.（○）
　　←〈remember to do〉
b）I remembered taking the medicine after breakfast.（×）
　　←〈remember doing〉

まとめ

★〈SV to do〉という形で用いる主な動詞（V）を覚える！

☞「refuse は『断る』という意味だ！」という覚え方はダメ。refuse to help him「彼を助けるのを断る／彼を助けようとはしない／彼の援助を拒否する」のように不定詞句つきの具体的なフレーズで覚えること！

- [ ] afford to do「…する余裕がある」
- [ ] decide to do「…することに決める」
- [ ] demand to do「…することを要求する」
- [ ] expect to do「…するつもりである」
- [ ] hesitate to do「…することをためらう」
- [ ] hope [wish / desire] to do「…することを望む」
- [ ] learn to do「…できるようになる」
- [ ] manage to do「なんとか…する」
- [ ] offer to do「…することを提案する」
- [ ] plan to do「…することを計画する」
- [ ] prepare to do「…することを準備する」
- [ ] pretend to do「…するふりをする」
- [ ] promise to do「…することを約束する」
- [ ] refuse to do「…することを拒む」
- [ ] try to do「…しようとする」

★〈SV doing〉という形で用いる主な動詞（V）を覚える！

☞「avoid は『避ける』という意味だ！」という覚え方はダメ。avoid looking at me「私を見ることを避ける／私を見ないようにする／私から目を背ける」のように動名詞句つきの具体的なフレーズで覚えること！

- [ ] admit doing「…したことを認める」
- [ ] avoid doing「…することを避ける」
- [ ] consider doing「…しようかとよく考える」
- [ ] discuss doing「…することを話し合う」
- [ ] enjoy doing「…するのを楽しむ」
- [ ] escape doing「…することを逃れる」
- [ ] finish doing「…することを終える」
- [ ] give up doing「…することをあきらめる」
- [ ] imagine doing「…することを想像する」
- [ ] mind doing「…することをいやだと思う」

- □ miss doing「…しそこなう」
- □ postpone [put off] doing「…することを延期する」
- □ practice doing「…することを練習する」
- □ recommend doing「…することを勧める」
- □ regret doing「…したことを後悔する」
- □ stop [quit] doing「…することをやめる」
- □ suggest doing「…することを提案する」

⑳ 目をこらしたが何も見えなかった。
a) I looked hard, but I couldn't see anything.
b) I saw hard, but I couldn't look at anything.

解説

▼see と look at と look には以下の区別がある。違いをきちんと理解してから覚えること。

① 「A が見える／目に入ってくる」see A
② 「(A を) 見る／(A に) 目を向ける」look (at A)
③ 「A は (人に) …のように見える」A look＋形容詞

(例 ①) ここからは富士山が見えます。We can see Mt. Fuji from here.
☞ see は他動詞なので see A という目的語を伴ったフレーズで覚えることが大切。see A は「**A (姿、情景、映像) が自然と視界に入ってくる**」という非意図的な知覚を表す**状態動詞**なので、原則として**進行形に使えない**(→ ㊷ 参照)。see A do [doing / done] という第 5 文型で使う場合も多い (→ ㉔ 参照)。

(例 ②) 彼は富士山を見ていた。He was looking at Mt. Fuji.
☞ look は自動詞なので、look (at A) という前置詞句を伴ったフレーズで覚えることが大切。look (at A) は「**(A に) 自ら視線を向ける**」という意図的な知覚を表す**動作動詞**なので、「今は見ているところである」という**一時的な状況では進行形になる**ことに注意しよう。

(例 ③) 彼は悲しそうに見えた。He looked sad.
☞ ① の see A と ② look (at A) はともに、「人が対象 A を目で知覚する」という状況で用いるが、③ の look は「**対象 A の外見が人にどのように見えるか (＝A の見た目の印象)**」という状況で用いる。He (S) looked (V) sad

(C). という構造で、sad は補語になる形容詞。He was sad.「彼は悲しかった」という第2文型（SVC）を前提にして、動詞 was が looked に変わったと理解してもよい。

▼「（外見が）**名詞**のように見える」や「（外見が）**文**のように見える」は、〈look like A〉や〈look as if SV〉と表現する。（×）〈look like＋形容詞〉や（×）〈look＋名詞〉というミスが多い。

（例）そのビルは船のように見える。
（○）That building looks like a ship. ←〈look like A〉
（○）That building looks as if it were a ship. ←〈look as if SV〉
（×）That building looks a ship. ←〈look＋名詞〉のミス

▼本問の「目をこらした」は「視線を向けた」ということなので ② look (at A) を用いるのが正しい。視線を向けた対象は書かれていないので at A は書かない。「何も見えなかった」は「何も視界に入ってこなかった」ということなので ① see A を用いるのが正しい。よって a) が正解。

解答
20　目をこらしたが何も見えなかった。
a) I looked hard, but I couldn't see anything.（○）
　←〈look (at A)〉＋〈see A〉
b) I saw hard, but I couldn't look at anything.（×）

㉑ 耳を澄ましたが何も聞こえなかった。
a) I listened hard, but I couldn't hear anything.
b) I heard hard, but I couldn't listen to anything.

解説
▼hear と listen と sound には以下の区別がある。違いをきちんと理解してから覚えること。

① 「A が聞こえる」hear A
② 「(A を) 聞く／(A に) 耳を傾ける」listen (to A)
③ 「A は (人に) …のように聞こえる」A sound＋形容詞

（例①）（声が小さい相手に向かって）聞こえません。I cannot hear you.
　☞hear は他動詞なので hear A という目的語を伴ったフレーズで覚えることが大切。すると例文のように日本語に書かれていない目的語 you を補訳でき

る。hear A は「**A（音、声、話）が自然と耳に入ってくる**」という非意図的な知覚を表す**状態動詞**なので、原則として進行形になれない（→ ㊷ 参照）。hear A do [doing / done] という第 5 文型で使う場合も多い（→ ㉕ 参照）。
（例 ②）彼はその時音楽を聴いていた。He was listening to music then.
　☞ listen は自動詞なので、listen（to A）という前置詞句を伴ったフレーズで覚えることが大切。listen（to A）は「**（A に）自ら耳を傾ける**」という意図的な知覚を表す**動作動詞**なので、「今は聴いているところ」という一時的な状況では進行形をとることに注意。
（例 ③）それは難しそうに聞こえる。That sounds difficult.
　☞ ① の hear A と ② listen to A はともに、「人が対象 A を耳で知覚する」という状況で用いるが、③ の sound は「**対象の A が人にどのように聞こえるか（＝A の聞いた印象）**」という状況で用いる。That (S) sounds (V) difficult (C). という構造で、difficult は補語になる形容詞。That is difficult.「それは難しい」という第 2 文型（SVC）を前提にして、動詞 is が sounds に変わったと理解してもよい。
▼「**名詞**のように聞こえる」や「**文**のように聞こえる」は、〈sound like A〉や〈sound as if SV〉と表現する。（×）〈sound like＋形容詞〉や（×）〈sound＋名詞〉というミスが多い。
（例）それはいい考えのように聞こえる。
（○）That sounds like a good idea.
（○）That sounds as if it is a good idea.
（×）That idea sounds like good. ←〈sound like＋形容詞〉のミス
（×）That sounds a good idea. ←〈sound＋名詞〉のミス

|解答|

21　耳を澄ましたが何も聞こえなかった。
a) I listened hard, but I couldn't hear anything.（○）
　←〈listen (to A)〉＋〈hear A〉
b) I heard hard, but I couldn't listen to anything.（×）

㉒　その少年は車にはねられてから 2 日間意識不明のままだった。
a) After the car hit the boy, he remained unconscious for three days.
b) After the car hit the boy, he remained unconsciously for three days.

解説

▼第 2 文型（SVC）の述語動詞（V）には be 動詞以外を用いることもできる。その場合は、「S＝C」を表す be 動詞の代わりに、**「印象・変化・継続」を表す動詞**（look / become / remain など）を用いたと考えれば理解しやすい。

（例1）彼は意識不明だった。He was unconscious.
（例2）彼は意識不明のように見えた。He looked unconscious.
☞ was の代わりに「見た目の印象」を表す looked を用いている。
（例3）彼は意識不明になった。He became unconscious.
☞ was の代わりに「変化」を表す became を用いている。
（例4）彼はずっと意識不明のままだった。He remained unconscious.
☞ was の代わりに「継続」を表す remained を用いている。よって本問は a) が正解。

▼「S は C のままである」は〈**S remain C**〉と表現する。補語 C には形容詞・名詞・分詞などが来る。本問では形容詞 unconscious を補語として用いている。

▼〈**remain＋場所**〉は「（場所）に居残る／とどまる（＝stay）」という意味。
（例）「家にいる」remain at home 「日本に滞在する」remain in Japan
☞ remain の後に副詞（句）が続くことに注目。本問の b) remained unconsciously は「無意識に（ある場所に）とどまった」という意味になる。

解答

22　その少年は車にはねられてから 2 日間意識不明のままだった。
a) After the car hit the boy, he remained unconscious for three days.
（○）←〈S remain C〉
b) After the car hit the boy, he remained unconsciously for three days.
（×）

まとめ

SVC の形をとる主な動詞

① 印象・知覚：□ feel C「C の感じがする」□ look C「C のように見える」
□ sound C「C のように聞こえる」□ seem C「C のように思われる」
□ taste C「C の味がする」□ smell C「C のにおいがする」
② 変化：□ become [get] C「C になる」□ go C「C（悪い状態）になる」
□ turn C「C（色）になる」□ prove [turn out] (to be) C「C とわかる／

Cと判明する」
③ 継続: □ remain [stay] C「Cのままである」□ lie C「Cの状態にある／Cのままである」

23 3人の女性が通りを渡るのを見た。
a) I saw three women walked across the street.
b) I saw three women walking across the street.

解説

▼「**S は A が…する […している] のを見る、のが見える、のを目撃する**」は〈**S see A do [doing]**〉と表現する。この表現は SVOC（第5文型）の構造で、補語（C）に**動詞の原形 do**、あるいは**現在分詞 doing** を用いる。A と do / doing は**能動関係**にある。よって〈S see A doing〉を用いた b) が正解。

▼補語（C）に用いる do と doing の違いは、日本語の「…する」と「…している」くらいの微妙な差に過ぎないので、あまり神経質になる必要はない。本問は I saw three women walk across the street. としても正解になる（walk は動詞の原形）。

▼〈see A do / doing / done〉はすべて「**目を通して見える**」という意味だが、〈**see that 節**〉は「**…ということがわかる／理解する（＝understand）**」という**意味**。よって、a) は「3人の女性が通りを渡ったことを理解した」という（不自然な）意味になる。

　（例）Can't you see (that) she is deceiving you?「彼女が君を騙していることがわからないの」
　（例）I see what you mean.「君の言いたいことはわかりました」
　☞ that 節以外に疑問詞節を目的語にとることも多い。

解答

23　3人の女性が通りを渡るのを見た。
a) I saw three women walked across the street. (×)
b) I saw three women walking across the street. (○) ←〈S see A doing〉

別解

I saw three women walk across the street. (○) ←〈S see A do〉

㉔ その生徒がいじめられるのを目撃したことがありますか。
a) Have you ever seen the student was bullied?
b) Have you ever seen the student bullied?

解説

▼「**S は A が…される [されている] のを見る、見える、目撃する**」は 〈**S see A done [being done]**〉と表現する。この表現は SVOC（第 5 文型）の構造になり、補語（C）に**過去分詞 done**、あるいは**現在分詞の受動態 being done** を用いる。A と done / being done は**受動関係**にある。よって〈S see A done〉を用いた b) が正解。

▼補語（C）に用いる done と being done の違いは、㉓ の do と doing の違いとほぼ同じなので、あまり厳密に考えすぎないこと。本問は Have you ever seen the student being bullied? としても正解になる。

解答

24　その生徒がいじめられるのを目撃したことがありますか。
a) Have you ever seen the student was bullied?（×）
b) Have you ever seen the student bullied?（○）←〈S see A done〉

別解

Have you ever seen the student being bullied?（○）
←〈S see A being done〉

㉕ 誰かが大声で話している声が聞こえた。
a) I heard someone talking in a loud voice.
b) I heard that someone was talking in a loud voice.

解説

▼「**S は A が…する […している] のを聞く、聞こえる、耳にする**」は〈**S hear A do [doing]**〉と表現する。よって〈S hear A doing〉を用いた a) が正解。

▼「**S は A が…される […されている] のを聞く、聞こえる、耳にする**」は〈**S hear A done [being done]**〉と表現する。考え方は ㉓ ㉔ と全く同じで「能動 vs. 受動」の視点から考えればよい。

（例）その曲がプロのオーケストラによって演奏されるのを聞いた。
I heard the tune (being) played by a professional orchestra.

▼〈hear A do / doing / done〉はすべて「**音声が聞こえる**」という意味だが、

〈hear that 節〉は「…（という情報・うわさ）を耳にする／…だと聞きました／（聞いたところでは）…だそうだ」という意味。よって、b) I heard that someone was talking in a loud voice. は「誰かが大声で話しているということを耳にした」という意味になる。

（例）彼は退職したと聞きました。I hear that he quit a job.
☞ 日本語では「…と聞いた」となるが、英語では現在形の I hear とするのが一般的。

|解答|
25　誰かが大声で話している声が聞こえた。
a) I heard someone talking in a loud voice. (○) ←〈S hear A doing〉
b) I heard that someone was talking in a loud voice. (×)
　　←〈hear that 節〉

㉖　彼女は人に笑われるのではないかと心配だった。
a) She was afraid that she would be laughed by people.
b) She was afraid that people would laugh at her.

|解説|
▼英語の受動態は行為主が不明な場合に用いるのが自然。「誰がしたか？」という主語がわからないので、受動態を用いるのは当たり前。よって、**英語の受動態は行為主（by A）を書かないのが原則**となる。

（例）電車で財布を盗まれた。My wallet was stolen on the train.
（例）その橋は 10 年前に建てられた。The bridge was built ten years ago.
（例）会議は火曜日まで延期された。The meeting was put off until Tuesday.
☞「誰が盗んだか」「誰が建築したか」「誰が延期したか」という行為主が不明なので受動態が自然。

▼「人から…される」という日本語は自然だが、行為主（人）が明示されているので、英訳する場合はその行為主（人）を主語にした能動態（人が…する）で書くのが自然。

（例）遅刻して先生から叱られた。
The teacher scolded me for arriving late.
☞「先生が私を叱った」という能動態が自然。
（例）生徒からげらげら笑われた。My students laughed loudly at me.
☞「生徒が私を笑った」という能動態が自然。

▼受動態を用いることで、「旧情報 → 新情報」という自然な情報展開になる場合もある。その場合は行為主 by A を明記した受動態を用いることになる。
　（例）「彼に何が起きたのですか？」「知らない人に話かけられました」
　What happened to him? ― (○) He was spoken to by a stranger.
　　☞ 前文の him を受ける旧情報の He を主語にして、was spoken to by a stranger という新情報が続くのが自然。
　What happened to him? ― (△) A stranger spoke to him.
　　☞ A stranger という新情報を主語にするのは不自然。ただし、入試では減点されない。
▼本問の「人に笑われる」も、行為主が明示されているので「人が彼女を笑う」という能動態で英訳するのが自然。よって b) が正解。〈A laugh at B〉「A が B を笑う」の受動態は〈**B is laughed at by A**〉「B は A に笑われる」となる。よって at が欠けている a) は文体として不自然なだけでなく、文法的に間違っている。

解答
26　彼女は人に笑われるのではないかと心配だった。
a) She was afraid that she would be laughed by people.　(×)
b) She was afraid that people would laugh at her.　(◎)
　　← 能動態が自然

別解
She was afraid that she would be laughed at by people.　(○)
← 〈B is laughed at by A〉

> **㉗** その患者は医者から食べすぎないように忠告された。
> a) The doctor advised the patient not to eat too much.
> b) The doctor advised the patient in order not to eat too much.

解説
▼動詞 advise は以下のフレーズで用いる。名詞 advice とスペルが似ているので混同しないように。

> ① 「A (人) に…するように忠告する、助言する、アドバイスする」
> 　→〈**advise A to do**〉
> ② 「A (人) に…しないように忠告する、助言する、アドバイスする」
> 　→〈**advise A not to do**〉

（例）医者は彼にタバコをやめるように忠告した。
The doctor advised him <u>to quit</u> smoking.
（例）医者は彼にタバコを吸わないように忠告した。
The doctor advised him <u>not to smoke</u>.

▼この表現の目的語 A と不定詞 to do は「A が…する」という関係が成立する。本問も「医者が患者に忠告した → 何を？ → <u>患者が食べすぎないことを</u>」という内容である。よって a) が正解。このように〈SVA to do〉の形で用いる主な動詞は以下のリストを覚えよう。すべて **A と to do の間には「A が…する」という能動の意味関係が成立する**ことを確認すること。

★〈SVA to do〉の形で用いる主な動詞

□ advise A to do「A に…するように忠告する」
□ warn A to do「A に…するように警告する」
□ ask A to do「A に…するように頼む」
□ tell A to do「A に…するように言う」
□ encourage A to do「A が…するように励ます」
□ order A to do「A に…するように命じる」
□ persuade A to do「A を説得して…させる」
□ expect A to do「A が当然…するだろうと思う」
□ want [would like] A to do「A に…してほしい（と思う）」
□ cause A to do「A が…する原因となる」
□ request A to do「A に…するように要請する」
□ allow [permit] A to do「A が…することを許す」
□ enable A to do「A が…することを可能にする」
□ help A (to) do「A が…するのを手伝う」
□ require A to do「A に…するように要求する」
□ remind A to do「A に…することを気づかせる」
□ force [compel / oblige] A to do「A に（無理やり）…させる」

解答

27　その患者は医者から食べすぎないように忠告された。

a) The doctor <u>advised the patient not to eat</u> too much.（○）
　　←〈advise A to do〉
b) The doctor advised the patient <u>in order not to</u> eat too much.（×）
　　← in order not to eat too much の意味上の主語は The doctor。全体は

「その医者は**自分が**食べすぎないために、その患者に忠告した」という意味になる。

> **28** 父親が出産に立ち会うことを医者は強く勧めている。
> a) Doctors strongly recommend that fathers are present at their baby's birth.
> b) Doctors strongly recommend that fathers should be present at their baby's birth.

解説

▼recommend は〈**recommend that S (should) do**〉「…することを勧める」というフレーズで用いる。よって b) が正解。助動詞 should を書かずに、動詞の原形を用いてもよいので、recommend that fathers be present... としても正しい。

★〈SV that S (should) do〉のフレーズで用いる主な動詞

□ advise that S (should) do「…することを助言する」
□ suggest [propose] that S (should) do...「…することを提案する」
□ recommend that S (should) do「…することを勧める」
□ ask that S (should) do「…することを頼む」
□ request that S (should) do「…することを要請する」
□ order [command] that S (should) do「…することを命令する」
□ require that S (should) do「(法律・規則が) …することを要求する」
□ demand that S (should) do「…することを (非常に強く) 要求する」
□ insist that S (should) do「…することを (強く) 要求する」

▼このフレーズの that 節は時制の一致を受けないことにも気をつけよう。
　(例) 彼に弁護士と相談するように勧めた。
　(○) I recommended that he should consult a lawyer.
　(○) I recommended that he consult a lawyer.
　(×) I recommended that he would consult a lawyer.
　(×) I recommended that he consulted a lawyer.

▼このフレーズの that 節が否定文の場合は〈**that S (should) not do**〉となる。
　(例) 政府は住民にその建物に近づかないように要請した。
　(○) The government requested that the residents should not

approach the building.
(○) The government requested that the residents not approach the building.

▼suggest が「**(研究や証拠が)…を示唆する**」、insist が「**(事実であること) を主張する**」という意味の場合は should (do) のフレーズは用いない。
　(例) すべての証拠が彼の有罪を示唆している。
　(○) All the evidence suggests that he is guilty.
　(×) All the evidence suggests that he (should) be guilty.
　(例) 彼は無罪だと主張した。
　(○) He insisted that he was innocent.
　(×) He insisted that he (should) be innocent.

■解答■
28　父親が出産に立ち会うことを医者は強く勧めている。
a) Doctors strongly recommend that fathers are present at their baby's birth. (×)
b) Doctors strongly recommend that fathers (should) be present at their baby's birth. (○) ← 〈recommend that S (should) do〉

㉙ 私は母親から毎週50個の新しい英単語を覚えさせられた。
a) My mother made me learn fifty new English words every week.
b) My mother let me learn fifty new English words every week.

■解説■
▼「**S は A (人) に (無理に)…させる、…することを強制する**」は〈**S make A do**〉と表現する。この表現は SVOC (第5文型) の構造で、補語 (C) に動詞の原形 do を用いる。本問も「母親は私に毎週50個の新しい英単語を覚えるように強制した」ということなので、〈S make A do〉を用いた a) が正解。
▼〈**S let A do**〉は「**S は A (人) に (望み通り)…させる、…することを許可する**」という意味。目的語 (A) に行為をする意志があり、主語 (S) がその行為を許可・容認する場合に使う。よって b) は「母親は私が毎週50個の新しい英単語を覚えるのを許可した」という意味になることを確認しておこう。

■解答■
29　私は母親から毎週50個の新しい英単語を覚えさせられた。
a) My mother made me learn fifty new English words every week. (○)

← 強制の〈S make A do〉
b）My mother let me learn fifty new English words every week.（×）
　　　← 許可の〈S let A do〉

> **30** 父は私に一人暮らしをさせてくれなかった。
> a）My father didn't make me live alone.
> b）My father didn't let me live alone.

▶解説◀

▼〈S let A do〉の否定文である〈S don't let A do〉は「**S は A に（望み通り）…させない、…するのを許可しない**」という〈不許可〉の意味を表す。本問も「父は私が一人暮らしをするのを許可しなかった」ということなので、〈S don't let A do〉を用いた b）が正解。

▼〈S make A do〉の否定文である〈S don't make A do〉は「**S は A に（無理に）…させない、…するように強制しない**」という〈非強制〉の意味を表す。よって、a）は「父は私が一人暮らしをするよう強制しなかった」という意味になることを確認しておこう。

▶解答◀

30　父は私に一人暮らしをさせてくれなかった。
a）My father didn't make me live alone.（×）
　　　← 非強制の〈S don't make A do〉
b）My father didn't let me live alone.（○）← 不許可の〈S don't let A do〉

> **31** 保証期間中にコンピュータを修理してもらった。
> a）I had my computer fix under warranty.
> b）I had my computer fixed under warranty.

▶解説◀

▼〈S have A do〉は「**S は A（人）に（依頼・指示して）…してもらう、…させる**」という意味。この表現は SVOC（第 5 文型）の構造で、補語（C）に動詞の原形 do を用いる。A と do の間には「**A が…する**」という**能動**の意味関係が成立する。
　（例）有名な画家に私の肖像画を描いてもらいたいと思っている。
　　　I want to have a famous artist paint my portrait.

☞「有名な画家が（肖像画を）描く」という能動関係なので〈S have A do〉を用いる。

▼「主語（S）と目的語（A）」の関係は「お客 vs. 業者」、「親 vs. 子ども」、「教師 vs. 生徒」、「上司 vs. 部下」など、目的語（A）には主語（S）よりも「**社会的立場が下の者**」を用いるのが原則。すべて「S が A に依頼・指示する」という状況をイメージすれば、**S＞A の身分関係**が成立するのも納得できるはず。

▼〈S have A done〉は「**S は A（物）を（社会的立場が下の者に依頼・指示して）…してもらう、…させる**」という意味。この表現は SVOC（第5文型）の構造で、目的格補語に過去分詞 done を用いる。A と done の間には「A が…される」という**受動**の意味関係が成立する。

（例）有名な画家に私の肖像画を描いてもらいたいと思っている。

I want to have my portrait painted by a famous artist.

☞「肖像画が（有名な画家によって）描かれる」という受動関係なので〈S have A done〉を用いる。

▼本問は「コンピュータが修理される」という受動関係が成立する。よって、〈S have A done〉を用いた b) が正解。当然のことながら、「誰に修理を依頼したか」は不明なので〈S have A do〉を用いることはできないことになる。

|解答|

31　保証期間中にコンピュータを修理してもらった。

a) I had my computer fix under warranty. （×）
b) I had my computer fixed under warranty. （○）←〈S have A done〉

---

32 私は先生に英作文を添削してもらった。
a) I had my teacher correct my English composition.
b) I got my teacher to correct my English composition.

|解説|

▼〈S have A do〉「S は A に…してもらう」は S＞A の身分関係を前提とする。一般的に先生は生徒より社会的な立場は上なので（生徒＜先生）、a) は S＜A という身分関係を前提とすることになり不自然。例えば「先生は生徒たちに英作文を書かせた（先生＞生徒）」なら、〈S have A do〉を用いて My teacher had his students write an English composition. となる（→ 31 参照）。先生が生徒に指示して英文を書かせるのは、強制でも許可でもないので〈S make A do〉や〈S let A do〉も不可（→ 29 参照）。

▼〈S get A to do〉は「**S は A（人）に（説得して、A が納得した上で）…してもらう、…させる**」という意味を持ち、主語（S）と目的語（A）の社会的な立場の上下に関係なく用いることができる。よって、本問も〈S get A to do〉を用いた b) が正解。

（例）母は私に台所の掃除を手伝わせた。
My mother had me help clean the kitchen.
☞「母＞私」という身分関係なので〈S have A do〉が使える。親が子どもに手伝いを指示するのは普通のこと。
（例）（説得して）母に禁煙させた。I got my mother to give up smoking.
☞「私＜母」という身分関係なので〈S have A do〉は使えない。〈S get A to do〉を使うのが適切。

|解答|
32　私は先生に英作文を添削してもらった。
a) I had my teacher correct my English composition.（×）
b) I got my teacher to correct my English composition.（○）
　　←〈S get A to do〉

33 私は財布を盗まれた。
a) I was stolen my wallet.
b) I had my wallet stolen.

|解説|
▼〈S have A done〉は「**使役**」だけでなく「**被害**」の意味も表す。よって、b) が正解。
▼日本語に引きずられた a) のような間違いが多い。① 能動態 → ② 受動態の変形で理解しよう。
① Someone stole **my wallet**.（誰かが私の財布を盗んだ）
　☞steal は「物」を目的語とする！〈steal＋物〉というフレーズで覚えること。
　　　　↓
② **My wallet** was stolen.（私の財布が盗まれた）
　☞① の受動態なので、「物」が主語になる！よって、「人」を主語にした（×）I was stolen my wallet. という受動態はそもそも作れない。

|解答|
33　私は財布を盗まれた。

a) I was stolen my wallet.（×）
b) I had my wallet stolen.（○）← 被害の〈S have A done〉

別解

My wallet was stolen.（○）← 盗んだ行為主が不明なので受動態を使う。

> **34** 母からパーティーの準備を手伝うように言われた。
> a) My mother said to me to help her get ready for a party.
> b) My mother told me to help her get ready for a party.

解説

▼say は原則として他動詞で「**発言内容**」を目的語にとる。マンガの吹き出しのイメージ。

> ① say A「A を言う」← 発言内容が単語（yes / no / a word / something / nothing など）
> ② say, " . . . "「『…』と言う」← 発言内容がせりふの引用
> ③ say that 節「…と言う」← 発言内容が that 節
> 　（注）相手を明示する場合は〈to ＋相手〉を加える。

（例）彼が私にそんなことを言ったことは一度もない。
　　　① He has never said such a thing to me.
（例）彼女は私に 7 時に帰宅すると言った。
　　　② She said to me, "I will be home at seven."
　　　③ She said to me that she would be home at seven.
　☞② と ③ は直接話法から間接話法への書き換えで理解してもよい。

▼tell は原則として他動詞で「**相手**」を目的語にとる。「**相手に情報を伝達する**」というイメージ。

> ④ tell A B「A（人）に B（情報）を伝える／教える」
> ⑤ tell A that 節「A（人）に…と言う」
> ⑥ tell A to do「A（人）に…するように言う」

（例）彼女は私にメールアドレスを教えてくれた。
　　　④ She told me her e-mail address.
（例）彼女は私に 7 時に帰宅すると言った。
　　　⑤ She told me that she would be home at seven.

（例）彼女は私に弁護士に相談しろと言った。
　　⑥ She told me to consult a lawyer.
☞ 人を直接目的語にとるのは tell だけである。この**目的語の補訳**は英作文の最重要ポイント。

▼入試の英作文では直接話法はできるだけ使わないのが原則（会話や引用の英訳は例外）。日本語のセリフに「(かぎかっこ)」が付いていても、できるだけ間接話法で書くのが自然であることは覚えておこう。よって、② ではなく ③ ⑤ の形を用いるのが自然で、相手を明示する場合は ③ よりも ⑤ の方が一般的。
　　（例）彼女は私に「7 時に帰宅する」と言った。
　　（○）② She said to me, "I will be home at seven."
　　（○）③ She said to me that she would be home at seven.
　　（◎）⑤ She told me that she would be home at seven.

|解答|

34　母からパーティーの準備を手伝うように言われた。
a) My mother said to me to help her get ready for a party.（×）
b) My mother told me to help her get ready for a party.（○）
　　←〈tell A to do〉

> ㉟　電車で個人的なことを大声で話すのは恥ずかしい。
> a) It is embarrassing to speak loudly something private on the train.
> b) It is embarrassing to talk loudly about something private on the train.

|解説|

▼speak は原則として自動詞で「**話す、話しかける、口をきく**」という意味。話す中身は無視して、話す行為に焦点を当てている。

> ⑦ speak (to A) (about B)「A (人) に B (話題) について話す」

　　（例）もっとゆっくりしゃべる方がよい。You should speak more slowly.
　　☞〈speak＋副詞(句)〉で「人の話し方、しゃべり方」を表す。
　　（例）家族について彼に話した。I spoke to him about his family.
▼speak を他動詞で用いる場合は、speak English「英語を話す」など「言語」を目的語にとる。よって、a) は speak の目的語に「言語」以外を用いているので非文となる。

▼talk は原則として自動詞で「**話す、相談する、話し合う**」という意味。日本語の「会話する」に近い。

> ⑧ talk (to [with] A) (about B)「A (人) と B (話題) について話す [話し合う]」

（例）1 時間電話で話した。We talked on the phone for an hour.
☞talk を単独で用いたフレーズ。
（例）誰と話していたのですか。Who were you talking to then?
☞〈talk to A〉「A (人) と話す」のフレーズ。
（例）何を話していたのですか。What were you talking about?
☞〈talk about A〉「A (話題) について話す」のフレーズ。

解答

35　電車で個人的なことを大声で話すのは恥ずかしい。
a）It is embarrassing to speak loudly something private on the train. (×)
b）It is embarrassing to talk loudly about something private on the train. (○) ←〈talk about A〉

> ㊱ 彼女の手紙には正午に来るつもりだと書いてある。
> a）Her letter says that she's coming at noon.
> b）Her letter is written that she's coming at noon.

解説

▼発言内容を表す say は人主語だけでなく、本・掲示・時計などの情報源を主語にして、「**(文字・図・数字などで) …と書いてある、指示がある、示している**」という意味を表す。

（例1）その本には彼がどこで生まれたか書いていない。
The book doesn't say where he was born.
（例2）「立ち入り禁止」という掲示があった。
There was a notice saying 'Keep Out'.
（例3）箱に値段が書いていませんか。
Does it say on the box how much it costs?
（例4）ガイドブックには右折とある。The guidebook says to turn right.
（例5）僕の時計では 12 時 15 分だ。My watch says a quarter past twelve.

▼〈S write that 節〉は「S (人) が (本や手紙に) … と書く [書き送る]」という

意味。

　（例）彼女は元気だと書いてよこした。She wrote that she was fine.
▼英作文で直接話法で用いるのは原則として say だけなので、以下のような日本語の英訳には注意。

　（例）「…と批判する人もいる」Some people criticize by saying, "..."
　　☞ criticize は直接話法に用いることができない。by saying「…と言うことで」を補訳する。

|解答|

36　彼女の手紙には正午に来るつもりだと書いてある。
a) Her letter <u>says</u> that she's coming at noon.（○）
b) Her letter <u>is written</u> that she's coming at noon.（×）

㊲ 彼女は昨日病気で寝ていたようだ。
a) She seems that she was sick in bed yesterday.
b) It seems that she was sick in bed yesterday.

|解説|

▼「…のように思われる／…のようだ」という「書き手の主観的な判断」を表すには seem を用いるが、It 主語を使う場合と、それ以外の具体的な主語 S を使う場合とでは表現に大きな違いがある。特に「**同じ時制 vs. 異なる時制**」に注意して①〜④の表現を理解すること。

① 「S は…する［である］ようだ」（→ 現在の状況に対する現在における判断）
　(a)〈It seems that SV（現在）...〉＝(b)〈S seem to do ...〉
　☞ 時制が同じ！

（例①）彼女は今病気で寝ているようだ。
It <u>seems</u> that she <u>is</u> sick in bed now.
　　現在　　　　　　現在
＝She <u>seems</u> <u>to be</u> sick in bed now.
　　　　現在＋単純不定詞
☞「寝ている (is)」は「現在」で、「ようだ (seems)」も「現在」という「**同じ時制**」を表す。「同じ時制」の場合は **(b)** で単純不定詞 (**to do**) を用いる。

② 「Sは…した［だった］ようだ」（→ 過去の状況に対する現在における判断）
　　(a)〈It seems that SV（過去）...〉＝(b)〈S seem to have done...〉
　☞時制が異なっている！

（例②）彼女は昨日病気で寝ていたようだ。
　It seems that she was sick in bed yesterday.
　　　現在　　　　　　過去
　＝She seems to have been sick in bed yesterday.
　　　　　現在＋完了不定詞
　☞「寝ていた (was)」は「過去」で、「ようだ (seems)」は「現在」という**「異なる時制」**を表す。**「異なる時制」の場合は (b) で完了不定詞 (to have done) を用いる**。本問はこのパターン。

▼「過去から現在の状況に対する現在における判断」を表す〈It seems that SV（現在完了）...〉の場合も、〈S seem to have done...〉と書き換えられる。
　（例）彼女は昨日からずっと病気で寝ていたようだ。
　It seems that she has been sick in bed since yesterday.
　　　現在　　　　　　現在完了
　＝She seems to have been sick in bed since yesterday.
　　　　　現在＋完了不定詞
　☞「寝ていた (has been)」は「現在完了」で、「ようだ (seems)」は「現在」という「異なる時制」を表す。**「異なる時制」の場合は (b) で完了不定詞 (to have done) を用いる**。

③ 「Sは…する［である］ようだった」（→ 過去の状況に対する過去における判断）
　　(a)〈It seemed that SV（過去）...〉＝(b)〈S seemed to do...〉
　☞時制が同じ！

（例③）電話したとき彼女は病気で寝ているようだった。
　It seemed that she was sick in bed when I called her.
　　　過去　　　　　　過去
　＝She seemed to be sick in bed when I called her.
　　　　　過去＋単純不定詞
　☞「寝ていた (was)」は「過去」で、「ようだった (seemed)」も「過去」という「同じ時制」を表す。**「同じ時制」の場合は (b) で単純不定詞 (to do) を用いる**。

④「Sは…した［であった］ようだった」（→ 過去から見てさらに過去の状況に対する判断）
　(a)〈It seemed that SV（過去完了）...〉＝(b)〈S seemed to have done ...〉
　☞ 時制が異なっている！

（例④）昨日まで彼女は病気で寝ていたようだった。
It seemed that she had been sick in bed until yesterday.
　　過去　　　　　　過去完了
＝She seemed to have been sick in bed until yesterday.
　　　　過去＋完了不定詞
　☞「寝ていた（had been）」は「過去完了」で、「ようだった（seemed）」は「過去」という**「異なる時制」**を表す。「異なる時制」の場合は**(b)**で完了不定詞（**to have done**）を用いる。

▼以上、seem の時制と〈that SV ...〉の述語動詞 V の時制が「同じ時制」か「異なる時制」かによって、〈S seem to do〉の表現で to do を使うのか、to have done を使うのかは、このように機械的に区別できる。自信がない場合は **that 節の時制を自由に設定できる〈It seems that 節〉**の表現を使うことを勧める。

▼（×）〈S seem that SV ...〉や（×）〈It seems for A to do ...〉とは表現できない。
　（×）She seems that she is sick in bed now.
　（×）It seems for her to be sick in bed now.
　☞ 混乱したときは、She seems (to be) rich.（金持ちのようだ）という SVC の語順を思い出せば、（×）She seems that ... とは表現できないことがわかる。また、It seems easy for her to solve the problem.（彼女がその問題を解くのは簡単なようだ）という表現と混乱しないように。これは It is easy ... の is を seems に変えただけの表現。

|解答|
37　彼女は昨日病気で寝ていたようだ。
a) She seems that she was sick in bed yesterday. (×)
b) It seems that she was sick in bed yesterday. (○)
　　←〈It seems that SV（過去）〉

|別解|
She seems to have been sick in bed yesterday. (○)
←〈S seem to have done...〉

> **38** その有名な俳優は3年前に亡くなったそうだ。
> a) The famous actor is said to have died three years ago.
> b) The famous actor was said to die three years ago.

|解説|
▼「(多くの人々から)…と言われている、…だそうだ、…らしい」という場合は、It is said that...や、S is said to do...という表現を用いる。**37**の seem と同じ考え方で①〜④を区別すればよい。

① (a)〈It is said that SV（現在）...〉☞同じ時制
  =(b)〈S is said to do...〉
② (a)〈It is said that SV（過去・現在完了）...〉☞異なる時制
  =(b)〈S is said to have done...〉
③ (a)〈It was said that SV（過去）...〉☞同じ時制
  =(b)〈S was said to do...〉
④ (a)〈It was said that SV（過去完了）...〉☞異なる時制
  =(b)〈S was said to have done...〉

(例) その有名な俳優は3年前に亡くなったそうだ。
It is said that the famous actor died three years ago.
　　現在　　　　　　　　　　　　過去
＝The famous actor is said to have died three years ago.
　　　　　　　　　　現在＋完了不定詞
☞「亡くなった (died)」は「過去」で、「…だそうだ (is said)」は「現在」という「異なる時制」を表す②のパターン。よって a) が正解。

▼seemの場合と同様に (×)〈S is said that SV...〉や (×)〈It is said to do〉とはできない。
　(×) The famous actor is said that he died three years ago.
　(×) It is said for the famous actor to have died three years ago.

▼is said の時制と〈that SV...〉の述語動詞 V の時制が「同じ時制」か「異なる時制」かによって、〈S is said to do〉の表現で to do を使うのか、to have done を使うのかは機械的に区別できる。自信がない場合は that 節の時制を自由に設定できる〈It is said that 節〉の表現を使うことを勧める。

■解答
38　その有名な俳優は 3 年前に亡くなったそうだ。
a) The famous actor is said to have died three years ago.（○）
　←〈S is said to have done . . .〉
b) The famous actor was said to die three years ago.（×）

> **㊴** その後間もなく私は彼の無実を信じるようになった。
> a) Soon afterward I came to believe that he was innocent.
> b) Soon afterward I became to believe that he was innocent.

■解説
▼日本語の「…なる／…なった」などの「変化・結果」を表す動詞には以下のような使い分けがある。

① S become C「S は C（形容詞や名詞）になる」
② S get C「S は C（形容詞）になる」

（例）彼女は病気になった。She became [got] sick.
　☞補語 C が形容詞のパターン。become と get の両方使える。
▼補語の C が名詞の場合は become を使い get は使えない。
（例）彼は先生になった。（○）He became a teacher.
　　　　　　　　　　　（×）He got a teacher.
　☞〈get＋名詞〉は「…を手に入れる」という第 3 文型（SVO）。

③ S come to do「（一定期間の経験を経て）…するようになる」
　☞do は原則として状態動詞。この意味で動作動詞と一緒に用いるのは避けるべき。
④ S begin [start] to do「…するようになる」
　☞do は状態動詞も動作動詞も使える。文字通り「…し始める」という意味。

（例）彼女は彼を愛するようになった。
She came [began / started] to love him.
　☞love は状態動詞。③ ④ のどちらも使える。③ は「自然と愛情が芽生えた」、④ は「愛し始めた」というニュアンスの違いはあるが入試ではどちらも正解

になるので、あまり気にしなくてよい。
（例）彼女は毎晩カラオケを歌うようになった。
（○）She began [started] to sing karaoke every night.
（△／×）She came to sing karaoke every night.
☞ sing は動作動詞。〈come to do（動作動詞）〉は「…しに来る」という意味と誤解されるので避ける方が無難。例文も「彼女は毎晩カラオケを歌いに来た」という意味に解釈するのが自然。

▼（×）S become to do とは言えない。よって b）は不可。この間違いは非常に多い。

|解答|
39　その後間もなく私は彼の無実を信じるようになった。
a）Soon afterward I came to believe that he was innocent.（○）
　　←〈S come to do〉
b）Soon afterward I became to believe that he was innocent.（×）

40 もう精神科医になりたいとは思わなくなった。
a）I have come not to want to be a psychiatrist.
b）I no longer want to be a psychiatrist.

|解説|
▼「…しないようになる／…しなくなる」のところは「もはや…しない」と考えて no longer を用いるのが一般的。no longer は否定の意味の副詞句なので「否定文の not と同じ位置」に入ると覚えておけば良い。**39** の表現を否定形にして（×）come not to do ／ begin [start] not to do とは言えない。

（例）恐竜に興味を持たなくなった。
　I am no longer interested in dinosaurs.
　☞「（以前は興味があったが今は）もはや興味がない」という発想。I am not interested ... の not の位置（＝be 動詞の後）に no longer が入っている。
（例）食べすぎないようになった。I no longer eat too much.
　☞「（以前は食べすぎだったが今は）もはや食べすぎない」という発想。I don't eat ... の don't の位置（＝一般動詞の前）に no longer が入っている。

▼「…することをやめる」と考えて〈stop doing〉を用いる場合もある。この場合の doing は動作動詞を用いるのが原則。

(例) タバコは吸わなくなった。
I have stopped smoking. ＝ I no longer smoke.
☞ smoke は動作動詞。「タバコを吸うことをやめた＝もはやタバコは吸わない」という発想。

|解答|
40　もう精神科医になりたいとは思わなくなった。
a) I have come not to want to be a psychiatrist. (×)
b) I no longer want to be a psychiatrist. (○)
　　←「(以前は精神科医になりたいと思っていたが) もはや精神科医になりたいとは思わない」という発想。

㊸ その橋は現在建設中です。
a) The bridge is built now.
b) The bridge is being built now.

|解説|
▼能動態の「S は…している (最中である)」という状況は〈S is doing〉という進行形で表現する。すると、受動態の「**S は…されている (最中である)**」という状況は〈**S is being done**〉という形で表現することになる。この形は苦手な受験生が多いのでくれぐれも注意すること。
　(例)「彼らはその橋を建設する」→「彼らはその橋を建設している (ところだ)」
They build the bridge. → They are building the bridge.
☞ 能動態の進行形〈S is doing〉を用いている。
　(例)「その橋は建設される」→「その橋は建設されている (ところだ)」
The bridge is built. → The bridge is being built.
☞ 受動態の進行形〈S is being done〉を用いている。
▼以下の追加例で受動態の進行形〈S is being done〉の形に慣れておこう。
　(例) 私の車は修理中です。(→ 修理されているところ)
My car is being repaired.
　(例) その患者さんは診察中です。(→ 診察されているところ)
The patient is being examined.
　(例) この件は現在調査中です。(→ 調査されているところ)
This case is being investigated.

▎解答

41　その橋は現在建設中です。
a）The bridge is built now.（×）
　　← 単なる受動態。「その橋は建設される」という意味。
b）The bridge is being built now.（○）← 受動態の進行形〈S is being done〉

42 私は外見は弟に似ているが性格は似ていない。
a）I am resembling my brother in appearance but not in character.
b）I resemble my brother in appearance but not in character.

▎解説

▼一般的に動作動詞には「動作を始めて → 動作をしている最中で → 動作を終わる」というプロセスがあり、「動作をしている最中」には進行形を用いる。ところが、状態動詞にはそのような「開始 → 途中 → 終了」というプロセスはない。よって、原則として**状態動詞を進行形で用いることはできない。**

▼〈resemble A〉は「A に似ている」という意味の状態動詞。a）のように進行形の（×）I am resembling とは言えない。このように、日本語の「…している」という表現に引きずられて状態動詞を進行形にしてしまうミスに気をつけよう。

★主な状態動詞（原則として進行形で用いることはできない）

① 存在・所有・構成・関連などを表す状態動詞
□ be「…である」□ exist「存在している」□ have「…を持っている」
□ belong to A「A に属している」□ contain「…を含んでいる」
□ consist of A「A で成り立っている」□ resemble「…に似ている」

② 感情・思考・認識・感覚などを表す状態動詞
□ like「…が好きである」□ love「…を愛している」
□ hate [dislike]「…を嫌っている」□ think「…と思っている」
□ believe「…を信じている」□ know「…を知っている」
□ realize「…をわかっている」□ remember「…を覚えている」
□ see「…が見える」□ hear「…が聞こえる」

▼一部の状態動詞は「一時的な状態」を強調する場合、進行形になることもある。
　（例）（いつもと違って）今日はやけに優しいわね。**You are being kind today.**
　☞You are kind. は「あなたは優しい」という変わらない性質を表す。進行形の You are being kind today. は「（いつもは優しくないのに）今日だけは

一時的に優しくしてくれている（何か下心があるのでは？）」というニュアンスを含む。

▼think (about A)「(A について) 思考する (＝use one's mind)」や have「飲食する (＝eat and drink)」は動作動詞なので進行形で用いることができる。

（例）彼は辞任すべきだと私は思っている。
（〇）I think that he should resign.
（×）I am thinking that he should resign.
☞この think「…と思っている」は状態動詞なので進行形で用いることができない。

（例）ちょうど今君のことを考えているところだ。
（〇）I am thinking about you right now.
☞この think「思考する」は動作動詞なので進行形で用いることができる。

（例）彼は田舎に別荘を持っている。
（〇）He has a cottage in the country.
（×）He is having a cottage in the country.
☞この have「…を持っている」は状態動詞なので進行形で用いることができない。

（例）ちょうど今彼は朝食を取っているところです。
（〇）He is having breakfast right now.
☞この have「飲食する」は動作動詞なので進行形で用いることができる。

|解答|

42　私は外見は弟に似ているが性格は似ていない。
a) I am resembling my brother in appearance but not in character.（×）
b) I resemble my brother in appearance but not in character.（〇）
　← 状態動詞 resemble

㊸ 私は毎日地下鉄で通勤しています。
a) I am taking the subway to work every day.
b) I take the subway to work every day.

|解説|

▼日本語の「…している」は、英語では以下の区別をする。

> ① 日常的に繰り返す習慣的な動作を述べている → 現在形で表す
> ② 現在行っている最中の動作を述べている → 現在進行形で表す

(例①) 私は (ふだん) タバコを吸っている。I (usually) smoke.
☞喫煙という習慣なので現在形。
(例②) 私は (今) タバコを吸っている (ところだ)。I am smoking (now).
☞今だけの一時的な状況なので現在進行形。

▼本問の「通勤している」は「毎日」とあるので ① の「**習慣的な動作**」に相当する。よって b) が正解。
▼動作動詞の現在形は「現在の習慣」以外に、「**不変の真理・事実**」も表す。
(例) 月は地球の周りを回っている。The moon goes around the earth.
☞「月の公転」という普遍的事実なので現在形。

■解答
43 私は毎日地下鉄で通勤しています。
a) I am taking the subway to work every day. (×)
b) I take the subway to work every day. (○) ←「習慣的な動作」を表す。

> ㊹ 私は大学を卒業してから商社に勤務しています。
> a) I am working for a trading company since I graduated from college.
> b) I have been working for a trading company since I graduated from college.

■解説
▼本問の「勤務している」は「卒業という過去の時点から現在までずっと勤務している」ということなので、「**過去から現在までの動作の継続**」を表す現在完了進行形 (**have been doing**) を用いた b) が正解。
▼「状態動詞」は進行形にできないので、「**過去から現在までの状態の継続**」には**現在完了形 (have done)** を使う。
(例) 彼らは子どもの頃からお互いを知っている。
(○) They have known each other since they were children.
(×) They have been knowing each other since they were children.
☞この「知っている」は「子どもの頃という過去の時点から現在までずっと知っている」ということ。ただし、know は状態動詞なので進行形にできない。

解答

44　私は大学を卒業してから商社に勤務しています。

a）I am working for a trading company since I graduated from college.
（×）← 現在進行形

b）I have been working for a trading company since I graduated from college.（○）←「過去から現在までの動作の継続」を表す現在完了進行形

まとめ

★「…している」という同じ日本語でも、英語では以下の5パターンの使い分けがある。

① 状態動詞の現在形（→ ㊷）
　（例）「彼らはお互いを知っている」They know each other.
② 動作動詞の現在形（→ ㊸）
　（例）「私は商社で働いている」I work for a trading company
③ 動作動詞の現在進行形（→ ㊸）
　（例）「今働いている（ところだ）」I am working right now.
④ 状態動詞の現在完了形（→ ㊹）
　（例）「彼らは子どもの頃からお互いを知っている」
　They have known each other since they were children.
⑤ 動作動詞の現在完了進行形（→ ㊹）
　（例）「私は大学を卒業してから商社で働いている」
　I have been working for a trading company since I graduated from college.

☞英作文で「…している」という日本語を見たら、問題文の表す状況をしっかりと見極めて、この5パターンの中から適切な形を用いることがポイント。**具体的には頭の中で時間軸をイメージして、その時間軸上のどの時点の出来事かを確認すれば良い。**

> **45** 科学技術の発達のおかげで生活はとても便利になった。
> a) Life became much easier because of the development of technology.
> b) Life has become much easier because of the development of technology.

解説

▼日本語の「…した」は過去の事柄を表す場合が多いが、「…した」がすべて英語の過去形で表現できるとは限らない。「**過去から現在へと状況が変化した（その結果、現在は…である）**」という場合は現在完了形を用いる。文法ではこの用法を「完了・結果」と呼んでいるが、「**過去から現在への変化**」と理解する方がわかりやすい。この用法では（変化するので）動作動詞しか使えないことにも注意。

▼本問の「生活は便利になった」とは、「昔の生活は大変だったが状況は変化して、今の生活は便利になっている（Life is easy now.）」ということなので、現在完了形のb)が正解。過去形のa)は例えば「5年前に生活が楽になった（Life became easier five years ago.）」といったときに用いる。

▼英作文では以下の目安で「…した」の時制を使い分ければよい。

> ① 「昨日、先週、先月、去年」などの過去を表す副詞を補っても文意が通る → 過去形を用いる
> ② 「昨日、先週、先月、去年」などの過去を表す副詞を補うと不自然になり文意が通らない。**現在のある状態を前提として、過去と比べて状況が変わった** → 現在完了形を用いる

▼特に②の用法は受験生がとても苦手とするので、追加例文でニュアンスを理解しておこう。すべて「**過去から現在への動作の変化＝現在その状態が成立する**」という関係になることに注目すること。さらに、過去を表す副詞を補うと文意が通らないことも確認しておこう。

(例1)（お代わりを勧めてくる相手に対して）もうおなか一杯になりました。
I have eaten enough.

☞「今はお腹がいっぱいである（I am full now.）」という現在の状態が前提。amは状態動詞。「空腹状態（過去）」から「満腹状態（現在）」への状況変化を表す。eatは動作動詞。過去を表す副詞を補った「昨日もうおなか一杯になりました」は文意が通らない。

（例2）（久しぶりに会った孫に向かって）すっかり背が伸びたなあ。
You have grown taller.
☞「過去と比べて現在の方が背が高い（You are taller than before.）」という現在の状態が前提（＝まさに孫が目の前にいるという状態で述べるセリフ！）。are は状態動詞。例えば「身長 165 センチ（過去）」から「170 センチ（現在）」へと変化したことを表す。grow は動作動詞。過去を表す副詞を補った「先週すっかり背が伸びたなあ」は文意が通らない。

（例3）（半年間の勉強を振り返り）英語が話せるようになった。
I have become able to speak English.
☞「今は英語が話せる（I am now able to speak English.）」という現在の状態が前提。am は状態動詞。「英語を話せなかった（過去）」から「英語が話せる（現在）」への状況変化。become は動作動詞。過去を表す副詞を補った「先月英語が話せるようになった」は文意が通らない。

（例4）（小学校時代の親友と再会して）お前変わったなあ。You have changed.
☞「今のおまえは昔とは別人に見える（You look different from what you used to be.）」という現在の状態が前提。look は状態動詞。「以前の相手（過去）」から「今の相手（現在）」への状況変化。change は動作動詞。過去を表す副詞を補った「去年お前変わったなあ」は文意が通らない。

|解答|

45　科学技術の発達のおかげで生活はとても便利になった。
a) Life became much easier because of the development of technology.（×）← 過去形
b) Life has become much easier because of the development of technology.（○）←「過去から現在への状況変化」を表す現在完了形

46 ハワイには行ったことがないが、来年は行けたらいいと思っている。
a) I have never been to Hawaii, but I hope to visit it next year.
b) I have never gone to Hawaii, but I hope to visit it next year.

|解説|

▼「（今まで）A に行ったことがある」という「経験」は〈have been to A〉と表現する。アメリカ英語では〈have gone to A〉を用いることもあるが、英作文では以下の目安で区別するのが安全。

① 「(今まで) A (場所) に行ったことがある」→〈have been to A〉
② 「A (場所) に行って帰ってきたところだ (今ここにいる)」
→〈have been to A〉
③ 「A (場所) に行ってしまった (ので今ここにいない)」→〈have gone to A〉

(例 ①) ハワイには何度も行ったことがある。
I have been to Hawaii many times.
☞現在から過去の経験を振り返って、今までのハワイ訪問の合計回数を述べている。本問はこのパターン。
(例 ②) ちょうど大阪に行ってきたところですが、これから神戸に行きます。
We have just been to Osaka, and now we are leaving for Kobe.
☞「大阪に出かけて、今ちょうど帰ってきた (=今ここにいる)」という状況を表す。
(例 ③) (父親が在宅かどうか聞かれて) 父は仕事で札幌に行っています。
My father has gone to Sapporo for business.
☞「父は札幌に出かけた (=今ここにいない)」という状況を表す。

▼相手に経験の有無を尋ねる場合は〈Have you ever done . . . ?〉と表現する。「今まで」という日本語が書かれていなくても、必ず ever を付けること。
(例) ハワイに行ったことがありますか。Have you ever been to Hawaii?

解答

46 ハワイには行ったことがないが、来年は行けたらいいと思っている。
a) I have never been to Hawaii, but I hope to visit it next year. (○)
←〈have been to A〉「(今まで) A に行ったことがある」
b) I have never gone to Hawaii, but I hope to visit it next year. (×)

まとめ

▼**現在完了形は「過去から現在までの継続・状況変化・経験」を表し、現在と過去という 2 つの時点を関連づける用法**だと理解しよう。つまり、「継続」は「過去から現在までずっと続いている (→ 44)」、「状況変化」は「過去と比較して変化した現在の状況を述べる (→ 45)」、「経験」は「現在から過去の経験を振り返る (→ 46)」というように理解できればよい。
▼この現在完了形の 3 つの意味と、動作動詞・状態動詞の組み合わせを以下の表で確認しておこう。

意味／動詞(形)	動作動詞	状態動詞
① 過去から現在までの継続	○	○
② 過去から現在までの状況変化	○	×
③ 過去から現在までの経験	○	○

① 「継続」の意味では動作動詞と状態動詞の両方が使えるが、それぞれ形が異なることに注意（→ ㊹ 参照）。
② 「状況変化」の意味で使えるのは動作動詞だけ（→ ㊺ 参照）。状態動詞は変化しないから使えないのは当然。
③ 「経験」の意味では動作動詞と状態動詞の両方が使える。アメリカ英語では過去形で代用することも多く、英作文でミスすることは非常に少ない。

㊼ 家を出るとき雪が降っていた。
a) It was snowing when I leave home.
b) It was snowing when I left home.

[解説]

▼日本語には「時制の一致」のルールがないので、「家を出るとき雪が降っていた」でも「家を出たとき雪が降っていた」でも日本語として正しい。ところが、英語には「時制の一致」のルールがあるので、**主節と従属節の時制を一致させる**のが原則。よって when 節も過去形の left を用いた b) が正解。

▼以下の例文で日本語は時制を一致させないのに、英語は時制を一致させていることを確認しておこう。

（例 ①）「彼は正直であると私は思う」I think that he is honest.（現在形＋現在形）
↓
「彼は正直であると私は思った」I thought that he was honest.（過去形＋過去形）
☞ 主節の think が過去形 thought に変化したので、従属節の is も過去形 was にする。

（例 ②）「彼は怒っていたと私は思う」I think that he was angry.（現在形＋過去形）
↓
「彼は怒っていたと私は思った」I thought that he had been angry.（過去形＋過去完了形）
☞ 主節の think が過去形 thought に変化したので、従属節の was も過去完了形 had been にする。

（例③）「彼は(昔から)金持ちであると私は思う」I think that he has been rich. (現在形+現在完了形)
↓
「彼は(昔から)金持ちであると私は思った」I thought that he had been rich. (過去形+過去完了形)
☞ 主節の think が過去形 thought に変化したので、従属節の has been も過去完了形 had been にする。

■解答■
47　家を出るとき雪が降っていた。
a) It was snowing when I leave home.（×）← 現在形の leave が間違い。
b) It was snowing when I left home.（○）← 過去形の left が正解。

㊽ 君と出会ったときにはすでに何度もハワイを訪れていた。
a) I have visited Hawaii many times when I met you there.
b) I had visited Hawaii many times when I met you there.

■解説■
▼現在完了形（have done）は「過去から現在までの継続・経験・状況変化」を表し、現在と過去という2つの時点を関連づける用法だと理解すればよかった。この考え方を応用すれば、**過去完了形（had done）が「ある過去から別の過去までの継続・経験・状況変化」を表し、ある過去と別の過去という2つの時点を関連づける用法だ**ということも素直に理解できるはずである。要するに「過去 → 現在」の枠組みを「過去 → 過去」の枠組みにスライドさせて、時制の一致に従って考えればよい。

（例）帰国するまで2日間雨が降っていた。
It had been raining for two days when I came home.
☞ ある過去から別の過去までの動作の継続。「雨が降った」が先に起こった過去で、「帰国した」が後に起こった過去。「まず2日間雨が降り（先）→ それから帰国した（後）」という時間軸上の順番をイメージすること。

cf.　2日間雨が降っている。It has been raining for two days.
☞ 過去から現在までの動作の継続

（例）入院したときはすでに重病になっていた。
I had become seriously ill when I was hospitalized.
☞ ある過去から別の過去への状況変化。「重病になった」が先で、「入院した」が後。「すでに重病になってから（先）→ ようやく入院した（後）」という時間軸上の順番をイメージすること。

cf. 重病になってしまった。I have become seriously ill.
☞ 過去から現在までの状況変化

▼本問は「ある過去から別の過去までの経験」を表すので、過去完了を用いた b) が正解。「すでに何度もハワイを訪れてから（先）→ ようやく君と出会った（後）」という時間軸上の順番をイメージすることがポイント。このように**過去完了形は原則として過去形と一緒に使い**、「**過去完了形が先に起こった → 過去形が後に起こった**」という時間軸上の順番をイメージして理解すればよい。

[解答]
48 君と出会ったときにはすでに何度もハワイを訪れていた。
a) I have visited Hawaii many times when I met you there. (×)
　　← 現在完了形
b) I had visited Hawaii many times when I met you there. (○)
　　← 過去完了形

49 先月は 5 回映画を見に出かけた。
a) I went to the movies five times last month.
b) I have gone to the movies five times last month.

[解説]
▼**過去を表す副詞表現は過去形と一緒に用いる**。本問の「映画を見に出かけた」は「先月」とあるので過去形の a) が正解（→ **45** の区別の目安参照）。ここでの「5 回」という回数は「先月（= 例えば 5 月 1 日から 5 月 31 日までの 31 日間）」という過去に含まれる「5 回（= 例えば 5 月 3 日、7 日、15 日、20 日、23 日の 5 回）」のことなので、過去形を用いると理解しよう。つまり、本問の「先月」と「映画を見た」は「同じ過去」の内容。**2 つの同じ過去の内容に対しては、どちらも過去形を使うのは当然である**。

▼「『5 回見た』という経験を表すので完了形を使う！」などと勘違いしないように。「回数」や「期間」の表現があると、つい現在完了や過去完了を使いがちだが、すでに終わった過去の事柄は「回数」や「期間」とは無関係に過去形で表現する。例えば「（昨日）彼に電話した」を過去形の I called him (yesterday). とするのはまず間違えないが、「3 回電話した（→ 回数）」や「2 時間電話した（→ 期間）」も過去形の I called him three times. や、I called him for two hours. となることに注意しよう。

（例 1）（去年は）2 回海外旅行した。I travelled abroad twice.

(例 2)（去年は）1ヶ月海外旅行した。I travelled abroad for a month.
☞どちらも「去年」という過去のことなので過去形にする。
cf.（今まで）2 回海外旅行したことがある。I have travelled abroad twice.
cf.（ここまでずっと）1ヶ月海外旅行している。I have been travelling abroad for a month.
☞どちらも「過去から現在までの経験・継続」を表しているので現在完了（進行）形にする。

解答

49　先月は 5 回映画を見に出かけた。
a) I went to the movies five times last month. （○）← 過去形
b) I have gone to the movies five times last month. （×）← 現在完了形

50　彼女は 30 代のとき 5 年間ロンドンに住んでいた。
a) She lived in London for five years when she was in her 30s.
b) She had lived in London for five years when she was in her 30s.

解説

▼「30 代のとき」という表現は「昨日・去年・10 年前」などと同じく過去のことを表す。よって過去形を用いた a) が正解（→ **45** 参照）。ここでの「5 年間」という期間は「30 代のとき（＝30 歳から 39 歳までの 10 年間）」という過去に含まれる「5 年間（＝例えば 32 歳から 36 歳まで）」のことなので、過去形を用いると理解しよう。つまり、本問の「30 代のとき」と「住んでいた」は「同じ過去」の内容。**2 つの同じ過去の内容に対しては、どちらも過去形を使うのは当然である**。

▼「5 年間」という「期間」を表す表現に引きずられて過去完了形にしないこと。**過去完了形は「ある過去と別の過去（＝2 つの異なる過去）を関連づける」**のが原則なので（→ **48** 参照）、本問で過去完了形が使えないのは当然である。もちろん「彼女はここに来る前に 5 年間ロンドンに住んでいた」という場合は She had lived in London for five years before she came here. が正解になる。これなら「ロンドンに住んだ」が先に起こった過去で、「ここに来た」が後に起こった過去、つまり 2 つの異なる過去を表している。「まず 5 年間ロンドンに住んでから（先）→ ここに来た（後）」という時間軸上の順番をイメージすること。

解答

50　彼女は 30 代のとき 5 年間ロンドンに住んでいた。

a) She lived in London for five years when she was in her 30s. (○)
   ← 過去形
b) She had lived in London for five years when she was in her 30s.
   (×) ← 過去完了形

> まとめ

▼「回数」や「期間」の表現が書かれていても、常に「完了形」を使うとは限らない。以下の時制の組み合わせをパターンで区別しよう。時間軸上のイメージを描いて理解することが大切。

「回数」
① 今までにその映画を 3 回見た。I have seen the movie three times.
   ☞ 過去から現在までの経験回数を表すので現在完了形を使う。
② 去年その映画を 3 回見た。I saw the movie three times last year.
   ☞「去年」という過去の 12 ヶ月に含まれる（例えば 4 月と 6 月と 10 月の）3 回なので過去形を使う。
③ もう一度見たらその映画を 3 回見たことになる。
   I will have seen the movie three times if I see it again.
   ☞ (今までの経験を含めて) 未来のある時点までの経験の合計回数は「未来完了形」で表現する。この例文では「すでに 2 回見ている」という前提があることに注意。
④ 来週は 3 回その映画を見ます。
   I will see the movie three times next week.
   ☞「来週」という未来の 7 日間に含まれる（例えば月曜日と木曜日と土曜日の）3 回なので未来形を使う。これから 3 回見るというだけで、③ のように現在までの経験回数の含みはないことに注意。

「期間」
⑤ 半年海外勤務している。I have been working abroad for six months.
   ☞ 過去から現在までの動作の継続期間を表すので現在完了進行形を使う。
⑥ 去年は半年海外勤務だった。I worked abroad for six months last year.
   ☞「去年」という過去の 12 ヶ月に含まれる（例えば 1 月から 6 月までの）半年間なので過去形を使う。
⑦ あと 1 ヶ月で半年海外勤務したことになる。
   I will have been working abroad for six months in another month.

☞（今までの継続を含めて）未来のある時点までの動作の継続は「未来完了進行形」で表現する。この例文では「すでに5ヶ月海外勤務をしてきた」という前提があることに注意。

⑧ 来年は半年間海外勤務だ。I will work abroad for six months next year.
☞「来年」という未来の12ヶ月に含まれる（例えば1月から6月までの）半年なので未来形を使う。これから半年勤務するというだけで、⑦のように現在までの継続の含みはないことに注意。

51 会社に到着して、ドアの鍵をかけ忘れてきたことに気づいた。
a) When I got to the office, I found that I had forgotten to lock the door.
b) When I got to the office, I found that I forgot to lock the door.

解説

▼ ㊽ の考え方を応用して、「ドアの鍵をかけ忘れた（先）→ 会社に到着してそのことに気づいた（後）」という時間軸上の順番をイメージできれば、過去完了形を用いている a) が正解になると判断できる。

▼ 少し違う角度からも考えてみよう。当たり前だが、**過去の複数の出来事を起きた順番通りに並べる場合はすべて過去形を使えばよい**。例えば「朝起きた → 朝食を食べた → バスに乗った」は起きた順番通りに got up → ate breakfast → took a bus とすべて過去形になる。本問も「会社に到着した → 気づいた」は起きた順番通りなので got to the office → found と過去形になっている。ところが「ドアの鍵をかけ忘れた」も過去形にすると、「会社に到着した → 気づいた → ドアの鍵をかけ忘れた」という順番で起きたことになり、「会社に到着した後にドアの鍵をかけ忘れた？？」という不自然な状況になってしまう。つまり、過去の複数の出来事を起きた順番通りに並べる場合は過去形を使うが、**起きた順番に反する場合（＝その時点よりも先に起きた出来事）は過去完了形を使う**と理解してもよいことになる。本問も過去完了形の had forgotten を用いることで、「ドアの鍵をかけ忘れたのは会社に着いた時点よりも先だった」ということが明確になる。

解答

51　会社に到着して、ドアの鍵をかけ忘れてきたことに気づいた。

a) When I got to the office, I found that I had forgotten to lock the door.
（○）← 過去完了

b) When I got to the office, I found that I forgot to lock the door.（×）

> **52** 明日は仕事を休む予定だ。
> a) I will take a day off tomorrow.
> b) I am going to take a day off tomorrow.

解説

▼will do と be going to do はほぼ同じ意味を持つ場合もあるが、以下の目安で区別するのが原則。

> ① 未来の動作の目印 → will do
>   ☞ will do＝「…するだろう」と丸暗記で理解するのは危険。英作文では「…するだろう」と書かれていなくても、未来の内容を表す場合は will を補訳しなければならない。
> ② すでに予定・計画されている未来の動作 → be going to do
>   ☞ be going to do は「…するつもりだ／…しようと思っている／計画として…することになっている」という状況に用いる。本問も〈予定〉の意味なので b) が正解。

（例①）（旅先をあれこれ検討していて）来月は京都に行こう。

I will visit Kyoto next month.

☞ 来月という未来の内容なので will do を用いる。一人称の場合はその場で決めたことに使う場合が多い。

（例②）（チケットや宿も手配済みで）来月は京都に行く予定だ。

I am going to visit Kyoto next month.

▼現在進行形でも未来の予定や計画を表す場合があるが、tomorrow や next week などの未来を表す表現と一緒に用いるのが原則。未来を表す表現がないと、現在進行中の動作と誤解するからである。（例②）は I am visiting Kyoto next month. としてもよい。

▼〈S was just going to do ... when S did ～〉は「ちょうど…しようとしていたら～した」という状況を表す。

（例）ちょうど家を出ようとしていたら電話が鳴った。

I was just going to leave home when the telephone rang.

解答

52　明日は仕事を休む予定だ。

a) I will take a day off tomorrow.（×）

← 英文としての間違いはないが、「明日は仕事を休もう」というその場での決定を表すので、本問の英訳としては不自然。
b) I am going to take a day off tomorrow.（○）
　　← 予定を表す be going to do

> **53** 明日は仕事を休むと彼女に言った。
> a) I told her that I would take a day off the next day.
> b) I told her that I took a day off the next day.

解説

▼英語で未来の事柄（＝これから起こること／まだ起こっていないこと）を表す場合は、**will do** や **be goin to do** などを用いるのが原則（→ 両者のニュアンスの区別は **52** を参照）。
　（例 ①）金曜日までここに滞在します。
　I will stay here until Friday. / I am going to stay here until Friday.
　☞「これからここに滞在する」という（現在の時点から見た）未来の事柄。

▼本問は「**過去の時点から見た未来の事柄（＝その時点から見て後で起こること／まだその時点では起きていないこと）**」を表すので、時制の一致のルールに基づいて **will** の過去形である **would** を用いた a) が正解（→ **47** 参照）。I told her that I was going to take a day off the next day. としてもよい（☞「明日は仕事を休む予定だ［休むことになっている］と彼女に言った」というニュアンス）。

▼**will** を「…だろう」という意味で丸暗記をしていると、このような単純に未来の事柄を表す状況で、**will** や **would** を書き忘れることが非常に多い。

　（例 ②）金曜日までそこに滞在すると彼言った。
　He said that he would stay there until Friday.
　He said that he was going to stay there until Friday.
　☞「『言った』時点からそこに滞在する」という過去の時点から見た未来の事柄。時制の一致のルールに基づいて、will stay（例 ①）から would stay（例 ②）に変化したと考えてよい。

解答

53　明日は仕事を休むと彼女に言った。
a) I told her that I would take a day off the next day.（○）
　　← 過去の時点から見た未来の事柄。
b) I told her that I took a day off the next day.（×）

> **54** 彼から連絡があり次第すぐにお知らせします。
> a) I will let you know as soon as I hear from him.
> b) I will let you know as soon as I will hear from him.

解説

▼「時・条件」を表す副詞節では未来の内容でも現在時制を用いるというルールに特に気をつけよう。

(例) 準備できたら教えてください。Let me know when you are ready.
☞ when は接続詞で、when you are ready は「時」を表す副詞節。「あなたの準備ができる」というのは未来の事柄だが、you will be ready ではなく現在形の you are ready を用いていることに注目。

cf. いつ準備できるか教えてください。Let me know when you will be ready.
☞ when は疑問副詞で、when you will be ready は名詞節。「あなたの準備ができる」というのは未来の事柄なので、you will be ready となることに注目。

▼「時」を表す接続詞の **after, before, until, by the time, as soon as, once** などで導かれる節は必ず副詞節になるので、未来の内容でも現在時制を用いることがポイント。本問も「彼から連絡があり次第すぐに」は未来の事柄だが、(×) as soon as I will hear from him ではなく、現在形の as soon as I hear from him とするのが正しい。よって a) が正解。なお、主節の「お知らせします」は未来の事柄なので、もちろん I will let you know とするのが正しい。

解答

54 彼から連絡があり次第すぐにお知らせします。
a) I will let you know as soon as I hear from him. (○)
← as soon as 節は未来の内容でも現在形で表す。
b) I will let you know as soon as I will hear from him. (×)

> **55** 昨日は 15 分で報告書を仕上げることができた。
> a) I could finish my report in 15 minutes yesterday.
> b) I was able to finish my report in 15 minutes yesterday.

解説

▼「…できる」は〈can do〉と〈be able to do〉の両方で表現できるが、「…できた」は原則として以下のような使い分けがある。

① 「…できた」が「過去に長期間持っていた能力」の場合
　→ 〈could do〉を用いる
② 「…できた」が「過去に実際に達成・成功した行為」の場合
　→ 〈was able to do〉を用いる

（例①）子どもの頃はもっと速く走ることができた。
I could run faster when I was a child.
☞単なる過去の自慢話。実際に過去のある時点でやった行為ではない。
（例②）3時間待ってようやく彼にインタビューすることができた。
After waiting for three hours, I was finally able to interview him.
☞何月何日という実際の過去の時点にできた行為。

▼本問は「15分で報告書を仕上げた」ということで、「能力」とは無関係な内容。よって was able to を用いた b) が正解。
▼「…できなかった」という否定の場合は〈could not do〉と〈was not able to do〉のどちらを使っても構わない。
（例）昨日は報告書を仕上げることができなかった。
I couldn't [was not able to] finish my report yesterday.

解答

55　昨日は15分で報告書を仕上げることができた。
a) I could finish my report in 15 minutes yesterday. (×)
b) I was able to finish my report in 15 minutes yesterday. (○)
　　← 過去に実際に達成・成功した行為。

別解

I finished my report in 15 minutes yesterday. (○)
← 中心情報は「昨日は15分で報告書を仕上げた」ということ。「…できた」を「虚辞」として処理すれば was able to は訳出不要。日本語では、苦労した気持ちや、達成感のニュアンスを出すために「…できた」という表現を好んで用いるが、そこまで細かいニュアンスをわざわざ訳出しなくても入試では OK。

---

56 昨日の台風は関東地方に被害を与えたかもしれない。
a) The typhoon yesterday might do damage to the Kanto region.
b) The typhoon yesterday may have done damage to the Kanto region.

Part 2 暗唱英文 150 の解説

▎解説

▼英作文で混同しやすい might と may have done を区別しよう。

① 「(今・これから)…かもしれない」→ may do / might do
　☞ might は may の過去形だが、意味は may とほぼ同じで「現在や未来の可能性に対する推量」を表す。
② 「(あの時は)…した[だった]かもしれない → may have done
　☞「(現在から見た)過去の可能性に対する推量」は might do ではなく may have done で表す。「…したかもしれない」という日本語に引きずられて、may の過去形の might を用いるミスが非常に多い。

(例1) 彼の言っていることは正しいかもしれない。
He might be correct. → 現在推量
(例2) 彼は次の試験も落ちるかもしれない。
He might fail the next exam again. → 未来推量
☞(例1)と(例2)は may を用いてもほとんど意味に変わりはない。
(例3) 彼の言っていることは正しかったかもしれない。
(○) He may have been correct. → 過去推量
(×) He might be correct. → 現在推量
(例4) 彼は試験に落ちたのかもしれない。
(○) He may have failed the exam. → 過去推量
(×) He might fail the exam. → 未来推量
☞(例3)と(例4)は might have done を用いてもほとんど意味に変わりはないが、大学入試では might have done は仮定法過去完了や時制の一致に用いるのが無難。
(例5) 彼は試験に落ちたのかもしれないと彼女は言った。
She said that he might have failed the exam.
☞(例4)の may have failed が時制の一致で(例5)では might have failed に変化している。

▎解答

56　昨日の台風は関東地方に被害を与えたかもしれない。

a) The typhoon yesterday might do damage to the Kanto region. (×)
　←「被害を与えるかもしれない」という意味。

b) The typhoon yesterday may have done damage to the Kanto region.
　(○) ← 過去推量の〈may have done〉

> **57** 彼女はその時家にいたので、その事故に巻き込まれたはずがない。
> a) She was at home then, so she must not have been involved in the accident.
> b) She was at home then, so she cannot have been involved in the accident.

解説

▼must には2つの意味があり、それぞれの反意表現の違いに注意すること。

> ①「…しなければならない（義務）」must do
>   ⇔「…してはならない（禁止）」must not do
> ②「…にちがいない（推量）」must do
>   ⇔「…のはずがない（否定推量）」cannot do
>   ☞ must の否定が must not と cannot の2つに分かれて、意味も変わる点に注意。

(例) 彼女は金持ちにちがいない。She must be rich.
(例) 彼女は金持ちのはずがない。（○）She cannot be rich.
　　　　　　　　　　　　　　　（×）She must not be rich.
　☞「…のはずがない」は must not ではなく cannot で表現する。

▼must have done と cannot have done も、②と同じ反意語の関係にある。

> ③「(あの時)…したにちがいない（過去推量）」must have done
> ⇔「(あの時)…したはずがない（過去否定推量）」cannot have done

(例) 鍵を落としたにちがいない。I must have dropped my key.
(例) 鍵を落としたはずがない。　（○）I cannot have dropped my key.
　　　　　　　　　　　　　　　（×）I must not have dropped my key.
　☞「(あの時)…したはずはない」という「(現在から見た)過去の可能性に対する否定推量」は cannot have done を使い、must not have done は不可。よって本問も b) が正解。

解答

57　彼女はその時家にいたので、その事故に巻き込まれたはずがない。

a) She was at home then, so she <u>must not have been</u> involved in the accident.（×）

b) She was at home then, so she cannot have been involved in the accident. (○) ← 過去否定推量の〈cannot have done〉

58 授業が終わったら電話します。
a) I will call you if the class is over.
b) I will call you when the class is over.

解説

▼「…したら」という「条件」は〈if SV . . .〉と表現する。〈if SV . . .〉は「…するかどうかわからないが、もし仮に…したら」という「何かが起こる可能性もあり、起こらない可能性もある」という状況で用いる。

（例）明日晴れたら青山に買い物に行きます。
If it is fine tomorrow, I will go shopping in Aoyama.
☞「明日晴れるかどうかわからないが、もし晴れたら」という状況。

▼「(ほぼ)確実に起こる事柄」に対して「…したら」という場合は〈when SV . . .〉で表現する。

（例）授業が終わったら電話します。
（○）I will call you when the class is over.
（×）I will call you if the class is over.
☞常識的に時間が来れば授業は終わるもの。「授業が終わるかどうかわからないが、もし終わったら」という状況は不自然なので、〈if SV . . .〉は使えない。他にも「明朝起きたら…」「来年成人したら…」「お湯が沸いたら…」なども when I get up、when you turn 20、when the water boils とするのが自然。if I get up、if you turn 20、if the water boils としたら、「明日目が覚めるかどうかわからないが…」「来年二十歳になるかどうかわからないが…」「お湯が沸くかどうかわからないが…」というニュアンスを持つことになり明らかに不自然。

▼〈if SV . . .〉や〈when SV . . .〉は未来の内容でも述語動詞 (V) は現在形を使うことに注意 (→ **54** 参照)。

解答

58　授業が終わったら電話します。
a) I will call you if the class is over. (×)
　　← 英語としての間違いはないが、意味的に不自然になる。
b) I will call you when the class is over. (○)

← 〈when SV ...〉「…したら」

> **59** もし昨日晴れていたら青山に買い物に行っただろう。
> a) If it was fine yesterday, I would go shopping in Aoyama.
> b) If it had been fine yesterday, I would have gone shopping in Aoyama.

■解説
▼「事実」に反する「仮定」を表す場合は、英語では時制を変化させる。
事実:「昨日は晴れていなかったので、青山に買い物に行かなかった」
It was not fine yesterday, so I didn't go shopping in Aoyama.
　　過去形(否定)　　　　　　　　過去形(否定)
仮定:「もし昨日晴れていたら青山に買い物に行っただろう」
If it had been fine yesterday, I would have gone shopping in Aoyama.
　　過去完了形(肯定)　　　　　would have done (肯定)
▼このように、「過去の事実に反する仮定(=仮定法過去完了)」は、〈**If S had done ..., S would [could / might] have done ~.**〉という表現を用いる。よって b) が正解。
▼では「もし今晴れていたら青山に買い物に行くだろう」はどうなるだろうか?
事実:「今は晴れていないので、青山に買い物に行かない」
It is not fine now, so I won't go shopping in Aoyama.
　現在形(否定)　　　　　現在形(否定)
仮定:「もし今晴れていたら青山に買い物に行くだろう」
If it were fine now, I would go shopping in Aoyama.
　　過去形(肯定)　　　would do (肯定)
▼このように、「現在の事実に反する仮定(=仮定法過去)」は、〈**If S did [were] ..., S would [could / might] do ~.**〉というフレーズを用いる。**58** の「条件」との時制の違いを確認しておくこと。

■解答
59　もし昨日晴れていたら青山に買い物に行っただろう。
a) If it was fine yesterday, I would go shopping in Aoyama.（×）
　　← 現在の事実に反する仮定（＝仮定法過去）
b) If it had been fine yesterday, I would have gone shopping in Aoyama.
　　（○）← 過去の事実に反する仮定（＝仮定法過去完了）

> **60** 昨夜その薬を飲んでいたら、今頃はもっと体調がいいかもしれない。
> a) If I took the medicine last night, I might have felt better now.
> b) If I had taken the medicine last night, I might feel better now.

[解説]

▼前半は I didn't take the medicine last night.（昨夜その薬を飲まなかった）という過去の事実に反しており、後半は I don't feel well now.（今は体調がよくない）という現在の事実に反している。このように「過去の事実に反する仮定」と、「現在の事実に反する仮定」を一緒に表す場合は、〈**If S had done ..., S would [could / might] do ~.**〉という表現を用いる。よってが b) が正解。

▼「仮定」とは事実に反する内容を述べる表現形式のこと。自分の書いた英文が「事実ではない！」という目印がなければ読み手は混乱してしまう。その目印がまさしく時制の変化に他ならない。過去の内容なのに過去完了形を使うことが目印になって「事実ではなかった！」とわかり、現在の内容に対して過去形を使うことが目印になって「事実ではない！」とわかることになる。

[解答]

60 昨夜その薬を飲んでいたら、今頃はもっと体調がいいかもしれない。
a) If I took the medicine last night, I might have felt better now.（×）
b) If I had taken the medicine last night, I might feel better now.（○）
　←「過去の事実に反する仮定（＝仮定法過去完了）」＋「現在の事実に反する仮定（＝仮定法過去）」

> **61** （まず無理だとは思うが）もし次の電車に乗れたら、会議に間に合うかもしれないけど。
> a) If you caught the next train, you might be in time for the meeting.
> b) If you were to catch the next train, you may be in time for the meeting.

[解説]

▼仮定法過去は「現在の事実に反する仮定」だけでなく、「（今後実現する）可能性が低い事柄」にも用いる。「可能性の有無」や「可能性の高低」に注目して以下の例文を確認すること。

　（例①）彼が来たらうれしい。If he comes, I will be glad.

☞ 可能性がある事柄。条件を表す〈if SV（現在形）〉を用いている（→ ❺❽ 参照）。

（例 ②）（まず無理だと思うが）彼が来たらうれしい。

If he came, I would be glad.

☞ **可能性が低い事柄**。〈if SV（過去形）〉という仮定法過去を用いている（→ ❺❾ 参照）。

（例 ③）（まず無理だと思うが）万一彼が来たらうれしい。

If he should come, I will [would] be glad.

☞ 可能性が低い事柄。〈if S should do〉を用いている。「（可能性は低いが）万一…する場合は」というニュアンスがある。主節は直説法と仮定法の両方が可能。

（例 ④）（絶対無理だろうが）仮に彼が来たらうれしい。

If he were to come, I would be glad.

☞ 可能性が非常に低い事柄。〈if S were to do〉を用いている。「（可能性は非常に低いが）仮に…する場合は」というニュアンスがある。if 節で were を使っているので、主節も仮定法にする。b) は主節が仮定法を用いていないので不可。

▼これから起こる可能性が低い未来の事柄に関する仮定は、仮定法過去を用いれば良いのに、〈if S should do〉か〈if S were to do〉でしか表現できないという誤解が多い。本問も「まず次の電車に乗ることは無理だ」という可能性が低い事柄を述べているので、仮定法過去を用いた a) が正解になる。

|解答|

61　（まず無理だとは思うが）もし次の電車に乗れたら、会議に間に合うかもしれないけど。

a) If you caught the next train, you might be in time for the meeting.
　　（○）←「（今後実現する）可能性が低い事柄」に用いる仮定法過去

b) If you were to catch the next train, you may be in time for the meeting.（×）←〈if S were to do〉を用いているのは正しい。主節の may be が間違い。might be に訂正すれば正しくなる。

---

❻❷（ネタばらしをした相手に向かって）その映画の結末を言って欲しくなかった。

a) I wish you hadn't told me how the film ends.

b) I wish you didn't tell me how the film ends.

解説

▼〈wish＋仮定法〉は以下の 2 パターンの使い分けがある。

① 現在の実現する可能性がない（あるいは非常に低い）ことに対する願望
　→〈wish＋仮定法過去〉
② 過去の実現しなかったことに対する残念な気持ち
　→〈wish＋仮定法過去完了〉

（例）もう少し背が高かったらなあ。I wish I were a bit taller.
☞仮定法過去。実際は身長 160 センチなのに、165 センチは欲しいと思っている。

（例）車があったらなあ。I wish I had a car.
☞仮定法過去。実際は車を持っていないのに、車があればいいのにと思っている。

（例）スーパーマンのように空を飛べたらなあ。
I wish I could fly like a superman.
☞仮定法過去。実際は空を飛ぶことはできないのに、空を飛びたいと思っている。

（例）休暇中は暑すぎた。もっと涼しければよかったのに。
It was too hot during the vacation. I wish it had been cooler.
☞仮定法過去完了。実際は涼しくなかったことを残念に思っている。

（例）気分が悪い。あんなに食べなければ良かった。
I feel sick. I wish I hadn't eaten so much.
☞仮定法過去完了。実際は食べすぎたことを後悔している。

▼本問は実際にネタばらしをされたことを残念に思っている状況なので、〈wish＋仮定法過去完了〉を用いた a) が正解。b) は〈wish＋仮定法過去〉を用いているので状況に合わない。

▼「実現の可能性があることに対する願望」には〈hope that 節〉を用いる。

（例）彼が来年の試験に受かるといいなあ。
（○）We hope that he will pass [passes] the exam next year.
（×）We wish that he would pass the exam next year.
☞彼が受かるかどうかはわからないが、受かることを願っているので hope を用いるのが正しい。〈wish＋仮定法過去〉を用いると、彼が受かる可能性はないのに、受かって欲しいという不自然な意味になる。なお、hope は未来の願望でも that 節内では現在形を使うことが多いことも覚えておこう。

▎解答

62 （ネタばらしをした相手に向かって）その映画の結末を言って欲しくなかった。
a) I wish you hadn't told me how the film ends. (○)
　　←〈wish＋仮定法過去完了〉
b) I wish you didn't tell me how the film ends. (×) ←〈wish＋仮定法過去〉

> **63** どうして彼女が仕事を辞めたのかは彼には依然として謎のままです。
> a) Why she quit the job is still a mystery to him.
> b) Why did she quit the job is still a mystery to him.

▎解説

▼疑問詞が名詞節を導き間接的に疑問の意味を表すことがあり、このような表現を「間接疑問」と呼ぶ。**間接疑問の語順は平叙文（＝ピリオドで終わる文）の語順と同じ**になる。疑問詞に変える前の英文をまず考えてみて、その一部を適切な疑問詞に変えて名詞節を作るという手順を実行するのが英作文では確実といえる。

▼本問も「元の英文 → その一部を疑問詞に変えて名詞節を作る」という手順で考えてみよう。

元の英文：She quit the job **because** ...「彼女は…**の理由で**仕事を辞めた」
↓　because ...（理由を表す副詞節）を疑問副詞の why に変える
名詞節：**why** she quit the job「**どうして**彼女が仕事を辞めたのか（ということ）」
　cf. 普通の疑問文：Why did she quit the job?
　　　　　　　　　　「どうして彼女は仕事を辞めたのですか」

▼よって平叙文の語順を用いた a) が正解になる。[Why she quit the job] (S) is (V) still a mystery (C) to him. という構造で、why she quit the job は文全体の主語 (S) になる名詞節。

▎解答

63 どうして彼女が仕事を辞めたのかは彼には依然として謎のままです。
a) Why she quit the job is still a mystery to him. (○)
　　← 平叙文の語順が正しい。
b) Why did she quit the job is still a mystery to him. (×)
　　← 疑問文の語順が間違い。

> **64** 私が本当に知りたいのはあなたが誰を最も尊敬しているのかということです。
> a) What I really want to know is who you respect the most.
> b) What I really want to know is whom do you respect the most.

解説

▼**63** と同様に「元の英文 → その一部を疑問詞に変えて名詞節を作る」という手順で考えてみよう。

元の英文：You (S) respect (V)…(O) the most.「あなたは…を最も尊敬している」
↓ …（他動詞 respect の目的語）を疑問代名詞の who 変える
名詞節：**who** you respect the most「あなたが**誰を**最も尊敬しているのか（ということ）」
　cf. 普通の疑問文：Who do you respect the most?
　　　　　　　　　「あなたは誰を最も尊敬していますか」

▼よって平叙文の語順を用いた a) が正解になる。[What I really want to know] (S) is (V) [who you respect the most] (C). という構造で、who you respect the most は主格補語 (C) になる名詞節。

▼目的語（人）に対する疑問代名詞は目的格の whom を用いるのが文法的には正しいが、主格の who を用いる方が自然である。
　（例）君は誰と一緒に映画に行ったのですか。
　Who did you go to the movie with?
　　☞ 前置詞 with の目的語なので whom が文法的には正しいが、文頭では who を使う方が自然。

解答

64　私が本当に知りたいのはあなたが誰を最も尊敬しているのかということです。
a) What I really want to know is who you respect the most. (○)
　← 平叙文の語順が正しい。
b) What I really want to know is whom do you respect the most. (×)
　← 疑問文の語順が間違い。

> **65** 僕が君よりも何歳年上かということを知っていますか？
> a) Do you know how much older I am than you?
> b) Do you know that how much older I am than you?

解説

▼本問は「君は知っていますか → 何を？ → 僕が君よりも何歳年上かということを」という内容。 ⑬ ⑭ と同様に「元の英文 → その一部を疑問詞に変えて名詞節を作る」という手順で考えてみよう。

元の英文：I am **... older** than you 「僕は君よりも…歳上である」
↓　 ...older を how much older 変える。
名詞節：**how much older** I am than you 「僕が君よりも**何歳年上**か（ということ）」
　cf. 普通の疑問文：How much older am I than you?「僕は君よりも何歳年上だろうか」

▼以上の手順から正解は a) になる。Do you (S) know (V) [how much older I am than you] (O)? という構造で、how much older I am than you は他動詞 know の目的語 (O) になる名詞節。

▼疑問詞だけで名詞節を形成するので、接続詞の that は不要。「…ということ」という日本語に引きずられて、余分な接続詞 that を付けないように注意しよう。
　cf. 僕の方が年上だってことを君は知ってますか。
　Do you know that I am older than you?
　☞この場合は that I am older than you が know の目的語。

解答

65　僕が君よりも何歳年上かということを知っていますか？
a) Do you know how much older I am than you?（○）← how 節が目的語
b) Do you know that how much older I am than you?（×）← that は不要。

㊿ 彼は何と言ったと思いますか。
a) Do you think what he said?
b) What do you think he said?

解説

▼〈Do you know＋疑問詞 ... ?〉と〈疑問詞＋do you think ... ?〉は混同しやすい。

① 〈Do you know＋疑問詞 ... ?〉「…かあなたは知っていますか」
② 〈疑問詞＋do you think ... ?〉「…かとあなたは思いますか」
　☞① ② の「…」の部分は平叙文の語順になる。

（例 ①）彼が何と言ったか知っていますか。
（○）Do you know what he said?
（×）What do you know he said?
☞ you (S)＋know (V)＋[what he said] (O) という構造で ⓖ と同じパターン。これは「知っているかどうか」を相手に聞く疑問文。返答は Yes, I do.「はい、知っている」や No, I don't.「いいえ、知らない」と do で答えるので、疑問文も Do で始めるのは当たり前。（×）Do you know what did he say? というミスも多い。

（例 ②）彼は何と言ったと思いますか。
（○）What do you think he said?
（×）Do you think what he said?
☞（例 ①）と同じ語順になりそうだが、これは「どう思うか」という具体的な意見を相手に聞く疑問文。その返答は Yes, I do. や No, I don't. とはならないので、do で答えられない以上、疑問文を Do で始めることはできないと理解しよう。（×）What do you think did he say? というミスも多い。

▼② の表現で使えるのは think 以外に believe（信じる）/ say（言う）/ guess（推測する）など。

（例）どうやってその危機を切り抜けたと彼は言いましたか。
How did he say he had survived the crisis?
☞ Did he say how he had survived the crisis? は「どうやってその危機を切り抜けたか彼は言いましたか」という意味。答えは Yes, he did.（はい、言いました）や No, he didn't.（いいえ、言いませんでした）となる。

■解答■
66　彼は何と言ったと思いますか。
a) Do you think what he said?（×）
b) What do you think he said?（○）←〈疑問詞＋do you think ...?〉

㊆ あとどのくらいで退院できますか？
a) How soon can I be discharged?
b) How can I be discharged soon?

■解説■
▼疑問副詞 how には 2 通りの使い方がある。

① 〈how 単独〉→「どういう方法[手段]で／どのようにして／どんなふうに」
② 〈how＋形容詞・副詞〉→「どのくらい…／どれほど…／どの程度…」

（例①）脳はどのように機能するのか。How does the brain work?
☞ **単独で用いる how は動詞を修飾する**。この how は動詞 work を修飾し、「脳の働き」を尋ねている。
（例）脳はどのくらいの情報を処理するのか。
How much information does the brain process?
☞ **〈how＋形容詞・副詞〉の how は直後の形容詞や副詞を修飾する**。この how は形容詞 much（＋名詞 information）を修飾し、「脳の処理する情報量」を尋ねている。

▼本問の a) は ②〈how＋副詞〉のパターンになり正解。**〈how soon〉は「あとのどのくらいで…する」**という**残り時間**を尋ねる表現。本問の b) は〈how 単独〉のパターンなので「どうすればすぐに退院できますか」という意味になる

▼〈how＋形容詞・副詞〉を用いた注意すべき表現としては、以下のものがある。

□ how large「どのくらい広いか／どのくらい大きいか」（面積・規模）
□ how far「どのくらい離れているか」（距離）
□ how long「どのくらいの期間か／いつからか」（時間の長さ）
□ how soon「あとどのくらいか」（残り時間）
□ how much（＋名詞）「どのくらい多いか」（(…の)量・金額）
□ how many＋名詞「どのくらい…が多いか」（…の数）
□ how often＝how many times「どのくらいの頻度か／何度か」（頻度・回数）

▼how long と how soon は「（時間が）どれくらい」というよく似た日本語で出題されると混同しやすいが、両者の疑問文に対する答え方を考えれば簡単に区別できる。

（例）How long will it take?「どれくらいかかる？」
— An hour.「1 時間かかる」
☞他動詞 take の目的語なので (It will take) an hour という名詞で答える。
（例）How soon will it start?「どれくらいで始まる？」
— In an hour.「1 時間後に始まる」
☞副詞 soon を具体化して (It will start) in an hour という副詞句で答える。

▎解答

67　あとどのくらいで退院できますか？
a) How soon can I be discharged? (○) ←〈how soon〉
b) How can I be discharged soon? (×)

68 これが私が先日医者と話し合った問題だ。
a) This is the problem that I discussed with a doctor the other day.
b) This is the problem I discussed with a doctor the other day.

▎解説

▼本問は「私が先日医者と話し合った」(文) が「問題」(名詞) を修飾している。このように、日本語で「文＋名詞」という語順で「文」が「名詞」を修飾する場合、英語では関係詞を用いることが非常に多い。

▼関係代名詞は「名詞 (＝先行詞)」と「文」をつなげる働きをし、〈名詞＋関係代名詞＋文〉という語順になるが、この場合の「文」は**名詞の働きをする語句が1つ欠けている**ことに注意。英作文で関係代名詞を用いる場合は、必ず2つの文を前提にして、「どの名詞要素が関係代名詞に変わったのか？」と慎重に考えるようにすればミスがなくなる。

▼本問も2つの文を前提にして手順を追って考えてみよう。

〈手順①〉This is the problem. ＋ I discussed it [＝the problem] with a doctor.
「これは問題だ」＋「私はそれ (＝その問題) について医者と相談した」
☞ 2文前提。the problem が先行詞。it は他動詞 discuss の目的語 (→ **13** 参照)。

〈手順②〉This is the problem which [that] I discussed with a doctor.
☞ 目的語の it が目的格の関係代名詞 which [that] に変わり、先行詞 the problem の直後に移動。

〈手順③〉This is the problem I discussed with a doctor.
☞ **目的格の関係代名詞 which [that] は省略可能**。他動詞 discuss の目的語が欠けていることに注目。よって、本問は a) と b) の両方とも正解になる。

▎解答

68　これが私が先日医者と話し合った問題だ。
a) This is the problem that I discussed with a doctor the other day. (○)
　　← 関係代名詞 that

b) This is the problem ＿ I discussed with a doctor the other day.（○）
　← 関係代名詞の省略

別解

I discussed this problem with a doctor the other day.（○）
← 日本語を整理すると、「先日私は医者とこの問題について話し合った」ということ。

---

69 ここは私の長男が出た大学です。
a) This is the college my eldest son graduated from.
b) This is the college my eldest son graduated.

解説

▼本問は「私の長男が出た」(文)が「大学」(名詞)を修飾している。**68** と同様に、関係詞を用いる場合は、2つの文を前提にし手順を追って考えて書くことがポイント。

〈手順①〉This is the college. + My eldest son graduated from it [= the college].
「ここは大学だ」+「私の長男がそこ（＝その大学）を卒業した」
☞ 2文前提。the college が先行詞。it は前置詞 from の目的語。(→ **16** の〈まとめ〉参照)

〈手順②〉This is the college which [that] my eldest son graduated from.
☞ 目的語の it が目的格の関係代名詞 which [that] に変わり、先行詞 the college の直後に移動する。

〈手順③〉This is the college my eldest son graduated from.
☞ 目的格の関係代名詞 which [that] は省略可能。前置詞 from の目的語が欠けていることに注目。日本人はこのように**文末が前置詞で終わる形**がとても苦手なので十分に注意すること。よって本問は a) が正解になる。

▼〈前置詞＋目的語〉をまとめて〈前置詞＋which / whom〉に変形するという発想もある。

〈手順①〉This is the college. + My eldest son graduated from it.

〈手順②〉This is the college from which my eldest son graduated.
☞ from it が from which になり、先行詞 the college の直後に移動する。

▼〈前置詞＋which / whom〉の which や whom は省略できない。また〈前置詞＋関係代名詞 that〉という形は用いられないことに注意。

解答
69　ここは私の長男が出た大学です。
a) This is the college (which / that) my eldest son graduated from. (○)
　　← 前置詞が必要。
b) This is the college my eldest son graduated ＿. (×)
　　← 前置詞の付け忘れ。

別解
This is the college from which my eldest son graduated. (○)
←〈前置詞＋which〉
My eldest son graduated from this college. (○)
← 日本語を整理すると、「私の長男はこの大学を卒業した」ということ。

70 以前からとても興味があったイタリアをぜひ訪れてみたい。
a) I really want to visit Italy which I have been very interested in.
b) I really want to visit Italy, which I have been very interested in.

解説
▼関係詞は、そもそも複数存在している名詞を他と区別する（＝限定する）働きをする。**68** は「世の中には色々な問題がある → その中で私が先日医者と話し合ったその問題 → 他の問題ではないよ！」という限定、**69** は「世の中には大学が複数存在している → その中でうちの長男が出たその大学 → うちの長男が出ていない大学も他にあるよ！」という限定を表している。

▼ところが、**最初からこの世に１つしか存在しない名詞は他と区別する必要がないので、そのような場合は関係代名詞の前にコンマを付ける**。この用法を「非制限用法」と呼ぶ。この用法は日本語にはないので、英作文ではミスがとても多い。英作文で非制限用法を用いる代表的なパターンは以下の２つ。いずれも先行詞が「１つ［１人］しか存在しない」という点がポイント。

① **先行詞が (your / his / their などの) 所有格＋名詞の場合**
　（例）「このメールを書いた私の父」my father, who wrote this e-mail
　☞日本語では「今年で還暦を迎える私の父」「30 年間商社マンをしていた私の父」「気むずかしい性格の私の父」のように、様々な修飾語を「私の父」に付けることができる。しかし、**「自分の父親」はもちろん世の中に１人なので、英語では非制限用法を用いる**。コンマなしの (×) my father who wrote this e-mail では、「このメールを書かなかった別の私の父」も存在すること

になるが、常識的に実の父は 1 人しかいないので不可。
② **先行詞が（Japan / Mr. Kubota / Haruki Murakami などの）固有名詞の場合**
（例）「ロンドンを流れるテムズ川」the Thames, which flows through London
☞ 日本語では「観光客に人気のテムズ川」「水質が改善したテムズ川」「彼女と初めて訪れたテムズ川」のように、様々な修飾語を「テムズ川」に付けることができる。しかし、**「テムズ川」はもちろん世の中に 1 つしか存在しない固有名詞なので、英語では非制限用法を用いる**。コンマなしの（×）the Thames which flows through London では、「ロンドンを流れていない別のテムズ川」も存在することになるが、常識的にありえないので不可。

▼本問は日本語としては「以前からとても興味があった」（文）が「イタリア」（名詞）を修飾しているが、イタリアは「固有名詞」なので、② のパターンに相当することになり、非制限用法を用いて関係代名詞 which の前にコンマを付ける必要がある。よって b) が正解。a) のようにコンマがないと「私が興味がなかったイタリア」が別にこの世に存在することになるので不可。なお、**非制限用法の関係代名詞は目的格でも省略はできない**。

|解答|
70　以前からとても興味があったイタリアをぜひ訪れてみたい。
a) I really want to visit Italy which I have been very interested in. (×)
b) I really want to visit Italy, which I have been very interested in. (○)
　　← 非制限用法

|別解|
I really want to visit Italy because I have been very interested in it. (○)
← 2 つの文の論理関係に注目すると、「イタリアを是非訪れてみたい。なぜなら、以前からとても興味があったから」という〈因果関係〉だと解釈できる。

㊹ 私が言いたいのはその意見に賛成だということだ。
a) What I want to say is that I agree with that opinion.
b) That I want to say is what I agree with that opinion.

|解説|
▼関係代名詞 what は先行詞 the thing(s) と関係代名詞 which が合体したもの。先行詞 the thing(s) を含んでいるので **what 節は名詞節**になり、一般的に「…すること／もの／の」などの日本語に相当する。

（例①）君に必要なのは長期休暇だ。
What you need is a long vacation.
☞What you need は主語（S）。
（例②）僕が頼んだ物はまだ来ていない。
You haven't given me what I asked for.
☞what I asked for は目的語（O）。
（例③）彼はいつも最善を尽くすが、そこが好きなところだ。
He always does his best, and that's what I like about him.
☞what I like about him は補語（C）。

▼本問は（例①）と同じように What I want to say（私の言いたいこと）を主語に用いればよいので、a）が正解。英作文では what 節が主語になる表現を頻繁に用いるので、以下の例文で語感を養っておこう（可能なら what の見出しで辞書も引いて用例を増やすことが望ましい）。
（例1）彼女がいらつくのは彼の話し方である。
What annoys her is the way he talks.
（例2）私が本当に気がかりだったのは失業するかもしれないということだった。
What really worried me was that I might lose my job.
（例3）彼がやったのはいたずら電話をかけることだった。
What he did was (to) make a prank call.
（例4）私がまず最初に知りたかったのは、どのくらい時間がかかりそうかということだった。
What I wanted to find out first was how long it was going to take.
（例5）この子に必要なのは母親の愛情だ。
What this child needs is his mother's love.

▼接続詞 that も名詞節を導くが、that 節と what 節には以下の違いがある。

① that 節：後には名詞要素が欠けていない「完全な文」が続き、「…ということ」と訳す。
② what 節：後には名詞要素が欠けた「不完全な文」が続き、「…こと／…もの」と訳す。

（例①）本問の that I agree with that opinion は補語になる名詞節。that の後は「完全な文（＝第1文型＋前置詞句で、欠けている名詞要素はない）」。
（例②）本問の What I want to say は主語になる名詞節。what の後は「不完全な文（＝他動詞 say の目的語が欠けている）」。

解答

71 私が言いたいのはその意見に賛成だということだ。
a) What I want to say is that I agree with that opinion. (○)
　　← 関係代名詞の what
b) That I want to say is what I agree with that opinion. (×)
　　← 接続詞 that の後に「不完全文」が続いている点と、関係代名詞 what の後に「完全文」が続いている点が間違い。

別解

(I want to say that) I agree with that opinion. (○)
← 中心情報は「私はその意見に賛成だ（ということを言いたい）」ということ。

---

72 生まれも育ちもこの町です。
a) This is the town in which I was born and raised.
b) This is the town where I was born and raised.

解説

▼関係副詞は〈前置詞＋目的格の関係代名詞 which〉を1語で表したものだと理解するのが最もわかりやすいので、まず**構造的に〈前置詞＋which〉で表現できることを確認**した上で、先行詞が「場所」なら where、「時」なら when、「理由」なら why を用いるという手順で考えるのが確実である。英作文では関係詞のミスは致命的なので、慎重に構造分析をすることを勧める。

〈手順①〉This is the town. ＋ I was born and raised in it [＝the town].
「ここは町だ」＋「私はそこ（＝その町）で生まれ育った」
☞ 2文前提。the town が先行詞。it は前置詞 in の目的語。

〈手順②〉This is the town **in which** I was born and raised.
☞ in it が in which に変わり、先行詞 the town の直後に移動する。

〈手順③〉This is the town **where** I was born and raised.
☞ 先行詞 the town が「場所」なので、in which が関係副詞 where に変わる。よって a) と b) の両方とも正解ということになる。

解答

72 生まれも育ちもこの町です。
a) This is the town in which I was born and raised. (○)
　　←〈前置詞＋which〉
b) This is the town where I was born and raised. (○) ← 関係副詞 where

別解
I was born and raised in this town.（○）
←「私はこの町で生まれ育った」ということ。

---

73 彼女が休暇を過ごした長野県は山国だ。
a) Nagano prefecture where she spent her holidays has a lot of mountains.
b) Nagano prefecture, where she spent her holidays, has a lot of mountains.

解説

▼関係代名詞と同じように、関係副詞の場合も**先行詞が固有名詞の場合は非制限用法を用いる**のが原則（→ **70** 参照）。本問は日本語としては「彼女が休暇を過ごした」(文)が「長野県」(名詞)を修飾しているが、Nagano prefecture（長野）は固有名詞なので、非制限用法を用いて関係副詞 where の前にコンマを付ける必要がある。よって b) が正解。a) は彼女が休暇を過ごさなかった別の長野が存在することになってしまう。

▼本問のように主語と述語動詞の間に関係詞節が入り込む場合は、**関係詞節の前後にコンマを付けて挿入節の形にする。特に2つ目のコンマの付け忘れが多い**のでくれぐれも注意しよう。**70** の例文を使って再確認しておこう。どちらも関係詞節の最後（＝述語動詞の前）にコンマを付けるのを忘れないこと。

（例）このメールを書いた私の父は還暦を迎えました。
My father, who wrote this e-mail, has turned 60.
（例）ロンドンを流れるテムズ川は全長約 350 キロだ。
The Thames, which flows through London, is about 350 kilometers long.

解答

73 彼女が休暇を過ごした長野県は山国だ。
a) Nagano prefecture where she spent her holidays has a lot of mountains.（×）
b) Nagano prefecture, where she spent her holidays, has a lot of mountains.（○）← 非制限用法

別解
Nagano prefecture has a lot of mountains and she spent her holidays

there. (○) ←「長野県は山国で、彼女はそこで休暇を過ごした」ということ。あるいは、She spent her holidays in Nagano prefecture. It has a lot of mountains.「彼女は長野県で休暇を過ごした。そこは山国だ」としてもよい。

> **74** この問題はいくつかの異なった取り組み方が可能だ。
> a) There are several different ways how we can tackle this problem.
> b) There are several different ways we can tackle this problem.

■解説

▼「…する方法／やり方／仕方」は〈the way SV〉か〈how SV〉という表現を用いる。よって b) が正解。(×) the way how SV という使い方はできないので a) は不可。

　(例)「私がその問題を解いた方法／その問題の私の解き方」
　(○) the way I solved the problem
　☞〈the way SV〉の表現。
　(○) how I solved the problem
　☞〈how SV〉の表現。この how を疑問副詞と考えて、「どのようにその問題を私が解いたか（ということ）」と解釈しても意味は同じになる。
　(×) the way how I solved the problem
　☞the way と how は一緒に使えない。

▼〈the way to do〉や〈the way of doing〉という表現もよく使う。例文で慣れよう。

　(例1) 外国語の1番の学習法は何ですか。
　What's the best way to learn a foreign language?
　(例2) それはお箸の正しい持ち方ではない。
　That's not the right way to hold a pair of chopsticks.
　(例3) 週末に連絡をとる方法はありますか。
　Is there any way of contacting you on weekends?
　(例4) 彼女の独特の話し方に気づきましたか。
　Have you noticed her unique way of speaking?

■解答

74　この問題はいくつかの異なった取り組み方が可能だ。
a) There are several different ways how we can tackle this problem.
　　(×)

b) There are several different ways we can tackle this problem.（○）
　←〈the way SV〉
|別解|
We can tackle this problem in several different ways.（○）
← 表現を整理すると「私たちはいくつかの異なった方法でこの問題に取り組むことができる」ということ。

75 ここは日本で一番暮らしやすい町だと僕は思う。
a) This is the town where I think is the best place to live in Japan.
b) This is the town which I think is the best place to live in Japan.

|解説|
▼本問は「日本で一番暮らしやすいと僕が思う」（文）が「町」（名詞）を修飾しているので、関係詞を用いて書けばいいことがわかる。ただし、**「場所」を意味する名詞だからと言って、常に関係副詞の where が使えるとは限らない。**72 で説明したように〈前置詞＋which〉で表現できない場合は関係副詞を用いることはできない。

▼本問も関係副詞 where ではなく、関係代名詞 which を用いるのが正しいことを以下の手順で確認すること。「town（町）が場所を表すから関係副詞 where を使う！」という考え方をしないように。

　〈手順①〉This is the town. ＋ I think it [＝the town] is the best place to live in Japan.
　「ここは町だ」＋「そこ（＝その町）は日本で一番暮らしやすい場所だと僕は思う」
　☞2文前提。the town が先行詞。it は主語。

　〈手順②〉This is the town which I think is the best place to live in Japan.
　☞主語の it が主格の関係代名詞 which に変わり、先行詞 the town の直後に移動。よって b) が正解。

▼同様に先行詞が time や day などの〈時〉を表す名詞でも関係副詞 when を使うとは限らないし、先行詞が reason でも関係副詞 why を使うとは限らない。
　（例）「私が今でも鮮明に覚えている日」
　（○）the day（which）I still remember clearly
　（×）the day when I still remember clearly
　☞「私がその日を覚えている」ということなので目的格の関係代名詞 which を

使い、which（O）+ I（S）+ remember（V）という構造になる。
（例）「私には理解できない理由」
（○）the reason (which) I cannot understand
（×）the reason why I cannot understand
☞「私がその理由を理解する」ということなので目的格の関係代名詞 which を使い、which（O）+ I（S）+ understand（V）という構造になる。

▎解答
75　ここは日本で一番暮らしやすい町だと僕は思う。
a) This is the town where I think is the best place to live in Japan.（×）
　← 関係副詞 where は主語になれない。
b) This is the town which I think is the best place to live in Japan.（○）
　← 関係代名詞 which は主語になれる。

▎別解
I think (that) this town is the best place to live in Japan.（○）
← 表現を整理すると「この町は日本で一番暮らしやすい場所だと僕は思う」ということ。

---

❼⓺ その有名な映画俳優は離婚の噂を否定した。
a) The famous movie actor denied the rumor that he would get divorced.
b) The famous movie actor denied the rumor to get divorced.

▎解説
▼本問は「その有名な映画俳優は噂を否定した → どんな噂？ → 離婚するという噂」ということ。このように、**名詞の具体的な内容を説明する〈同格〉の表現は、〈名詞+that 節〉、〈名詞+to do〉、〈名詞+of doing〉の3種類があり、名詞によってどの同格表現を用いるかはだいたい決まっている**。つまり、英作文で同格表現を用いる場合は、この3パターンの区別をしなければならないことになる。
▼名詞 rumor に用いる同格表現は〈that 節〉が一般的。よって a) が正解。これから離婚するので would が必要だということも確認しておこう。**〈rumor that 節〉**「…という噂／風評／風説」というフレーズで覚えることを勧める。

★〈名詞＋that 節〉という同格表現に使える代表的な名詞

□ chance「可能性」□ fact「事実」□ evidence「証拠」□ opinion〔view〕「意見」□ idea「考え」□ rumor「噂」□ impression「印象」□ news「知らせ」□ belief「信念」□ complaint「不平」□ conclusion「結論」□ doubt「疑い」□ fear「恐怖」□ hope「希望、見込み」□ decision「決定」

（例）その決断は間違っているという意見を言った。
I expressed the opinion that the decision was wrong.
（例）彼がその結果に不満だという印象はなかった。
I didn't get the impression that he was unhappy about the result.

☞believe that 節「…を信じる」、complain that 節「…と不平を言う」、conclude that 節「…と結論づける」などのように、**動詞が that 節を目的語にとる場合、その名詞形（belief, complaint, conclusion）も that 節を同格表現として用いるものが多い。**

▼本問は「その有名な映画俳優は離婚すると言われていたが、彼はその噂を否定した」ということなので、People said that the famous movie actor would get divorced, but he denied that rumor. のように 2 つの文に分けて書いても十分に合格答案になる。このように**無理に同格表現を使わなくても、別の表現で十分に日本語の文意が伝わる英文を書くことが可能**な場合も多い。英作文でどの同格表現を使えばよいか自信がない場合は、柔軟な発想を心がけて、自信を持って書ける表現に言い換えることが大切。

|解答|

76 その有名な映画俳優は離婚の噂を否定した。
a) The famous movie actor denied the rumor that he would get divorced.
（○）←〈rumor that 節〉
b) The famous movie actor denied the rumor to get divorced.（×）

77 最近の親は子どもを甘やかす傾向がある。
a) There is a tendency of parents these days spoiling their children.
b) There is a tendency for parents these days to spoil their children.

|解説|

▼本問は「最近の親は傾向がある → どんな傾向？ → 子どもを甘やかすという傾向」ということ。名詞 tendency に用いる同格表現は〈to do〉である。よって

b) が正解。for parents these days は**不定詞の意味上の主語**。〈**tendency (for A) to do**〉「**(A が) …する傾向／風潮／趨勢**」というフレーズで覚えることを勧める。

★〈名詞＋to do〉という同格表現に使える代表的な名詞

> □ chance [opportunity]「機会」 □ right「権利」 □ desire「願望」
> □ attempt「試み」 □ decision「決定」 □ promise「約束」 □ ability「能力」 □ tendency「傾向」 □ refusal「拒絶」 □ dream「(将来の) 夢」

（例）「…の投票する権利（＝選挙権）」one's right to vote
（例）「…の支払い能力」one's ability to pay
☞ decide to do「…することに決める」、be able to do「…することができる」などのように、**動詞や形容詞が to do を一緒に用いる場合は、その名詞形 (decision, ability) も to do を同格表現として用いるものが多い。**

▼「…する傾向がある」は動詞を用いて tend to do と表現できるので、本問は Parents these days tend to spoil their children. としてもよい。あるいは「最近の親は子どもを甘やかすことが多い」と言い換えて、頻度副詞の often [usually] を用いて Parents these days often [usually] spoil their children. としてもよい。

▎解答

77 最近の親は子どもを甘やかす傾向がある。
a) There is a tendency of parents these days spoiling their children. (×)
b) There is a tendency for parents these days to spoil their children. (○)
　←〈tendency (for A) to do〉

---

78 彼女には以前爪を噛む悪い癖があった。
a) She used to have a bad habit of biting her nails.
b) She used to have a bad habit to bite her nails.

▎解説

▼本問は「彼女には以前悪い癖があった → どんな癖？ → 爪を噛むという癖」ということ。名詞 habit に用いる同格表現は〈of doing〉である。よって a) が正解。〈**habit of doing**〉「**…する習慣／癖**」というフレーズで覚えることを勧める。

★〈名詞＋of doing〉という同格表現に使える代表的な名詞
□ chance [possibility]「可能性」□ habit「習慣、癖」□ custom「慣習」
□ dream「(将来の) 夢」□ experience「経験」□ purpose「目的」
□ idea「考え」□ hope「希望、見込み」□ fear「恐怖」

(例) 医者になるという夢を実現した。
I realized my dream of becoming a doctor.
(例) 若者と一緒に働いた経験がない。
I have no experience of working with young people.

▼本問の中心となる情報は「彼女には以前よく爪を噛んだものだった」ということ。爪を噛むのは悪いことに決まっているので「悪い」の表現は「虚辞」として処理して構わない。よって本問は She used to bite her nails. としても十分に合格答案になる。

■解答

78 彼女には以前爪を噛む悪い癖があった。
a) She used to have a bad habit of biting her nails.（○）
　←〈habit of doing〉
b) She used to have a bad habit to bite her nails.（×）

⓻⓽ 私は留学生と交流する機会が多い。
a) I have many chances of interacting with international students.
b) I have many chances to interact with international students.

■解説

▼本問は「私は機会が多い → どんな機会？ → 留学生と交流するという機会」ということ。名詞 chance に使える同格表現は、以下のように意味の違いで使い分けるのが原則。

① 「…する機会／好機／チャンス（＝opportunity）」→〈chance to do〉
② 「…する見込み／可能性／勝算（＝possibility）」→〈chance of doing〉と
　〈chance that SV〉

(例) a chance to make friends「友達を作る機会」
(例) a chance of making friends / a chance that S will make friends
「友達を作る可能性」

▼本問の chance は「機会」という意味なので b) が正解。a) は「留学生と交流する可能性」という意味になるのでここでは不可。

▼本問は副詞の often（しばしば…する／…すること[機会／場合／回数／頻度]が多い）を用い I often interact with international students. としてもよい。**76** **77** **78** で紹介したリストの名詞をすべて覚えるのが理想だが、リスト以外の名詞が出題されたら判断に迷ってしまう。そういう場合は、無理に同格に持ちこまずに、同格以外の別の表現を用いて答案を書く方が賢明な戦略といえる。

|解答|

79　私は留学生と交流する機会が多い。
a)　I have many chances of interacting with international students.（×）
　　←「留学生と交流する可能性」という意味になる。
b)　I have many chances to interact with international students.（○）
　　←〈chance to do〉

80　その問題は彼にも解けるほど易しい問題だ。
a)　The problem is so easy that he can solve it.
b)　The problem is so easy that he can solve.

|解説|

▼ただ単に「寒い」と書くよりも「凍えそうなくらい寒い」とか「息ができないほど寒い」とか具体的な情報を書く方が生き生きとした表現になる。このような「～するほど／だけ／くらい…」という「程度」を表すフレーズは以下のようにまとめて理解しよう。

① 「…するほど〈形容詞〉である／とても〈形容詞〉なので…する」
　→ 〈**so＋形容詞＋that SV . . .**〉

（例）「その問題は彼に解けるほど易しい＝その問題はとても易しいので彼に解ける」
The problem is **so** easy **that** he can solve it.
☞「その問題はそれほど易しい → どの程度？ → 彼に解けるくらい」という「程度」を表す。このフレーズの so（それほど）は副詞で that は接続詞。副詞の so が形容詞の easy を修飾し、接続詞の that のうしろには he can solve it という「文」が来ている。この it は the problem を受ける代名詞。よって a) が正解。

▼b) のように他動詞 solve の目的語を書き忘れたミスに注意すること。

② 「…するほど〈副詞〉である／とても〈副詞〉なので…する」
→〈**so＋副詞＋that SV . . .**〉

（例）「君は私がついていけないくらい早口だった＝君はとても早口だったので私はついていけなかった」

You spoke **so** fast **that** I could not follow you.
　☞「君はそれほど早口だった → どの程度？ → 私がついていけないほど」という「程度」を表す。副詞の so が副詞の fast を修飾し、接続詞の that のうしろには I could not follow you という「文」が来ている。
▼他動詞 follow の目的語を書き忘れた（×）. . . I could not follow ＿ というミスに注意すること。

|解答|
80　その問題は彼にも解けるほど易しい問題だ。
a) The problem is so easy that he can solve it.（○）
　←〈so＋形容詞＋that SV . . .〉
b) The problem is so easy that he can solve ＿ .（×）← 目的語の書き忘れ。

81 この本は私に理解できないくらい難しい本だ。
a) This is a so difficult book that I can't understand it.
b) This is such a difficult book that I can't understand it.

|解説|
▼「…するほど〈形容詞＋名詞〉である／とても〈形容詞＋名詞〉なので…する」は〈**such a [an]＋形容詞＋可算名詞の単数形**〉と表現する。よって b) が正解。

（例）「これは私が理解できないほど難しい本だ＝これはとても難しい本なので私は理解できない」

This is **such** a difficult book **that** I can't understand it.
　☞「これはそれほど難しい本だ → どの程度？ → 私が理解できないほど」という「程度」を表す。本問のように「形容詞＋可算名詞の単数形」の場合は、〈**such a [an]＋形容詞＋可算名詞の単数形**〉という語順になる（不定冠詞の a や an が必要）。文末 it は This を受ける代名詞。他動詞 understand の目的語を書き忘れた（×）. . . I can't understand ＿ というミスに注意すること。
▼このフレーズは「可算名詞の単数形」以外に、「可算名詞の複数形」や「不可算

名詞」にも使うことができる。
　（例）これらはとても難しい本なので理解できない。
　　These are **such** difficult books **that** I can't understand them.
　　☞「形容詞＋可算名詞の複数形」の場合は、〈**such**＋**形容詞**＋**可算名詞の複数形**〉という語順になる（複数形の -s が必要）。
　（例）これはとても重要な情報なので無視できない。
　　This is **such** important information **that** I can't ignore it.
　　☞「形容詞＋不可算名詞」の場合は、〈**such**＋**形容詞**＋**不可算名詞**〉という語順になる（不定冠詞の a / an も複数形の -s も不要）。
▼〈many＋可算名詞の複数形〉と〈much＋不可算名詞〉の場合だけは〈**so many**＋**可算名詞の複数形**〉と〈**so much**＋**不可算名詞**〉というフレーズを使う。
　（例）「私は読み切れないほど多くの本を借りた＝多く借りすぎて全部は読めなかった」
　　（○）I borrowed **so many books** that I couldn't read them all.
　　（×）I borrowed such many books that I couldn't read them all.
　（例）「彼女は使い切れないほど多くのお金を持っていた＝お金がありすぎて全額は使い切れなかった」
　　（○）She had **so much money** that she couldn't spend it all.
　　（×）She had such much money that she couldn't spend it all.

▌解答
81　この本は私に理解できないくらい難しい本だ。
a) This is so a difficult book that I can't understand it. (×)
b) This is such a difficult book that I can't understand it. (○)
　　←〈such a [an]＋形容詞＋可算名詞の単数形〉

──────────────────────────────────
82 彼はヨットが買えるほどの金持ちだ。
a) He is rich enough to buy a yacht.
b) He is enough rich to buy a yacht.
──────────────────────────────────

▌解説
▼**⑳**の「(A が)…するほど〈形容詞・副詞〉である／とても〈形容詞・副詞〉なので (A は)…する」は、〈**形容詞・副詞**＋**enough (for A) to** *do*〉と表現することもできる。
　（例）「彼はヨットが買えるほどの金持ちだ＝彼はとても金持ちなのでヨットが

買える」

He is **rich enough to buy** a yacht.
☞「彼は十分に金持ちだ → どの程度？ → ヨットが買えるほど」という「程度」を表す。このフレーズの enough（十分に）は副詞で形容詞の rich を修飾している。⑳ のフレーズを使えば He is **so** rich **that** he can buy a yacht. となる。（×）He is <u>enough rich</u> to buy a yacht. という語順のミスが非常に多いので要注意。よって a) が正解。

▼本問は、金持ちなのもヨットが買えるのも同じ主語の「彼」なので for A は不要。主語が異なる場合は、不定詞の直前に意味上の主語の for A を付けなければならない。

（例）その問題は彼に解けるほど易しい。

<u>The problem</u> is so easy that <u>he</u> can solve it.
＝<u>The problem</u> is easy enough **for him** to solve (it).
☞<u>The problem</u> と <u>he</u> は異なる主語なので、意味上の主語 for him を不定詞の直前に付ける。

|解答|

82　彼はヨットが買えるほどの金持ちだ。

a) He is <u>rich enough to</u> buy a yacht.（○）←〈形容詞・副詞＋enough to do〉
b) He is <u>enough rich to</u> buy a yacht.（×）← 語順のミス

|別解|

He is so rich that he can buy a yacht.（○）←〈so＋形容詞＋that SV ...〉

㊸ 彼は貧乏すぎて自転車が買えない。
a) He is too poor to buy a bicycle.
b) He is too poor not to buy a bicycle.

|解説|

▼「(A が) …するには〈形容詞・副詞〉すぎる／〈形容詞・副詞〉すぎて (A は) …できない」は〈**too＋形容詞・副詞＋(for A) to** ***do***〉と表現できる。

（例）「彼は自転車を買うには貧乏すぎる＝彼は貧乏すぎて自転車が買えない」

He is **too poor to buy** a bicycle.
☞このフレーズの too（…すぎる）は副詞で形容詞の poor を修飾している。⑳ のフレーズを使えば He is **so** poor **that** he cannot buy a bicycle. となる。否定の not が書いていないのに「～すぎて…<u>できない</u>」という否定の意

味の日本語に相当することに十分気をつけること。日本語に引きずられた（×）He is too poor not to buy a bicycle. というミスに注意。よってa)が正解。

▼「買うには貧乏すぎる＝貧乏すぎて買えない」という変換は、「歩くには遠すぎる＝遠すぎて歩けない」や、「触るには熱すぎる＝熱すぎて触れられない」や、「届くには高すぎる＝高すぎて届かない」などの別の日本語でも練習して早めに慣れることが大切。

▼本問は、貧乏なのも自転車が買えないのも同じ主語の「彼」なのでfor Aは不要。主語が異なる場合は、不定詞の直前に意味上の主語のfor Aを付けなければならない。

（例）私がついていくには君は早口すぎた。
You spoke so fast that I could not follow you.
＝You spoke too fast **for me** to follow (you).
☞You とI は異なる主語なので、意味上の主語for meを不定詞の直前に付ける。

|解答|

83　彼は貧乏すぎて自転車が買えない。
a) He is too poor to buy a bicycle. (○) ←〈too＋形容詞＋to do〉
b) He is too poor not to buy a bicycle. (×)

|別解|

He is so poor that he cannot buy a bicycle. (○)
←〈so＋形容詞＋that SV...〉

---

84 目を覚ましているために私はコーヒーをがぶ飲みした。
a) I drank a lot of coffee for staying awake.
b) I drank a lot of coffee in order to stay awake.

|解説|

▼「…するために／…するように」という「目的」はさまざまな表現で表すことができるが、英作文では〈**in order to do**〉や〈**so as to do**〉を用いるのが無難。よってb)が正解。

▼原則として〈**for＋動名詞（doing）**〉で「目的」を表すことはできない。英作文では「〈名詞〉のために」という日本語でも、「…するために」と動詞に言い換えて〈in order to do〉を使うほうが安全といえる。

（例）「学習目的で図書館へ行った」
（×）I went to the library for studying.
（○）I went to the library in order to study.
（○）I went to the library so as to study.
☞「学習目的」という名詞を「勉強するために」という動詞に言い換える。

▼scold A for doing「…したことで A を叱る」、blame A for doing「…したことで A を非難する」、praise A for doing「…したことで A をほめる」などの表現では**理由を表す for doing** をよく用いる。この「理由」を表す for doing を「…ために」と訳す場合もあるので、「目的」と混同する受験生が多い。

（例）遅刻したために先生から叱られた。
My teacher scolded me for arriving late.

|解答|
84　目を覚ましているために私はコーヒーをがぶ飲みした。
a) I drank a lot of coffee for staying awake.（×）
b) I drank a lot of coffee in order to stay awake.（○）
　　← 目的の〈in order to do〉

|別解|
I drank a lot of coffee so as to stay awake.（○）← 目的の〈so as to do〉
I drank a lot of coffee to stay awake.（○）← 目的の〈to do〉

---

85 眠らないように私は濃いコーヒーを飲んだ。
a) I drank strong coffee in order not to fall asleep.
b) I drank strong coffee not to fall asleep.

|解説|
▼「…しないために／…しないように」という「否定目的」は〈in order not to do〉や〈so as not to do〉という表現を使うように使用。not の位置に注目。よって a) が正解。

▼〈not to do〉だけでは「否定目的」を表せないので、b) は不可。この勘違いは非常に多いので要注意。例外的に be careful to do / take care to do（…するように注意する）だけは、**be careful not to do / take care not to do**（…しないように注意する）のように〈not to do〉が使える。

（例）その皿を割らないように注意しなさい。
（○）Be careful [Take care] not to break the plate.

(×) Be careful [Take care] in order not to break the plate.
解答
85　眠らないように私は濃いコーヒーを飲んだ。
a) I drank strong coffee in order not to fall asleep. (○)
　　← 否定目的の〈in order not to do〉
b) I drank strong coffee not to fall asleep. (×)
別解
I drank strong coffee so as not to fall asleep. (○)
← 否定目的の〈so as not to do〉

86 彼が道に迷わないように彼に地図を書いてあげた。
a) I drew him a map so that he wouldn't get lost.
b) I drew him a map so that he didn't get lost.

解説
▼「目的」は接続詞の so that を用いても表現できる。ただし、so that に続く文には**助動詞の will や can が必要**となる。なぜなら、「目的」とはまだ達成されていない未来の事柄だからである。さらに過去時制では「時制の一致」のルールに従って助動詞を過去形の would や could に変えることがポイント。〈**so that S will [would / can / could] do**〉というフレーズで覚えよう。
▼同じ主語が「…するために~する」という場合は **84** の〈in order to do〉や〈so as to do〉が使いやすいが、**主節と従属節の主語が異なる場合には〈so that S will [would / can / could] do〉**が使いやすい。
　（例）「私たちに聞こえるよう、彼は声を張り上げるべきだ」
　He should raise his voice so that we can hear him.
　☞主語は主節の he と従属節の we で異なる。
　（例）「私たちに聞こえるよう、彼は声を張り上げた」
　He raised his voice so that we could hear him.
　☞時制の一致で could を用いる点に注目。
▼同様に、「否定目的」も〈**so that S will [would / can / could] not do**〉というフレーズを用いる。過去時制の場合は助動詞 will not が would not [wouldn't] に変化することがポイント。以上から、a) が正解となる。
解答
86　彼が道に迷わないように彼に地図を書いてあげた。

a) I drew him a map so that he wouldn't get lost. (○)
　　←〈so that S will do〉
b) I drew him a map so that he didn't get lost. (×)

> **87** 病院へ行った。頭が痛かったからだ。
> a) I saw the doctor because I had a headache.
> b) I saw the doctor. Because I had a headache.

■解説
▼「病院へ行った（結果）→ どうして？ → 頭が痛かったから（原因）」という論理関係なので、〈**SV ... because SV 〜.**〉を用いた a) が正解。主節の〈SV ...〉が「結果」で、従属節の〈because SV 〜〉が「原因」を表す。
▼b) のように**主節とbecause節を独立させて**、(×)〈**SV ... Because SV 〜.**〉とすることはできない。この間違いは非常に多いのでくれぐれも注意すること。よって b) は不可。I saw the doctor.（This was because）I had a headache. なら正しい（→ **89** 参照）。
▼because には以下のような副詞を加えて、細かいニュアンスを表現できる。

- □「主に〜の理由で／何よりも〜の理由で」mainly [chiefly] because 〜
- □「1つには〜の理由で／…の理由もあって」partly because 〜
- □「まさに〜の理由で／〜だからこそ」precisely because 〜
- □「たぶん〜の理由からだろうか」probably because 〜
- □「（ただ単に）〜だからといって」just because 〜
- □「…ではなくて〜の理由で」not because ... but because 〜

■解答
87　病院へ行った。頭が痛かったからだ。
a) I saw the doctor because I had a headache. (○)
　　←〈SV ... because SV 〜.〉
b) I saw the doctor. Because I had a headache. (×)

> **88** 頭が痛かったので病院に行った。
> a) The reason I saw the doctor was that I had a headache.
> b) The reason I had a headache was that I saw the doctor.

125

解説

▼「…の原因は～である」は〈**The reason SV ... is that SV ～.**〉というフレーズでも表現できる。❽と同様に、この表現の〈SV ...〉が「結果」で、〈SV ～〉が「原因」を表す。よって a) が正解。b) は「頭が痛かった原因は病院に行ったからだ」という不自然な意味になる。

▼この表現は〈**SV ... The reason (for this) is that SV ～.**〉と 2 つの文に独立させて書くこともできる。よって I saw the doctor. The reason (for this) was that I had a headache. としても正しい。

▼reason を用いた以下の定型表現も英作文ではよく使う。

> □「…の最大の理由は～」The primary reason ... is that ～
> □「…の主な理由は～」The main [chief] reason ... is that ～
> □「…の真の理由は～」The real [true] reason ... is that ～
> □「…の理由の 1 つは～」One of the reasons ... is that ～
> □「1 つの理由は…で、もう 1 つの理由は～」
>   One reason is that ... and another (reason) is that ～

解答

88　頭が痛かったので病院に行った。
a) The reason I saw the doctor was that I had a headache. (○)
　　←〈The reason SV ... is that SV ～.〉
b) The reason I had a headache was that I saw the doctor. (×)

別解

I saw the doctor. The reason (for this) was that I had a headache.
←〈SV ... The reason (for this) is that SV ～.〉

---

89 頭が痛かった。だから病院へ行った。
a) I saw the doctor. This was because I had a headache.
b) I saw the doctor. This was why I had a headache.

解説

▼因果関係を 2 つの文に分けて書く場合は〈**SV ... This is because SV ～.**〉というフレーズを使う。

▼〈SV ... This is because SV ～.〉と〈SV ～. This is why SV ...〉は形がよく似ているせいで混同しやすい。因果関係の順番に注意して両者を区別すること。

> ① 〈SV ... This is because SV 〜.〉「…。なぜなら[というのも]〜だから。」

I saw the doctor. This was because I had a headache.「病院に行った。なぜなら頭が痛かったから」
　☞〈**結果＋原因**〉という論理関係。

> ② 〈SV 〜. This is why SV ...〉「〜。そういうわけで[だから]…」

I had a headache. This was why I saw the doctor.「頭が痛かった。だから病院に行った」
　☞〈**原因＋結果**〉という論理関係。

よって因果関係を正しく表している a) が正解。b) は「病院に行った。だから頭が痛かった」という不自然な意味になる。

▼何かの結論・意見・主張を述べたら、それに対する理由・根拠・原因を続けて述べるのはごく自然なことである。よってわざわざ because を使わずに、I saw the doctor. I had a headache. と 2 つの文を独立させて書くのが実は最も自然な英文となる。

[解答]

89　頭が痛かった。だから病院へ行った。
a) I saw the doctor. This was because I had a headache. (○)
　　←〈結果＋原因〉が成立する。
b) I saw the doctor. This was why I had a headache. (×)
　　←〈原因＋結果〉が成立しない。

[別解]

I had a headache. This was why I saw the doctor. (○)
←〈原因＋結果〉が成立する。
I saw the doctor. I had a headache. (◎) ← 最も自然な英文。

> **90** 幸せである限り、お前がどんな仕事をしていても構わない。
> a) As long as you are happy, I don't care what job you are doing.
> b) As far as you are happy, I don't care what job you are doing.

[解説]

▼「…する限り／…さえすれば」というニュアンスを持った「条件」は〈**as long as SV ...**〉と表現する。よって a) が正解。**long** は「時の長さ」を表すので、

as long as は「…する間は(＝while)」というのが原義で、本問も「お前が幸せである間は／お前が幸せでありさえすれば」ということ。

　(例)「生きている限り」as long as I live
　(例)「円高の限り」as long as the yen remains strong
　☞「生きている間は」「円が高い間は」ということ。

▼「…する間は(＝while)」というニュアンスを完全に失って、以下のように純粋に〈条件〉の意味を表す場合もある。

　(例) 天気さえ良ければ私は出かける。
　I will go as long as the weather is good.
　☞「出かけるのは、天気がいいという条件を満たす場合に限る」ということ。
　(例) 宿題をしさえすればテレビを見て良い。
　You can watch TV as long as you do your homework.
　☞「テレビを見て良いのは、宿題をするという条件を満たす場合に限る」ということ。

▼英作文では〈as long as SV ...〉と〈as far as SV ...〉はどちらも「…する限り」という日本語で出題されるので間違えやすい。as far as は以下のリストの定型表現で使う場合がほとんどなので、それ以外は as long as を使うと理解しておけば両者を間違うことはまずない。**far** は「距離の長さ」を表すので、**as far as** は「…する範囲内では」というのが原義。以下の表現もその原義に戻って理解しよう。

> ★〈as far as SV ...〉を用いる主な定型表現
> □ as far as I know「私の知る限り(＝私の知識の範囲内では)」
> □ as far as I (can) remember「私の覚えている限り(＝私の記憶の範囲内では)」
> □ as far as I can tell「私の言える範囲では」
> □ as far as the eye can see「見渡す限り(＝見える視界の範囲では)」
> □ as far as S is concerned「S に関する限り(＝S に関係する範囲では)」

|解答|

90　幸せである限り、お前がどんな仕事をしていても構わない。

a) As long as you are happy, I don't care what job you are doing. (〇)
　←「条件」の as long as
b) As far as you are happy, I don't care what job you are doing. (×)
　←「範囲」の as far as

91 僕の聞いたところでは、彼女の方は怪我をして、彼の方は入院したそうだ。
a) I hear that she was injured and that he was hospitalized.
b) I hear that she was injured and he was hospitalized.

解説

▼英語では等位接続詞の and / or / but などを用いて様々な要素（語・句・節）を並列することができる。**英作文で〈A and [or / but] B〉という「並列」の表現を使うときには、A と B が文法的に同じ働きをするように品詞や構造を工夫する**ことが最大のポイントとなる。

　（例）彼はハンサムで背が高い。He is handsome and tall.
　　☞ and は 2 つの〈形容詞〉(handsome と tall) を並列しており、共に主格補語の働きをしている。
　（例）そこには徒歩かバスで行く方がよい。
　You should go there by bus or on foot.
　　☞ or は 2 つの〈前置詞＋名詞〉(by bus と on foot) を並列しており、共に副詞句の働きをしている。
　（例）私は家にいたが電話に出なかった。
　I was at home, but I didn't answer the telephone.
　　☞ but は 2 つの文 (I was at home と I didn't answer the telephone) を並列している。

▼本問の日本語の内容を整理すると、「彼女は怪我＋彼は入院 → この 2 つの情報を私は聞いた」ということなので、a) のように 2 つの that 節 (＝名詞節) を and で並列するのが正しい。

　（○）I hear [that she was injured] and [that he was hospitalized].
　　　 S　V　　　 O①　　　　　　　　　　　　 O②
　　☞ and は 2 つの that 節 (that she was injured と that he was hospitalized.) を並列しており、共に他動詞 hear の目的語の働きをしている。**原則として 1 つ目の that は省略できるが、2 つ目の that は省略できないことに注意しよう。**

▼2 つ目の that を書き忘れた b) は、「彼女は怪我をしたそうだ。そして彼は入院した」という意味になり不正解。

　（×）I hear [that she was injured] and he was hospitalized.
　　　 S　V　　　 O　　　　　　　　　　 S　　V
　　☞ and は 2 つの文 (I hear that she was injured と he was hospitalized)

を並列している。

解答

91　僕の聞いたところでは、彼女の方は怪我をして、彼の方は入院したそうだ。
a) I hear that she was injured and that he was hospitalized. (○)
　　← and は 2 つの that 節を並列。
b) I hear that she was injured and ＿ he was hospitalized. (×)
　　← and は 2 つの文を並列。

> **92** 問題は彼の収入が少ないことではなく、ギャンブルに金をつぎ込んでいる点である。
> a) The problem is not that he has a low income, but that he wastes his money gambling.
> b) The problem is not that he has a low income, but he wastes his money gambling.

解説

▼「A ではなく B」は〈**not A but B**〉と表現できる。この表現も but が並列する A と B には文法的に同じ働きをする要素を用いることがポイント。本問の日本語の内容を整理すると、「彼の収入が少ないことは問題でなく、ギャンブルに金をつぎ込んでいることが問題」ということなので、a) のように 2 つの that 節（＝名詞節）を but で並列するのが正しい。

　(○) The problem is not [that he has a low income],
　　　　　S　　　V　　　　　　C①
　　　　　　　but [that he wastes his money gambling].
　　　　　　　　　　　　　　　　　　C②

　☞ but は 2 つの that 節 (that he has a low income と that he wastes his money gambling) を並列しており、共に補語の働きをしている。原則として **2 つの that はどちらも省略することはできない**。

▼2 つ目の that を書き忘れた b) は、「問題は彼の収入が少ないことではないが、彼はギャンブルに金をつぎ込んでいる」という（不自然な）意味になり不正解。

　(×) The problem is not [that he has a low income],
　　　　　S　　　V　　　　　　C
　　　　　but he wastes his money gambling.
　　　　　　　S　　V　　　O

☞ but は 2 つの文（The problem is not that he has a low income と he wastes his money gambling）を並列している。

|解答|

92　問題は彼の収入が少ないことではなく、ギャンブルに金をつぎ込んでいる点である。
a）The problem is not <u>that</u> he has a low income, but <u>that</u> he wastes his money gambling.（○）← but は 2 つの that 節を並列。
b）The problem is not <u>that</u> he has a low income, but ＿ he wastes his money gambling.（×）← but は 2 つの文を並列。

❾❸ 寄付をするだけでなく、ボランティアをすることでも困っている人を助けることができる。
a）You can help those in trouble not only by making a donation but also by doing volunteer work.
b）You can help those in trouble by not only making a donation but also doing volunteer work.

|解説|

▼「A だけではなく B もまた」は〈**not only A but also B**〉と表現できる。この表現も but が並列する A と B には文法的に同じ働きをする要素を用いることがポイント。本問の日本語の内容を整理すると、「困っている人を助けることができる → どんな手段で？ → 寄付をするという手段だけでなく、ボランティアをするという手段でも」ということなので、以下のように 2 つの〈前置詞＋動名詞〉（＝副詞句）を but で並列するのが正しい。

　（○）You can help those in trouble
　　　　　　　　　　not only 〈by making a donation〉
　　　　　　　　　　but also 〈by doing volunteer work〉.

☞ but は 2 つの〈前置詞＋動名詞〉（by making a donation と by doing volunteer work）を並列しており、共に副詞句の働きをしている。**2 つ目の前置詞 by を省略することは原則としてできない。**

▼前置詞 by の目的語に用いる 2 つの動名詞（making a donation と doing volunteer work）を but で並列するのは避ける方がよい。なぜなら〈**前置詞＋名詞**〉**で 1 つのカタマリ（＝副詞句）とみなすのが原則**であり、その 1 つのカタマリの途中に not only と but also が入り込むのは違和感が生じるからである。

(×) You can help those in trouble by not only [making a donation] but also [doing volunteer work].

▎解答
93　寄付をするだけでなく、ボランティアをすることでも困っている人を助けることができる。
a) You can help those in trouble not only by making a donation but also by doing volunteer work. (○)
　　← but は 2 つの〈前置詞＋動名詞〉を並列。
b) You can help those in trouble by not only making a donation but also doing volunteer work. (×)

94　私は彼女にプレゼントした。しかし、彼女からは何もなかった。
a) I gave her a present, but she didn't give me anything.
b) I gave her a present. But, she didn't give me anything.

▎解説
▼「逆接」を表す最も一般的な表現は等位接続詞 but で、①〈SV..., but SV〜.〉や ②〈SV... But SV〜.〉という使い方をする。よって a) が正解。大文字・小文字とコンマの有無に注目。
　（例）彼は行かないと言ったが、後になって考えを変えた。
　　① He said he wouldn't go, but later he changed his mind.
　　　← 文中の小文字の but
　　② He said he wouldn't go. But later he changed his mind.
　　　← 文頭の大文字の But
▼but が「文」をつなぐ場合は、文中の but の前にコンマを付けるのが一般的。but は「文」以外に「語・句・節」などの逆接関係も表すが、その場合は並列する要素の形に注意すること（→ 91 参照）。① の文中の but の用法が自然で、② の文頭の But の用法は不自然だとするネイティブもいるが、入試ではどちらも正解になるのであまり気にしないこと。
▼「しかし、〜」という日本語に引きずられて、but や But の直後にコンマを付けた (×)〈SV..., but, SV〜.〉や (×)〈SV... But, SV〜.〉というミスが非常に多いので注意すること。b) はこのパターン。
　　(×) He said he wouldn't go, but, later he changed his mind.
　　(×) He said he wouldn't go. But, later he changed his mind.

【解答】
94　私は彼女にプレゼントした。しかし、彼女からは何もなかった。
a) I gave her a present, but she didn't give me anything.（○）
　← 〈SV..., but SV ～.〉
b) I gave her a present. But, she didn't give me anything.（×）
　← But の後のコンマは不要。

95　私は彼女にプレゼントしたが、彼女からは何もなかった。
a) I gave her a present. However she didn't give me anything.
b) I gave her a present. However, she didn't give me anything.

【解説】
▼副詞の however も but と同様に「逆接」を表すが、〈**SV ... However, SV ～.**〉という使い方をする。「譲歩」の副詞節を導く however と区別するために（→ **98**）、「逆接」を表す**文頭の However の直後には必ずコンマを付ける**。よって b) が正解。
　（例）彼は行かないと言ったが、後になって考えを変えた。
　（○）He said he wouldn't go. However, later he changed his mind.
　← 直後にコンマあり
　（×）He said he wouldn't go. However later he changed his mind.
　← 直後にコンマなし
▼however は文中に挿入することも可能で、例文は Later, however, he changed his mind. としてもよい。ただし、however の挿入場所は日本人には明確に判断できない場合が多いので、**英作文では文頭で however を使う方が無難**と言える。

【解答】
95　私は彼女にプレゼントしたが、彼女からは何もなかった。
a) I gave her a present. However she didn't give me anything.（×）
　← However の後にコンマが必要。
b) I gave her a present. However, she didn't give me anything.（○）
　← 〈SV ... However, SV ～.〉

> **96** たいていの子どもはすぐに読み書きができるようになるが、特別な支援が必要な子どももいる。
> a) Most children learn to read and write easily, on the other hand, some need extra help.
> b) Most children learn to read and write easily, while some need extra help.

■解説

▼「対比」を表す最も一般的な接続詞は while で、〈SV . . . , while SV 〜.〉という使い方をする。**文中の while の前にはコンマを付けるのが原則**。よって b) が正解。

（例）床は赤だったが、壁は黄色だった。
　The floor was red, while the walls were yellow.

▼副詞句 on the other hand も「対比」を表し、〈SV . . . **On the other hand,** SV 〜.〉や〈SV . . . , but on the other hand, SV 〜.〉という使い方をする。**文頭の On the other hand も、文中の on the other hand も直後には必ずコンマを付ける**。ただし、on the other hand を接続詞のように用いて、(×)〈SV . . . , on the other hand, SV 〜.〉という使い方はできない。よって a) は不可。

（例）床は赤だったが、壁は黄色だった。
　(○) The floor was red. On the other hand, the walls were yellow.
　(○) The floor was red, but on the other hand, the walls were yellow.
　← 接続詞 but が必要！
　(×) The floor was red, on the other hand, the walls were yellow.

▼on the contrary は「それどころか〜／いやむしろ〜」という**反対意見**を表す。on the other hand のような対比の意味で用いることはできないことに注意。

（例）彼はくじけなかった。それどころか、以前よりも明るくなった。
　He didn't get discouraged. On the contrary, he got more cheerful.
　☞例文のように否定文を受けて用いられることが多い。

■解答

96　たいていの子どもはすぐに読み書きができるようになるが、特別な支援が必要な子どももいる。

a) Most children learn to read and write easily, on the other hand, some need extra help. (×)

b) Most children learn to read and write easily, while some need extra help. (○) ← 〈SV . . . , while SV 〜.〉

97 どんな職業についても、全力を尽くしなさい。
a) Whatever job you get, do it as best you can.
b) However job you get, do it as best you can.

▌解説

▼「どんなに…でも、〜」という譲歩は、〈疑問詞＋ever . . . , SV 〜.〉や〈SV 〜 (,) 疑問詞＋ever . . . 〉と表現する。

① 「誰が [を] …しても、〜」〈Whoever . . . , SV 〜.〉

（例）誰がそう言おうとも、それは嘘だ。
Whoever may say so, it is a lie.
☞「言っている人とは無関係に」という譲歩。who (S)＋say (V)＋so (O) という構造で、who は say に対する主語になる疑問代名詞。例文のように助動詞 may を加えることもある。

▼目的格の whom の場合でも主格の who を使う方が自然（→ **64** 参照）。
（例）君が誰を愛そうとも、私はやはり君を愛する。
Whoever you may love, I still love you. → whom (O)＋you (S)＋love (V) という構造だが、whomever ではなく whoever を使う方が自然。

② 「何が [を] …しても、〜」〈Whatever . . . , SV 〜.〉

（例）君が何と言おうとも、彼は無実だと思う。
Whatever you say, I think he is innocent.
☞「発言内容とは無関係に」という譲歩。what (O)＋you (S)＋say (V) という構造で、what は say の目的語になる疑問代名詞。

▼〈Whatever＋名詞 . . .〉「どんな名詞が [を] …しても」という表現もあり、「名詞の種類とは無関係に」という譲歩の意味を表す。

（例）どんな職業についても、全力を尽くしなさい。
Whatever job you get, do it as best you can.
☞ what job (O)＋you (S)＋get (V) という構造で、what は名詞 job を修飾する疑問形容詞。「名詞の種類」を表すからと言って、わざわざ what kind of job と書く必要はない。「どんな」という日本語に引きずられて (×) how-

ever job you get としないこと。よって a) が正解。

③「どちらが [を] …しても、〜」〈Whichever ..., SV 〜.〉

(例) どちらを買っても、値段は同じだ。
Whichever you buy, the price is the same.
☞「どちらを選ぶかとは無関係に」という譲歩。which (O)＋you (S)＋buy (V) という構造で、which は buy の目的語になる疑問代名詞。

▼〈Whichever＋名詞 ...〉「どちらの [どの] 名詞が [を] …しても」というフレーズもあり、「名詞の選択とは無関係に」という譲歩の意味を表す。

(例) どちらの職業についても、全力を尽くしなさい。
Whichever job you get, do it as best you can.
☞ which job (O)＋you (S)＋get (V) という構造で、which は名詞 job を修飾する疑問形容詞。**what は特に選択の範囲を限定していないが、which は選択の範囲を限定している (＝限られた選択肢から選ぶ) という状況**。つまり、特に職業を問わない状況なら what を使い、例えば「医者・弁護士・パイロット」という3つの選択肢から1つの職業を選ぶという状況なら which を使うことになる。これが種類の what と選択の which との大きな違いである。

■解答
97 どんな職業についても、全力を尽くしなさい。
a) Whatever job you get, do it as best you can. (○)
　　← 〈Whatever＋名詞 ...〉
b) However job you get, do it as best you can. (×)

98 どんなに時間がかかっても報告書を仕上げなければならない。
a) I have to finish my report, however long it takes.
b) I have to finish my report, however it takes a long time.

■解説
▼譲歩を表す however には、〈however 単独〉と〈however＋形容詞・副詞〉の2通りがある。両者の区別は ❻❼ の〈how 単独〉と〈how＋形容詞・副詞〉と同様に考えればよい。

① 「どのように [どんな方法で] …しても、〜」→ 〈However . . . , SV 〜.〉
② 「どんなに [いかに] …でも、〜」→ 〈However＋形容詞・副詞 . . . , SV 〜.〉
　☞ ① よりも ② を用いた表現が圧倒的に多い。その理由は ①〈however 単独〉は逆接の however と間違えやすいからと想像される。

（例①）どのような勉強をしても、君は満点を取ることはできない。
However you study, you cannot get full marks.
　☞ how だけを使うと「勉強方法に関する譲歩」を表し、例文は「丸暗記しようが、問題集を使おうが、勉強の方法に関係なく」ということ。実際には In whatever way you study と表現する方が一般的。

（例②）どんなに勉強しても、君は満点を取ることはできない。
However much you study, you cannot get full marks.
　☞ how much を使うと「勉強量に関する譲歩」を表し、例文は「2 時間勉強しようが、3 時間勉強しようが、勉強の量に関係なく」ということ。

▼本問は「時間の長さに関係なく」という譲歩で、② のパターンに相当するので〈however＋副詞〉を用いた a) が正解。b) は ① の〈however 単独〉のパターンに相当するので不可。

▼以下の追加例文で ② の用法を確認しておこう。
（例）どんなに金持ちでも、私はもっと金をもうけたいと思う。
However rich I am, I want to make more money.（← 形容詞 rich）
（例）どんなに頻繁にやってみても、答えは見つからなかった。
However often I tried, I couldn't find the answer.（← 副詞 often）
　☞〈however＋形容詞・副詞〉の表現を使うと「**形容詞や副詞の程度に関する譲歩**」を表す。However rich（形容詞）には「財産が 500 万円だろうが、20 億円だろうが、金持ちの程度に関係なく」というニュアンスがあり、However often（副詞）には「10 回試そうが、1000 回試そうが、試した回数の程度に関係なく」ということ。(×) However I am rich や、(×) However I tried often のように、however と形容詞・副詞を切り離して表現するミスが多いので要注意。

|解答|
98　どんなに時間がかかっても報告書を仕上げなければならない。
a) I have to finish my report, however long it takes.（○）
　←〈However＋形容詞・副詞 . . . , SV 〜.〉
b) I have to finish my report, however it takes a long time.（×）

←「どのような方法で時間が長くかかっても」という不自然な意味になるので不可。

> **99** 好むと好まざるとに関わらず、君は食生活を変えなければならない。
> a) Whether you like it or not, you'll have to change your eating habits.
> b) Even if you like it or not, you'll have to change your eating habits.

■解説

▼「…しようがしまいが (どちらでも) 〜」という譲歩は、〈Whether ... or not, SV 〜.〉＝〈SV 〜 whether ... or not.〉と表現する。この場合の **whether 節は副詞節で or not は省略できない**。

　(例) 雨が降ろうが降るまいが、野球の試合はある。
　Whether it rains or not, we will play a baseball game.
　＝We will play a baseball game whether it rains or not.
　☞ whether は「…しても…しなくてもそれとは無関係に」という譲歩を表す。よって本問は a) が正解。even if と or not は一緒に用いることはできないので b) は不可。

▼名詞節の〈whether SV ... (or not)〉は「…かどうか (ということ)」という意味で、whether 節は英文全体の主語 (S)、目的語 (O)、補語 (C) になる。この場合の or not は省略できる。

　(例) 雨が降るかどうかはまだはっきりしない。
　Whether it will rain (or not) is still uncertain. (→ 主語のパターン)
　(例) 問題は雨が降るかどうかだ。
　The question is whether it will rain (or not). (→ 補語のパターン)
　(例) 雨が降るかどうかわからない。
　I don't know whether [if] it will rain (or not). (→ 目的語のパターン)
　☞ 他動詞の目的語になる場合は whether と if は交換可能。

▼even if「たとえ…だとしても (← **仮の話**)」と even though「…ではあるが (← **実際の話**)」の違いに注意。

　(例) たとえ金持ちでなくても、彼と結婚したい。
　Even if he is not rich, I want to marry him.
　(例) (実際に) 金持ちではないが、彼と結婚したい。
　Even though he is not rich, I want to marry him.

▶解答
99 好むと好まざるとに関わらず、君は食生活を変えなければならない。
a) Whether you like it or not, you'll have to change your eating habits.
   (○) ←〈Whether ... or not, SV ～.〉
b) Even if you like it or not, you'll have to change your eating habits.
   (×)

> **100** 彼は留学中に彼女と出会い結婚した。
> a) He met and married her while studying abroad.
> b) He met and married her during studying abroad.

▶解説
▼接続詞の while は「…している間に／…中に」という意味で用いられ、while 節では進行形を用いることが多い。また、while 節中の主語が主節と同じ場合、while 節の主語と be 動詞は省略できるので、〈**while doing**〉**という形は英作文では頻出する**。
▼本問の「留学中に」は「彼が留学していた間」ということなので、while he was studying abroad となり、さらに主節と while 節の主語は共に he なので、while he was studying abroad から he was を省略して、while studying abroad としてよい。よって a) が正解。
▼〈during＋名詞〉も「…の間」という意味を表すが、前置詞 **during は名詞だけを目的語にとり、動名詞を目的語にとることはできないことに注意**。b) のように動名詞を目的語にした（×）〈during doing〉というミスが非常に多い。
　（例）パリに滞在している間、彼はホテルを一歩も出なかった。
　（○）While (he was) staying in Paris, he never went out of the hotel.
　（○）During his stay in Paris, he never went out of the hotel.
　☞ his stay (所有格＋名詞) は前置詞 during の目的語になれる。
　（×）During he was staying in Paris, he never went out of the hotel.
　☞ he was staying in Paris 文なので、前置詞 during の目的語になれない。
　（×）During (his) staying in Paris, he never went out of the hotel.
　☞ 動名詞句 (his) staying in Paris は前置詞 during の目的語になれない。

▶解答
100 彼は留学中に彼女と出会い結婚した。
a) He met and married her while studying abroad. (○) ←〈while doing〉

b) He met and married her during studying abroad.（×）

> **101** 僕は携帯電話で会話をしながら自転車に乗ることがよくあります。
> a) I often ride a bicycle, talking on the cellphone.
> b) I often ride a bicycle, with talking on the cellphone.

|解説|

▼〈分詞構文〉は「時・理由・条件・譲歩・連続・付帯状況」など様々な意味を表すが、**英作文では「付帯状況」の意味に限って分詞構文を用いるが安全**。なぜなら、「時・理由・条件・譲歩・連続」の意味の場合は、それぞれ when / because / if / though / and などの具体的な接続詞を使った方が書き手の伝えたい意味も明確になり、読み手が文意を誤解する可能性も減ることになるからである。

▼〈付帯状況〉とは**同一主語が行う2つの行為が同時進行している状況**のこと。「Sは〜しながら、…する」や「Sは〜したまま、…する」という日本語に相当することが多く、〈SV..., doing 〜〉という分詞構文の表現を用いればよい。この表現の〈**SV...**〉が「中心となる行為（＝主行為）」で、〈**doing 〜**〉が「主行為に伴う行為（＝従行為）」である。

　（例）父は朝刊を読みながら、ソファーに座っていた。
　My father sat on the sofa, reading a morning paper.
　☞「父がソファーに座る」という主行為と「父が朝刊を読む」という従行為が同時進行している状況。

▼本問も「私が自転車に乗る」という主行為と、「私が携帯電話で会話をする」という従行為とが同時進行している状況なので、分詞構文を用いて **I often ride a bicycle, talking on the cellphone.** とすればよい。

▼次の **102** で扱う〈付帯状況の with〉の用法と混同して、b) のように（×）〈SV...

with doing ～〉とする間違いが非常に多いので、くれぐれも気をつけること。

解答
101　僕は携帯電話で会話をしながら自転車に乗ることがよくあります。
a) I often ride a bicycle, talking on the cellphone.（○）
　　←〈付帯状況〉を表す分詞構文。
b) I often ride a bicycle, with talking on the cellphone.（×）
　　← with が不要。

> **102** 彼女は脚を組み膝の上にノートパソコンを置いてそこに座っていた。
> a) She sat there with her legs crossed and the laptop on her knees.
> b) She sat there crossing her legs and putting the laptop on her knees.

解説
▼with を用いて〈付帯状況〉を表す場合は、①〈**SV with A done**〉と表現することが多く、「Aが…される／…された状態で」が原義。この表現のAには「(腕、脚、目、口などの) 身体の一部」が入ることが多い。「身体の一部は人によって動かされる」という受動関係にあるので過去分詞を用いている。
▼with を用いた〈付帯状況〉には、②〈**SV with A＋前置詞句**〉、③〈**SV with A＋形容詞**〉、④〈**SV with A＋副詞**〉という表現もある。それぞれ「Aが前置詞句／形容詞／副詞の状態で」が原義。
▼本問は ①〈SV with A done〉と ②〈SV with A＋前置詞句〉を組み合わせているので a) が正解。with を用いた〈付帯状況〉は、以下のような定型表現が多いので、リストをすべて覚えてしまおう。

★with を用いた〈付帯状況〉の主な表現

> ☐ with one's arms folded「腕を組んで」
> ☐ with one's legs crossed「脚を組んで」
> ☐ with A spread「A (腕や脚など) を広げて」
> ☐ with A closed「A (目や口など) を閉じて)」
> ☐ with A open「A (目や口など) を開けて」
> ☐ with one's mouth full「口に食べ物を入れたまま」
> ☐ with A in one's mouth「A を口にくわえて」
> ☐ with A in one's hand「A を手に持って」
> ☐ with A under one's arm(s)「A を小脇に抱えて」

- □ with A on one's shoulder(s)「A を肩にかついで」
- □ with one's back against A「A（壁）にもたれて」
- □ with A on「A（テレビや照明など）のスイッチをつけたまま／A（洋服）を着用して」
- □ with A off「A（テレビや照明など）のスイッチを消したまま」

（例①）彼女は脚を組んでそこに座っていた。
She sat there with her legs crossed.
☞① 〈SV with A done〉の表現。「脚が（彼女によって）組まれた状態で」という付帯状況（→ a）の前半）。

（例②）彼女は膝の上にノートパソコンを置いてそこに座っていた。
She sat there with the laptop on her knees.
☞② 〈SV with A＋前置詞句〉の表現。「ノートパソコンが膝の上にある状態で」という付帯状況（→ a）の後半）。

（例③）ドアを開けたままで彼女と話した。
I talked to her with the door open.
☞③ 〈SV with A＋形容詞〉の表現。「ドアが開いている状態で」という付帯状況。

（例④）服を着ないでベッドに横になった。
I lay in bed with no clothes on.
☞④ 〈SV with A＋副詞〉の表現。「ゼロの衣服を身につけた状態で」という付帯状況。

解答

102　彼女は脚を組み膝の上にノートパソコンを置いてそこに座っていた。
a) She sat there with her legs crossed and (with) the laptop on her knees.（○）←① 〈SV with A done〉＋② 〈SV with A＋前置詞句〉
b) She sat there crossing her legs and putting the laptop on her knees.（×）←「彼女は脚を組みながら、そしてノートパソコンを膝に置きながらそこに座っていた」という不自然な意味になる。

---

103 名前を呼ばれるまで待つしかない。
a) You'll just have to wait until they call your name.
b) You'll just have to wait by the time they call your name.

Part 2 暗唱英文 150 の解説

▶解説

▼接続詞の until と by the time は非常に混同しやすい。しっかりと区別して使い分けよう。

> ① 「…するまで (ずっと) 〜する」→ 〈Until . . . , SV 〜.〉=〈SV 〜 until . . .〉
> ② 「…するまでには (すでに) 〜する」→ 〈By the time . . . , SV 〜.〉=〈SV 〜 by the time . . .〉

(例①) 雨がやむまでここにいよう。

Let's stay here until it stops raining.

☞接続詞の until は「**継続**」を表す。本問も「名前を呼ばれるまで → ずっと待つ」という継続を表すので a) が正解。

(例②) 駅に着くまでには暗くなっているだろう。

It will be dark by the time we arrive at the station.

☞接続詞の by the time は「**期限**」を表す。

▼「時」を表す接続詞の導く副詞節の時制は、未来の内容でも現在形を使う (→ **54** 参照)。

(×) Let's stay here until it will stop raining.

(×) It will be dark by the time we will arrive at the station.

☞それぞれ現在形の stops / arrive を用いるのが正しい。

▼until は前置詞にも使えるので I waited until 8. (私は 8 時まで待った) という表現も可能。by the time は前置詞には使えない。前置詞には by を使い I returned by 8. (私は 8 時までに戻った) という表現をする。

▼「A (場所) まで」という意味では前置詞 until は使えない。到着地は前置詞 to を用いる。

(例) ホテルまで歩こう。

(○) Let's walk to the hotel.

(×) Let's walk until the hotel.

▼「〜してはじめて…する」〈**It is not until 〜 that SV . . .**〉も頻出表現。

(例) 病気になって初めて健康の大切さがわかるものだ。

It is not until you lose your health that you realize how important it is.

(例) 翌日になってはじめて私は事の真相がわかった。

It was not until the next day that I learned the truth.

☞過去の内容に使う場合は is を was にする。until は接続詞と前置詞の両方に使

143

えるので、「〜」の部分には文や名詞などが入る。
▎解答▎
103　名前を呼ばれるまで待つしかない。
a) You'll just have to wait <u>until</u> they call your name.（○）
　←「名前を呼ばれるまでずっと」という「継続」。
b) You'll just have to wait <u>by the time</u> they call your name.（×）
　←「名前を呼ばれるまでには」という「期限」。

104 明かりを消して 5 分後に眠りに落ちた。
a) I fell asleep five minutes after I turned off the light.
b) I fell asleep after five minutes I turned off the light.

▎解説▎
▼2 つの文の時間的な前後関係を表すには、接続詞の before と after を用いる。**具体的な「時間差」を明示**する場合は、two hours（2 時間）や three days（3 日）などの表現をそのまま before や after の直前に加えて、two hours before ...（...する 2 時間前）や three days after ...（...する 3 日前）と表現すればよい。

①「...する〈時間差〉前に〜」→〈SV 〜＋時間差＋before ...〉
②「...する〈時間差〉後に〜」→〈SV 〜＋時間差＋after ...〉

（例①）私が明かりを消す 5 分前に彼は眠りに落ちた。
He fell asleep <u>five minutes before</u> I turned off the light.
☞接続詞 before の前に時間差表現を置くこと。（×）<u>before five minutes</u> I turned off the light というミスに注意。
（例②）私が明かりを消した 5 分後に彼は眠りに落ちた。
He fell asleep <u>five minutes after</u> I turned off the light.
☞（×）<u>after five minutes</u> I turned off the light というミスに注意。よって a) が正解。

▼before と after には前置詞の用法もあるが、時間差の表し方は接続詞の場合と同じになる。
　（例）彼の誕生日は私の 3 日前だ。His birthday is <u>three days before mine</u>.
　（例）彼の誕生日は私の 3 日後だ。His birthday is <u>three days after mine</u>.
▼before を用いた以下の定型表現も覚えよう。

③「…するまで時間はかからない／すぐに…する」
→〈It won't be long before SV（現在形）...〉
④「…するまでかなり時間がかかる」
→〈It will be a long time before SV（現在形）...〉

（例③）すぐに太陽が昇るだろう。
It won't be long before the sun rises.
☞before 節内は現在形（→ 64 参照）。soon や before long を用いて、The sun will rise soon [before long]. としてもよい。

（例④）太陽が昇るまでにはかなり時間がかかるだろう。
It will be a long time before the sun rises.
☞具体的な時間を表す場合は a long time の代わりに two hours / three days などを代入すれば OK。

|解答|
104　明かりを消して 5 分後に眠りに落ちた。
a) I fell asleep five minutes after I turned off the light.（○）
　　←〈SV 〜＋時間差＋after ...〉
b) I fell asleep after five minutes I turned off the light.（×）

105 家のリフォームに半年以上かかった。
a) It took me more than six months to have my house remodeled.
b) I spent more than six months to have my house remodeled.

|解説|
▼「A（人）が…するのに時間がかかる」は ①〈It takes A＋時間＋to do〉や、②〈It takes＋時間＋for A to do〉と表現する。よって a) が正解。

（例）彼はその本を書くのに 2 年かかった。
It took him two years to write the book.
＝It took two years for him to write the book.
☞この take は「時間を要する」という意味。

▼特定の主語とは無関係な内容を述べたり、主語が明確に設定できない場合は ① の A や、② の for A を省略してよい。
（例）ダムの建設には何年もかかるものだ。
It takes many years to construct a dam.

☞ 誰がダムを建設するかは不明だし、建設者とは無関係な一般的な内容。

▼疑問文は〈**How long does it take A [for A] to do?**〉「A（人）が…するのにどれくらい（時間が）かかるか」となる。

（例）彼がその本を書くのにどれくらい（時間が）かかりましたか。

How long did it take him to write the book?
＝How long did it take for him to write the book?

▼〈**S spend＋時間＋doing**〉「S（人）は…して時間を過ごす／…することに時間を費やす」と混同しないように。（×）〈S spend＋時間＋to do〉というミスも多い。

（例）彼は一日中ビデオを見て過ごした。

（○）He spent the whole day watching videos.
（×）He spent the whole day to watch videos.
（×）It took him the whole day to watch videos.

☞ take を用いると「彼がビデオを見るのに丸一日かかった」という意味になる。

■解答

105　家のリフォームに半年以上かかった。

a) It took me more than six months to have my house remodeled.（○）
　← 〈It takes A（人）＋時間＋to do〉

b) I spent more than six months to have my house remodeled.（×）
　← 〈S（人）spend＋時間＋to do〉という表現はできない。

106　彼が亡くなってから3年になる。
a) It has been three years since he died.
b) It has passed three years since he died.

■解説

▼「…してから〜になる」という「過去から現在までの時の経過」は以下の表現を用いる。

① 〈It has been [It is]＋期間＋since SV（過去形）…〉
② 〈期間＋have passed since SV（過去形）…〉

（例）彼が亡くなってから3年になる。

① It has been [It is] three years since he died. ← 本問のパターン。
② Three years have passed since he died.

☞ **原則として文頭に算用数字は用いることはできない。**領収書で改ざんを防ぐために「壱万円、弐万円、参万円」などと漢字を使うのと同じ理由から、文頭での算用数字の使用は避けられると理解しておこう。よって ② は（×）3 years have passed since he died. は不可。

▼ ① と ② を混同した（×）It has passed three years... や、（×）Three years have been passed... などのミスが非常に多いので、それぞれの形をきちんと覚えることが大切。

▼ 疑問文は〈**How long has it been [is it] since...?**〉「…してからどれくらいになるか」となる。

（例）彼が亡くなってからどれくらいになりますか。
How long has it been [is it] since he died?

▼ 過去の時点に注目して、**He died three years ago.**（彼は3年前に亡くなった）としたり、過去から現在までの継続状態に注目して、**He has been dead for three years.**（彼は3年間ずっと死んだ状態が続いている）とすることもある。die（動詞）、dead（形容詞）、death（名詞）を混同しないこと。

■解答
106　彼が亡くなってから3年になる。
a）It has been three years since he died.（○）
　　←〈It has been＋期間＋since SV...〉
b）It has passed three years since he died.（×）

---

107 子どもたちは学校と同様に家庭でもそのプログラムにアクセス可能です。
a）Your children can access the program at home just as school.
b）Your children can access the program at home just as at school.

■解説
▼ 接続詞の as は「…と同様に／…ように」という〈様態〉の意味を表す。主節と同じ表現の繰り返しを避けて、as 節では**省略や（代名詞・代動詞などの）代用表現を用いる**場合が多い。

（例1）彼らは私の依頼通りにやってくれた。
They did as I had asked.
☞ I had asked them to do「彼らにするように頼んだ」の them to do が省略。
（例2）まさに私が言ったように[私の予言通り]息子は道に迷った。
My son got lost, just as I said he would.

☞ I said he would get lost「息子は道に迷うだろうと私は言った」の get lost が省略。

(例3) いつもの朝と同様に彼は昨日も6時に家を出た。

He left home at 6:00 yesterday <u>as</u> he did every morning.

☞ he left home at 6:00 every morning「彼は毎朝6時に家を出た」が he did every morning と代動詞で表現されている。

(例4) 両親が2年前に離婚したのと全く同じように彼女も離婚した。

She got divorced, <u>just as</u> her parents had done two years before.

☞ her parents had got divorced「両親は離婚した」が her parents had done と代動詞で表現されている。

(例5) 戦後、世界中の他の多くの国々と同様に、日本でも大きな社会変化が起こった。

After the war there were great social changes in Japan <u>as</u> in many other countries in the world.

☞ there were great social changes in many other countries in the world「世界中の他の多くの国々で大きな社会変化が起こった」から there were great social changes が省略されて、前置詞句 in many other countries in the world だけが残った形。

(例6) 例年同様に今年もチケットは完売した。

This year, <u>as</u> in previous years, tickets were sold out.

☞ tickets were sold out in previous years「例年チケットは完売した」から tickets were sold out が省略されて、前置詞句 in previous years だけが残った形。

▼本問は (例5/6) と同じパターン。接続詞 as の後ろに前置詞句 at school を用いた b) が正解。以下の2文合成で確認しておこう。

Your children can access the program **at home**.「子どもは<u>家庭で</u>プログラムにアクセスできる」

Your children can access the program **at school**.「子どもは<u>学校で</u>プログラムにアクセスできる」

↓ 2文を just as で連結すると…

Your children can access the program **at home** just as your children can access the program **at school**.「子どもは<u>学校で</u>プログラムにアクセスできるように、家庭でもプログラムにアクセスできる」

↓ 同じ表現 (your children can access the program) を省略すると…

Your children can access the program **at home** just as **at school**.
解答
107　子どもたちは学校と同様に家庭でもそのプログラムにアクセス可能です。
a) Your children can access the program at home just as school. (×)
b) Your children can access the program at home just as at school. (○) ←〈as＋前置詞句〉

> **108** 森林が姿を消すにつれて、気候は深刻な影響を受けている。
> a) As more and more forests are disappearing, the climate is being seriously influenced.
> b) Just as there are fewer forests, there is a serious influence on climate.

解説
▼接続詞の as は「…につれて／…にしたがって／…に伴い」という〈比例〉の意味を表す。ただし、〈比例〉という状況を表すには、① **比較級**、②（change / grow / develop / pass などの）**変化を表す動詞**、③（increase / decrease / rise / fall などの）**増減を表す動詞**などと一緒に用いるのが原則。また、〈比例〉の意味では just as という形は用いないことにも注意。よって a) が正解。

（例）彼女は歳を取るにつれてすっかり変わった。
She changed completely as she grew older.
☞changed / grew older を用いていることに注目。

（例）時間の経過に伴い、事態は悪化するように思えた。
As time passed, things seemed to get worse.
☞passed / get worse を用いていることに注目。

（例）多くの人が訪れるにしたがってその村は魅力を失ってきている。
The village is becoming less attractive as more and more people are visiting it.
☞less attractive / more and more を用いていることに注目。現在進行形の is becoming ... で「…しつつある」という事態の経過を表している。

▼接続詞 as は様々な意味を表すが、読み手に as の意味がすぐにわかるように**英作文で接続詞 as を用いるのは、〈様態〉と〈比例〉の意味だけに限る**こと。それ以外の意味では as を使わないように。

① 「～だけれども」〈譲歩〉
　（例）彼女は貧乏だったが、決して希望を捨てなかった。
　（△）Poor as she was, she never gave up hope.
　（○）Though she was poor, she never gave up hope.
　（○）She was poor, but she never gave up hope.
　☞譲歩の意味では通例〈形容詞＋as S＋be 動詞〉の語順で用いる（← 英文解釈のポイント）。英作文では譲歩の接続詞 though や逆接の接続詞 but を用いるのが自然。

② 「～するので」〈理由〉
　（例）雨が降っていたので彼女はタクシーで帰宅した。
　（△）As it was raining, she went home by taxi.
　（○）Since it was raining, she went home by taxi.
　（○）She went home by taxi because it was raining.
　☞英作文では理由の接続詞 since や because を用いるのが自然。

③ 「～するとき／～する間」〈時〉
　（例）彼女がテレビを見ているときに電話が鳴った。
　（△）The telephone rang as she was watching TV.
　（○）The telephone rang when she was watching TV.
　（○）She was watching TV, when the telephone rang.
　☞英作文では時の接続詞 when を用いるのが自然。

解答

108 森林が姿を消すにつれて、気候は深刻な影響を受けている。

a) As more and more forests are disappearing, the climate is being seriously influenced. （○）← 比例の as

b) Just as there are fewer forests, there is a serious influence on climate. （×）

109 私はいくつかの楽器を演奏できる。例えばフルート、ギター、ピアノなどです。

a) I can play several musical instruments, such as the flute, the guitar and the piano.

b) I can play several musical instruments. For example, the flute, the guitar and the piano.

Part 2 暗唱英文 150 の解説

解説

▼英作文で「具体例」を表す場合は、原則として以下の 2 種類の表現を用いる。

① 〈SV 〜. For example, SV . . .〉「〜である。例えば、…」
☞「文〜」の具体例を「文…」で述べる場合に使う。for example は副詞句。
② 〈A(,) such as B〉「(例えば) B のような A／B などの A／B といった A」
☞「名詞 A」の具体例を「名詞 B」で述べる場合に使う。such as は前置詞。

(例 ①) 彼は変人だ。例えば、犬を見たら必ず話しかける。
He is eccentric. <u>For example</u>, he never sees a dog without talking with it.
☞「前の文 (変人)」の具体例が「後の文 (犬と会話)」という関係。

(例 ②) 東京、大阪、名古屋などの大都市に住みたい。
I'd like to live in a big city, <u>such as</u> Tokyo, Osaka and Nagoya.
☞「前の名詞 (大都市)」の具体例が「後の名詞 (東京、大阪、名古屋)」という関係。

▼本問は「楽器」という名詞の具体例を「フルート、ギター、ピアノ」という名詞で説明しているので、② 〈A(,) such as B〉を用いた a) が正解になる。b) のように名詞の具体例に for example を用いるのは避ける方が安全。

▼「…など／…といった」という日本語に引きずられて、(×) a big city, such as Tokyo, Osaka and Nagoya <u>and so on</u> [<u>etc.</u>] としないこと。「…など／…といった」という表現は他にも具体例があるというニュアンスを表しているだけなので、虚辞として無視して構わない。

解答

109　私はいくつかの楽器を演奏できる。例えばフルート、ギター、ピアノなどです。

a) I can play several musical instruments, <u>such as</u> the flute, the guitar and the piano. (○) ←〈A such as B 〉
b) I can play several musical instruments. <u>For example</u>, the flute, the guitar and the piano. (×)

---

110 彼の気持ちを傷つけないように気をつけなさい。
a) Be careful not to hurt his feelings.
b) Be careful not to hurt the feelings of him.

▎解説

▼「新学期の始まり」は the start of the school year、「20歳の時に」は at the age of 20 と前置詞 of を用いて表現できる。ところが、「ジョンの自転車」「彼女のメールアドレス」など、日本語の「A の B」という表現が常に〈B of A〉と表現できるわけではない。

　（例）「ジョンの自転車」（○）John's bicycle　（×）the bicycle of John
　（例）「彼女のメールアドレス」（○）her email address
　　　　　　　　　　　　　　　（×）the email address of her
　☞「人の…」が「人が…を持っている」という**所有関係を表す場合は所有格を用いる**のが原則。「ジョンの自転車」とは「ジョンが持っている自転車」、「彼女のメールアドレス」とは「彼女が持っているメールアドレス」ということ。本問の「彼の気持ち」も a）の his feelings（所有格＋名詞）で表すのが適切。

▼「その…」という場合に〈**所有格 its＋名詞**〉の形をきちんと使えない受験生も多いのが現状。

　（例）日本は（その）市場を開放すべきである。
　（○）Japan should open its market.
　（×）Japan should open the market of it.
　（例）うちの犬は（その）足を痛めてしまった。
　（○）Our dog has hurt its paw.
　（×）Our dog has hurt the paw of it.
　☞それぞれ Japan's market / our dog's paw ということ。

▼A（人）が「修飾語の付いた長い名詞」の場合は〈B of A〉の形を用いる。

　（例）「君が着信拒否したい人物のメールアドレス」
　the email address of the person you want to block
　☞the person you want to block を所有格にして email address の前には置けない。

▼日本語の「A の B」が前置詞 of 以外を用いて表現する場合も多い。

　（例）「京都大学の学生」a student at Kyoto University
　（例）「勉強法のアドバイス」the advice on〔about〕how to study
　（例）「玄関の鍵」the key to the front door
　（例）「脳研究の進歩」the progress in brain research
　（例）「犯罪率の増加」an increase in the crime rate
　（例）「有川浩の小説」a novel by Hiro Arikawa

☞このような英語の前置詞の細かい使い分けに関しては、英文を読む（あるいは復習する）際に前置詞の用法に注意を払うことによって、徐々に身につけていくしか方法はない。

▼「日本(の)文化」「環境(の)破壊」など、日本語では〈名詞＋名詞〉と表現するのは自然だが、**英語では原則として〈形容詞＋名詞〉の形を用いる。**

　（例）「日本文化」（〇）Japanese culture　（×）Japan culture
　　☞Japanese（形容詞）＋culture（名詞）が自然。Japan（名詞）＋culture（名詞）は不可。
　（例）「環境破壊」（〇）environmental destruction
　　　　　　　　　（×）environment destruction
　　☞environmental（形容詞）＋destruction（名詞）が自然。environment（名詞）＋destruction（名詞）は不可。

▼〈名詞＋名詞〉に見える英語表現でも、最初の名詞が形容詞的に使われている場合が多い。

　（例）「図書館の本」library books
　（例）「図書館カード」a library card
　（例）「ホテルのレストラン」a hotel restaurant
　（例）「ホテルの部屋」a hotel room
　　☞このlibraryとhotelの品詞は名詞だが、形容詞的に後ろの名詞を修飾していると考えればよい。

|解答|

110　彼の気持ちを傷つけないように気をつけなさい。
a) Be careful not to hurt his feelings.（〇）←〈所有格＋名詞〉
b) Be careful not to hurt the feelings of him.（×）

111　寝ている子どもたちを起こさないように静かに歩いた。
a) I walked quietly so as not to wake up the sleeping children.
b) I walked quietly so as not to wake up the asleep children.

|解説|

▼形容詞には**補語になる用法（＝叙述用法）と名詞を修飾する用法（＝限定用法）**があり、大部分の形容詞は両方に使うことができる。しかし、一部の形容詞は叙述用法と限定用法のどちらか一方でしか使うことができない。**英作文では叙述用法だけで使う形容詞を限定用法で使ってしまう間違いが多い。**本問のasleep

「眠っている」は叙述用法だけで使う形容詞。よって b) のように asleep を限定用法に使って名詞 children を修飾することはできない。

★叙述用法だけで使う形容詞（＝限定用法で使うことはできない形容詞）

> □ afraid「恐れる」 □ alive「生きている」 □ alone「ただ一人の／孤独な」
> □ asleep「眠っている」 □ ashamed「恥じている」 □ aware「気づいている」 □ awake「目覚めている」 □ content「満足して」

(例)「生きている細胞」
(○) living cells ← living「生きている」は限定用法で使える。
(×) alive cells ← alive「生きている」は限定用法で使えない。

▼叙述用法と限定用法で意味が変わる形容詞もある。英作文では以下の4つに注意。

	叙述用法	限定用法	限定用法の例
able	(be able to do の形で)…することができる	有能な…	「非常に有能なドライバー」a very able driver
certain	確信している（→ 135）	ある…	「ある個人的な理由で」for a certain personal reason
late	遅れた、遅い	終わりに近い…	「40代終盤に」in my late 40s
present	出席している	現在の…	「現在のスタッフ」the present staff members

■解答■

111 寝ている子どもたちを起こさないように静かに歩いた。
a) I walked quietly so as not to wake up the sleeping children.（○）
　← sleeping は限定用法で使う。
b) I walked quietly so as not to wake up the asleep children.（×）
　← asleep は限定用法で使えない。

---

112 箱の中に残っているお金はとても少ない。
a) The money left in the box is very little.
b) There is very little money left in the box.

解説

▼many / much / few / little などの〈数量形容詞〉は補語に使うことはできない。日本語では「本が多い、お金が多い、人が少ない、時間が少ない」と表現するが、英語では many books、much money、few people、little time のように〈数量形容詞＋名詞〉という形で用いる。よって、little money という形を用いた b) が正解。「**数量形容詞は限定用法で使い、叙述用法では使わない**」と覚えておこう。

（例）友達はたくさんいる。
（○）I have many friends. （×）My friends are many.
（例）友達は少しいる。
（○）I have a few friends. （×）My friends are a few.
（例）友達は少ない。
（○）I have few friends. （×）My friends are few.
☞ 英語では「私は多くの [少しの／少ない] 友達を持っている」という発想をする。日本語からの直訳で第 2 文型（SVC）を使った間違いに注意すること。

▼数量形容詞とそれが修飾する可算名詞・不可算名詞の組み合わせを以下の表で確認しておこう。

	可算名詞（の複数形）を修飾する	不可算名詞を修飾する
たくさんの…	many / a great number of	much / a great deal of
少しの…	a few	a little
ほとんど…ない／少ない	few	little

▼all（→ ⑭⑤）/ a lot of / some / any / no（→ ⑭⑦）などは可算名詞（の複数形）と不可算名詞の両方を修飾する。
（例）「たくさんの本」a lot of books 「たくさんのお金」a lot of money
（例）「何冊かの本」some books 「いくらかのお金」some money
☞ books は可算名詞の複数形。money は不可算名詞。

解答

112　箱の中に残っているお金はとても少ない。

a) The money left in the box is very little. （×）
　← 数量形容詞は叙述用法で使わない。
b) There is very little money left in the box. （○）
　← 数量形容詞は限定用法で使う。

> **113** 最近留学をする日本の若者が少なくなっている。
> a) Young Japanese people studying abroad have become fewer these days.
> b) Fewer and fewer young Japanese people are studying abroad these days.

解説

▼「…する人が増加する／増える／多くなる」は以下のように表現する。

① The number of people doing . . . increases.
② More and more people do . . . .

（例）最近は留学をする人が増えている。

（○）The number of people studying abroad is increasing these days.

☞主語は the number なので、述語動詞は is increasing「増加している」や has increased「増加した」となる。

（×）People studying abroad are increasing these days.

☞日本語から直訳した典型的なミス。**「人の増加」は主語に the number of を補訳すること。**

（○）More and more people are studying abroad these days.

☞ **112** の〈数量形容詞＋名詞〉を前提にして、英語では「ますます多くの人々が留学している」という発想をする。There are more and more people studying abroad these days. としてもよい。

▼同様に「…する人が減少する／減る／少なくなる」は以下のように表現する。

③ The number of people doing . . . decreases.
④ Fewer and fewer people do . . . .

（例）最近は留学をする人が減っている。

（○）The number of people studying abroad is decreasing these days.

☞主語は the number なので、述語動詞は is decreasing「減少している」や has decreased「減少した」となる。

（×）People studying abroad are decreasing these days.

☞日本語から直訳した典型的なミス。**「人の減少」は主語に the number of を補訳すること。**

(○) Fewer and fewer people are studying abroad these days.
　☞ ⑫ の〈数量形容詞＋名詞〉を前提にして、英語では「ますます少ない人々が留学している」という発想をする。There are fewer and fewer people studying abroad these days. としてもよい。

▼⑫ で学んだように「人が少ない」を (×) People are few. とは言えないので、「人が少なくなる」を a) のように (×) People become fewer. とは言えないと理解すればよい。

[解答]
113　最近留学をする日本の若者が少なくなっている。
a) Young Japanese people studying abroad have <u>become fewer</u> these days.（×）
b) <u>Fewer and fewer young Japanese people</u> are studying abroad these days.（○）←〈Fewer and fewer people do . . . .〉

[別解]
The number of young Japanese people studying abroad is decreasing these days. (○) ←〈The number of people doing . . . decreases.〉
There are fewer and fewer people studying abroad these days. (○)

---

⑭　私は彼と同じくらい多くの本を持っている。
a) I have as many books as he has.
b) I have as many as books he has.

[解説]
▼**同等比較や比較級を英作文で用いるときは、特に as や than の後の表現でミスをすることが多い**。英作文では次の「2 文合成」の手順に従って比較表現を処理するようにしよう。

〈手順 1〉同じ文構造の 2 つの英文を前提にする。
・基準となる形容詞（＋名詞）や副詞が同じ構造の 2 つの英文を考える。
・比べる要素は、主語と主語、目的語と目的語というように文法的に対等な要素にする。
〈手順 2〉接続詞 as / than で 2 つの英文を連結する。
・同等比較の場合、**1 つ目の as は副詞なので、基準となる形容詞や副詞の直前に置く**。

・**2つ目の as は接続詞なので 2 つの文の間に入れる（接続詞 than も同様に 2 つの文の間に入れる）。**
　〈手順3〉共通部分は省略するか代用表現を用いる。
　・後半の英文の基準となる形容詞（＋名詞）や副詞は強制消去する。
　・同じ表現は省略するか、代名詞や代動詞（do / does / did）に置き換える。

▼本問は〈A as ... as B〉「A は B と同じくらい…」を用いて書けばよい。以下の「2文合成」の手順で考えるのが確実。
　〈手順1〉同じ文構造の 2 つの英文を前提にする。
　　I have many books. ＋ He has many books.
　　☞基準が many books（形容詞＋名詞）という 2 文を前提。
　〈手順2〉接続詞 as で 2 つの英文を連結する。
　　I have as many books as he has many books.
　　☞1 つ目の as（副詞）は基準 many books の直前。2 つ目の as（接続詞）は 2 つの文の間に入れる。
　〈手順3〉共通部分は省略するか代用表現を用いる。
　　I have **as** many books **as** he has ~~many books~~.
　　☞基準 many books は強制消去。have と has は見た目が異なるのでこのままでもよいし、代動詞に変えて ... as he does、あるいは省略して ... as he としてもよい。よって a) が正解。
▼〈A as ... as B〉の「…」部分には以下の 3 通りの基準が入ることを整理しておこう。

① 動詞を修飾する副詞
　（例）He runs as fast as I.「彼は僕と同じくらい足が速い」
　☞fast は副詞で動詞 runs を修飾する。
② 補語になる形容詞
　（例）He is as tall as I.「彼は僕と同じくらい背が高い」
　☞tall は補語になる（＝叙述用法の）形容詞。
③ many [much] ＋名詞
　（例）He has as much money as I.「彼は僕と同じくらい多くのお金を持っている」
　☞many / much は名詞を修飾する（＝限定用法の）形容詞。

▼数量の多少を強調する〈**as many [few / much / little] as ＋数詞＋名詞**〉と

いう慣用表現と混同しないように。後に数詞が続くことに注目すれば、間違えない。

① as many as A	Aも（多くの）	数が多いことを強調	Aは数詞＋可算名詞
② as few as A	わずかA／Aしか…ない	数が少ないことを強調	（の複数形）
③ as much as A	Aも（多くの）	量が多いことを強調	Aは数詞＋不可算名詞
④ as little as A	わずかA／Aしか…ない	量が少ないことを強調	

① **As many as 100 students** attended the class.
「100人もの学生がその授業に出た」
② **As few as 10 students** attended the class.
「その授業に出た学生はわずか10人だった」「10人の学生しかその授業にでなかった」
③ I paid **as much as $ 500** for the repairs.
「私はその修理に500ドルも（の大金を）払った」
④ I paid **as little as $ 5** for the repairs.
「私がその修理に払ったのはわずか5ドルだった」「私はその修理に5ドルしか払わなかった」

■解答
114　私は彼と同じくらい多くの本を持っている。
a) I have as many books as he has.（○）←〈as many＋名詞＋as〉
b) I have as many as books he has.（×）

---

115 彼は昔ほどゴルフに興味がない。
a) He is not as interested in golf as the past.
b) He is not as interested in golf as he used to be.

■解説
▼本問は〈A not as ... as B〉「AはBほど…ない」を用いて書けばよい。**114** と同様に2文合成の手順で考えてみれば b) が正解だとわかる。ここは慌てないでじっくり取り組むこと。
〈手順1〉同じ文構造の2つの英文を前提にする。
　He is interested in golf. ＋ He used to be interested in golf.
　☞「ゴルフに興味がある（現在形）」と「ゴルフに興味があった（過去形）」の2

文を前提。形容詞 interested が基準。

〈手順 2〉接続詞 as で 2 つの英文を連結する。

He is **not as** interested in golf **as** he used to be interested in golf.

☞ 1 つ目の as（副詞）は基準 interested の直前。2 つ目の as（接続詞）は 2 つの文の間に入れる。

〈手順 3〉共通部分は省略するか代用表現を用いる。

He is **not as** interested in golf **as** he used to be ~~interested in golf~~.

☞ 基準の interested は強制消去。同じ表現の in golf も省略。ただし、**used to be の be は省略できない。**

▼前提とする 2 文が異なるバージョンも考えてみよう。

〈手順 1〉He is interested in golf. ＋ He was interested in golf in the past.

☞「昔」を助動詞 used to ではなくて副詞句 in the past で表す。

〈手順 2〉He is **not as** interested in golf **as** he was interested in golf in the past.

〈手順 3〉He is **not as** interested in golf **as** (he was) ~~interested in golf~~ in the past.

☞ in the past という表現で「昔」という情報は十分に伝わるので、he was も省略可能。よって a) は不可。日本語だけで考えると . . . as the past は正しく思えるが、. . . as in the past が文法的に正しい。

▼「現在と過去［昔／以前］」の比較は以下の 3 パターンで覚えよう。

> ①「S は以前よりも…」〈S is＋比較級＋than S used to be.〉
> ②「S は以前と同じくらい…」〈S is as . . . as S used to be.〉
> ③「S は以前ほど…ない」〈S is not as . . . as S used to be.〉

▼than / as の後ろが一般動詞の場合は S used to となる。（×）used to do とは言えない。

（例 ①）彼は以前よりも熱心に働いている。

He works harder than he used to.

（例 ②）彼は以前と同じように熱心に働いている。

He works as hard as he used to.

（例 ③）彼は以前ほど熱心に働いていない。

He doesn't work as hard as he used to.

|解答|

115　彼は昔ほどゴルフに興味がない。

a) He is not as interested in golf as the past. (×)
b) He is not as interested in golf as he used to be. (○)
　　←〈as ... as S used to be〉
|別解|
He is not as interested in golf as (he was) in the past. (○)
←〈as ... as (S was) in the past〉

116 中国の人口は日本の 10 倍だ。
a) The population of China is ten times as large as that of Japan.
b) The population of China is ten times as large as Japan.

|解説|
▼本問は〈A 倍数＋as ... as B〉「A は B の〜倍…」という表現を用いて書けばよい。〈倍数〉は「2 倍」だけ twice を用いて、3 倍以上は three times / four times となる。以下の 2 文合成の手順を確認しておこう！

〈手順 1〉The population of China is large. ＋ The population of Japan is large.
☞ 基準は形容詞 large。「人口が多い」は **large** を使うことにも注意。much や many は使えない。

〈手順 2〉The population of China is **as** large **as** the population of Japan is large.

〈手順 3〉The population of China is **ten times as** large **as** that of Japan is large.
☞ 基準の large は強制消去。同じ表現の is も省略。**the population は前置詞句で後置修飾されているので that で代用する**。最後に倍数表現 ten times を 1 つ目の as の直前に付ければできあがり。よって a) が正解。日本語に引きずられて b) のようなミスをすることが非常に多い。

▼「分数倍」も〈A 分数＋as ... as B〉のフレーズで書ける。分数は〈分子＋分母〉で表し、分子には one, two, three などを、分母には third, fifth, sixth などを使う。分子が 2 以上の場合は分母を複数形にする。

（例）私の給料は妻の 3 分の 2 だ。
My salary is two thirds as high as my wife's (salary).
☞「3 分の 2」は two（分子）＋thirds（分母・複数形）と表す。my salary と my wife's salary を比較している。2 つ目の salary は省略する方が自然。

念のために2文合成で確認しておこう。
　〈手順1〉My salary is high. ＋ My wife's salary is high.
　☞ 基準は形容詞 high（給料が高い）。
　〈手順2〉My salary is **as** high **as** my wife's salary is high.
　〈手順3〉My salary is **as** high **as** my wife's (salary) is high.

|解答|

116　中国の人口は日本の10倍だ。
a) The population of China is ten times as large as that of Japan.（○）
　　←〈that of＋名詞〉
b) The population of China is ten times as large as Japan.（×）

---

117 その女優は見た目よりもずっと年をとっている。
a) The actress is much older than she looks.
b) The actress is much older than her looks.

|解説|

▼本問は〈A＋比較級＋than B〉「AはBよりも…」を用いて書けばよい。以下の2文合成の手順を確認しておこう！
　〈手順1〉The actress is old. ＋ The actress looks old.
　　☞「その女優は年をとっている」と「その女優は年をとって見える」の2文を前提。形容詞 old が基準。
　〈手順2〉The actress is **older than** the actress looks old.
　　☞ 基準を比較級の older にして、接続詞 than は2文の間に入れる。
　〈手順3〉The actress is **older than** she looks old.
　　☞ 基準の old は強制消去。the actress は代名詞 she に変形。よって a) が正解。

▼「現実と見かけ［見た目／外見］」の比較は以下の3パターンで覚えよう。

① 「Sは見かけよりも…」〈S is＋比較級＋than S look.〉
② 「Sは見かけと同じくらい…」〈S is as ... as S look.〉
③ 「Sは見かけほど…ない」〈S is not as ... as S look.〉

　（例）その女優は外見通りの若さだ。
　The actress is as young as she looks.
　（例）その女優は見た目ほど若くない。

The actress is not as young as she looks.
☞（×）... as her looks [appearance(s)] という直訳はできないことを 2 文合成で確認しておこう。

解答
117　その女優は見た目よりもずっと年をとっている。
a) The actress is much older than she looks. (○)
　　←〈S is＋比較級＋than S look.〉
b) The actress is much older than her looks. (×)

---

118 野球は最も興奮するスポーツだ。
a) Baseball is more exciting than any other sport.
b) No other sport is as exciting as baseball.

解説
▼最上級に相当する表現は以下の 3 種類ある。よって a) と b) の両方とも正解。

① 〈比較級＋than any other＋名詞〉「他のどの名詞よりも…」
② 〈No (other)＋名詞＋as＋原級＋as A〉「A と同じくらい…の名詞はない」
③ 〈No (other)＋名詞＋比較級＋than A〉「A より…の名詞はない」

（例）彼はクラスで最も背が高い。
He is the tallest (student) in the class.
＝① He is taller than any other student in the class.
☞「彼はクラスで最も背が高い」とは「彼はクラスの他のどの生徒よりも背が高い」と同じこと。
＝② No (other) student in the class is as tall as he.
＝③ No (other) student in the class is taller than he.
☞「彼はクラスで最も背が高い」とは「彼と同じくらい [彼よりも] 背の高い生徒はクラスにはいない」と同じこと。

▼① ② ③ の表現の〈名詞〉は原則として単数形を用いる。本問は「スポーツ」だが複数形の sports ではなくて、単数形の sport を用いている点に注目。

解答
118　野球は最も興奮するスポーツだ。
a) Baseball is more exciting than any other sport. (○)
　　←「野球は他のどのスポーツよりも興奮する」

b) <u>No (other) sport</u> is as exciting as baseball. (○)
　← 「野球ほど興奮するスポーツはない」

|別解|
Baseball is the most exciting (sport). (○) ← 最上級。野球はスポーツの1つなので sport は虚辞として処理して書かなくても良い。

> **119** 健康が一番。
> a) Health is more valuable than any other thing.
> b) Nothing is as valuable as health.

|解説|
▼**118** の①②③の表現で、〈名詞〉が一般的な「もの（=thing）」を表す場合は、①...than any other <u>thing</u> や、②③ No other <u>thing</u>...となりそうだが不可。以下のような決まった表現を用いる。

④「A は他のどんなものよりも…だ」→〈A＋比較級＋than anything else〉
⑤「A ほど［よりも］…なものはない」
　→〈Nothing as...as A〉=〈Nothing＋比較級＋than A〉

（例）健康が一番（＝健康が最も大切なものだ）。
Health is the most valuable thing.
=④ Health is more valuable than <u>anything else</u>.
☞「健康は他のどんなものよりも大切だ」ということ。
=⑤ <u>Nothing</u> is as valuable as health. / <u>Nothing</u> is more valuable than health.
☞「健康ほど［よりも］大切なものはない」ということ。よって b) が正解。

▼**118** の①②③の表現で、〈名詞〉が一般的な「人」を表す場合は、①...than any other <u>person</u> や、②③ No other <u>person</u>...となりそうだが不可。以下のような決まった表現を用いる。

⑥「A は他のどんな人よりも…だ」
　→〈A＋比較級＋than anyone [anybody] else〉
⑦「A ほど［よりも］…な人はいない」
　→〈No one [Nobody] as...as A〉=〈No one [Nobody]＋比較級＋than A〉

（例）日本で彼が一番足が速い。
He can run (the) fastest in Japan.
＝⑥ He can run faster than anyone else in Japan.
＝⑦ No one [Nobody] in Japan can run as fast as he. / No one [Nobody] in Japan can run faster than he.

■解答
119　健康が一番。
a) Health is more valuable than any other thing. (×)
b) Nothing is as valuable as health. (○) ←〈Nothing as . . . as A〉
■別解
Health is more valuable than anything else. (○)
←〈A＋比較級＋than anything else〉
Health is the most valuable thing. (○) ← 最上級

⓬⓴　僕は友人とのお喋りが最高に楽しい。
a) I never feel as happy as I am talking with a friend.
b) Nothing is as pleasant to me as talking with a friend.

■解説
▼本問は「友人とお喋りすることほど楽しいことはない」ということ。⓫⓳ を応用すれば、「～することほど…なことはない」は、〈**Nothing is as＋原級＋as doing** ～〉や、〈**Nothing is＋比較級＋than doing** ～〉と表現できる。よって b) が正解。Nothing is more pleasant to me than talking with a friend. と書いても正解。

（例）眠ってからかかってくる電話ほどいらつくものはない。
Nothing is as irritating as getting a call after you have fallen asleep.
＝Nothing is more irritating than getting a call after you have fallen asleep.
☞irritating は分詞形容詞。getting a call . . . は動名詞句。

▼本問は「友人とお喋りしているときほど楽しく感じることはない」と言い換えることもできる。「～するときほど…なことはない」は、〈**S is never [never do] as＋原級＋as when SV** ～〉や、〈**S is never [never do]＋比較級＋than when SV** ～〉と表現する。この表現では **never** の代わりに **not** は使えないことと、**than** の直後に **when** 節が続くことに注意。

（例）眠ってから電話がかかってくるときほどいらつくことはない。
You never feel as irritated as **when** you get a call after you have gone to sleep.
＝You never feel more irritated than **when** you get a call after you have gone to sleep.
☞ irritated は分詞形容詞。a）のように when を書き忘れるミスが多い。

▎解答
120　僕は友人とのお喋りが最高に楽しい。
a) I never feel as happy as ＿ I am talking with a friend.（×）
　　← when の書き忘れ。
b) Nothing is as pleasant to me as talking with a friend.（○）
　　←〈Nothing is as＋原級＋as doing ～〉

▎別解
Nothing is more pleasant to me than talking with a friend.（○）
←〈Nothing is＋比較級＋than doing ～〉
I never feel as happy as when I am talking with a friend.（○）
←〈**S never feel as＋形容詞＋as when SV**〉は「～するときほど…（形容詞）に感じることはない／～するときが最高に…の気分だ」と覚えよう！
I never feel happier than when I am talking with a friend.（○）
←〈**S never feel＋形容詞の比較級＋than when SV**〉

121　こんな寒い冬は経験したことがない。
a) We have never had such a cold winter.
b) This is the coldest winter we have ever had.

▎解説
▼過去から現在までの経験の中で、「今まで…したことがない」「今までで最も［初めて］…」という場合は以下のように表現する。

① 〈S have never done such . . . ＋名詞＋as A〉
　☞「A ほど…な名詞を S は V したこと［経験］がない」ということ。
　（注）〈名詞〉は可算名詞と不可算名詞の両方が使える。as this は省略されることが多い。
② 〈A is the＋最上級＋名詞＋(that) S have ever done〉

☞「A は S が今まで V した中で最も…な名詞だ」ということ。
(注) that は目的格の関係代名詞なので省略できる。「今まで」を意味する ever が必要。

(例1)「これほど退屈な小説を読んだことがない」＝「これは今まで読んだ中で最も退屈な小説だ」
① I have never read such a boring novel (as this).
② This is the most boring novel (that) I have ever read.
☞ ① は never を用い ② は ever を用いるが、両者を混同した (×) ... that I have never read というミスが多い。

▼自然現象に関しても ① ② の表現を用いることが多い。本問は a) と b) の両方が正解になる。
(例2)「これほど寒い冬は今までなかった」＝「こんな寒い冬は初めてだ」
① We have never had such a cold winter (as this).
☞「こんなに寒い冬は今まで一度も経験したことがない」が直訳。
② This [It] is the coldest winter we have ever had.
☞「(今年の冬は) 今まで体験した中で最も寒い冬だ」が直訳。

▼(例2) の動詞 have は「自然現象を体験する」という意味。自然現象なので主語は It でもよい。

■解答

121　こんな寒い冬は経験したことがない。
a) We have never had such a cold winter. (○)
　　←〈S have never done such ... ＋名詞＋as A〉
b) This is the coldest winter we have ever had. (○)
　　←〈A is the＋最上級＋名詞＋(that) S have ever done〉

122 5年ぶりの空梅雨だ。
a) We have not had such a dry rainy season in five years.
b) This is the driest rainy season we have had in five years.

■解説

▼**121** は「過去から現在まで」という全期間なので never / ever を用いたが、「3年ぶり／久しぶり」などの場合は「3年間で／長年の中で」という期間限定になるので never / ever を用いることはできない。

①〈S have not done such ... ＋名詞＋as A in ～〉
☞「～の期間でAほど…な名詞をSはVしたこと［経験］がない」ということ。
（注）全期間を否定する never ではなく、期間限定の否定を表す not を用いる。
②〈A is the＋最上級＋名詞＋(that) S have done in ～〉
☞「AはSが～の期間でVした中で最も…な名詞だ」ということ。
（注）「今まで」を意味する ever の代わりに、具体的な期間を表す in ～ を加える。

（例）5年ぶりの空梅雨だ。
① We have not had such a dry rainy season in five years.
☞「こんなに雨の少ない梅雨は5年間経験したことがない」が直訳。
② This [It] is the driest rainy season we have had in five years.
☞「(今年の梅雨は) 5年間経験した中で最も雨が少ない梅雨だ」が直訳。
（例）久しぶりの大雪だ。
① We have not had such heavy snow in many years.
☞「こんな豪雪は長年経験したことがない」が直訳。such heavy snow は so much snow でもよい。
② This [It] is the heaviest snow we have had in many years.
☞「(今年は) 長年経験した中で最も雪が多い」が直訳。the heaviest snow は the most snow でもよい。
▼「～以来の」という場合は〈in ～〉の代わりに〈since ～〉を用いる。
（例）今年は2010年以来の空梅雨だ。
① We have not had such a dry rainy season since 2010.
② This [It] is the driest rainy season we have had since 2010.
▼「3年ぶりの大雪」「久しぶりの大雨」という表現は、そもそも例年の積雪量や降雨量と比較して初めて言える内容なので、❷/❷のような比較・最上級表現を用いる。ところが、「3年ぶりの再会」「久しぶりの京都」という場合は、例年と比較してはいないので、〈**for the first time in ～**〉という表現を用いる。
（例）3年ぶりに旧友と再会した。
I met an old friend for the first time in three years.
（例）久しぶりに京都に来ています。
I am visiting Kyoto for the first time in many years.

■解答
122　5年ぶりの空梅雨だ。
a) We have not had such a dry rainy season in five years. （○）

Part 2　暗唱英文 150 の解説

　　←〈S have not done such ... ＋名詞＋as A in ～〉
b) This is the driest rainy season we have had in five years.（○）
　　←〈A is the＋最上級＋名詞＋(that) S have done in ～〉

> **123** 大学教育が今ほど重要な時代は歴史上なかった。
> a) Never before a college education has been as important.
> b) Never before has a college education been as important.

■解説

▼「今［今日／現代］ほど…のことは今までなかった、…の時代は（歴史上）かつてなかった」という日本語は、〈**Never before have S done [been] as ...**〉という定型表現を使って表現すればよい。「時代」や「歴史上」などは虚辞として処理していることに注目。

▼以下の 2 文合成の手順を確認して、この定型表現の成り立ちを理解すること。考え方は最上級相当表現の **118** **119** と同じで、否定表現を文頭に持ってくる発想が英語特有と言える。

〈手順 1〉A college education has been important before. ＋ A college education is important now.
　☞「今まで大学教育は重要だった（現在完了形）」と「今大学教育は重要だ（現在形）」の 2 文を前提。基準は形容詞 important。

〈手順 2〉A college education has never been **as** important before **as** a college education is important now.
　☞ as ... as で 2 文合成。過去から現在までの全期間を否定するので not ではなく never を使う。

〈手順 3〉A college education has never been **as** important before (**as** (it is) now).
　☞ 基準の important は強制消去。a college education is はまとめて省略するか、it is の代用表現で残してもよい。**121** と同様に as it is now 全体で省略することが多い。

〈手順 4〉Never before has a college education been as important.
　☞ never と before は合体させて文頭に出すのが自然。否定の副詞句 Never before が文頭に来ることになるので、「倒置」が起こり a college education has been が has a college education been という語順に変化することが最大のポイント。よって倒置形になっている b) が正解。

169

▼以下の例文でこの定型表現の変形バージョンにも慣れておこう。

(例1) Never before has a college education been **so** important (**as** (it is) now).
☞同等比較の1つ目の as を so に変形した別解。

(例2) Never before has a college education been **more** important (than (it is) today).
☞同等比較の代わりに比較級を用いた別解。

(例3) 今日ほど大勢の人々が投票できる時代は今までなかった。
Never before have **so** many people been able to vote (as (they do) today).
☞so many people have been から have so many people been への語順の変化に注目。

(例4) 現代ほど子どもが市場で大きな役割を果たしたことはかつてなかった。
Never before have children played **such** a powerful role in the marketplace (as (they do) today).

▼〈**Never before have S done [been] as ...**〉は、〈比較級＋**than ever (before)**〉「かつてないほど…／これまでになく…／今までよりも…(するようになった)」という定型表現で表すこともできる。この場合の主節は現在時制を用いることに注意。

(例1/2) ＝A college education is more important than ever (before).
「大学教育はかつてないほど重要である」

(例3) ＝More people are able to vote than ever (before).
「かつてないほど大勢の人々が投票できるようになった」

(例4) ＝Children are playing a more powerful role in the marketplace than ever (before).
「子どもが市場でかつてないほど大きな役割を果たしている」

| 解答 |

123　大学教育が今ほど重要な時代は歴史上なかった。
a) Never before a college education has been as important. (×)
b) Never before has a college education been as important. (○)
　←〈Never before have S done [been] as ...〉

| 別解 |

A college education is more important than ever (before). (○)
　←〈比較級＋than ever (before)〉

> **124** 東京ほど多くの方言が使われる場所は日本中探してもない。
> a) In no other place in Japan as many dialects are spoken as Tokyo.
> b) In no other place in Japan are as many dialects spoken as in Tokyo.

解説

▼「Aほど…の場所は他にない」という日本語は、〈**In no other place＋倒置形＋as . . . as in A**〉という定型表現を使って表現すればよい。

▼ **123** と同様に以下の2文合成の手順を確認して、この定型表現の成り立ちを理解すること。

〈手順1〉Many dialects are spoken in other places in Japan. ＋ Many dialects are spoken in Tokyo.

☞「日本の他の場所で多くの方言が使われる」と「東京で多くの方言が使われる」の2文を前提。基準は〈形容詞＋名詞〉の many dialects。

〈手順2〉**As** many dialects are spoken in no other place in Japan **as** many dialects are spoken in Tokyo.

☞ as . . . as で2文合成。「場所がない」は形容詞 no を用いて in no **other place**（単数形）とする。最初の as は副詞なので、主語の many dialects の直前に置くことに注意。

〈手順3〉**As** many dialects are spoken in no other place in Japan **as** in Tokyo.

☞ 基準の many dialects は強制消去。are spoken も全く同じ表現を繰り返しているので省略する。

〈手順4〉In no other place in Japan are **as** many dialects spoken **as** in Tokyo.

☞ 否定の副詞句 In no other place in Japan は文頭に出すのが自然。否定の副詞句が文頭に来るので、「倒置」が起こり as many dialects are spoken が are as many dialects spoken という語順に変化することが最大のポイント。よって倒置形になっている b) が正解。a) は倒置形になっていない点だけでなく、比較対象に前置詞 in が欠けている点も間違っている。

▼以下の例文でこの定型表現の変形バージョンに慣れておこう。

（例1）In no other place in Japan are **so** many dialects spoken **as** in Tokyo.

☞ 同等比較の1つ目の as を so に変形した別解。

(例2) In no other place in Japan are **more** dialects spoken **than** in Tokyo.
☞同等比較の代わりに比較級を用いた別解。
(例3) **Nowhere** in Japan are **as** many dialects spoken **as** in Tokyo.
☞副詞句 In no other place の代わりに、副詞 Nowhere を用いた別解。
(例4) In no other place in Japan do people use **as** many dialects **as** (they do) in Tokyo.
☞能動態を用いた別解。倒置形に助動詞 do を用いていることに注目。
(例5) 世界中でアメリカほど哲学に注意が払われない国は他にないと思う。
I think in no other **country** in the world is **less** attention paid to philosophy **than** in the United States.
☞place が country に変わっている。
(例6) ユタ州ほど自然が手つかずの州は他にない。
In no other **state** has natural beauty been **so** untouched **as** in Utah.
☞place が state に変わっている。
▼〈In no other place＋倒置形＋as ... as in A〉は、〈比較級＋in A than in any other place [anywhere else]〉「他のどこよりも A では…」という定型表現で表すこともできる。
(例1/2/3/4) ＝More dialects are spoken in Tokyo than in any other place [anywhere else] in Japan.
「日本の他のどこよりも東京では多くの方言が使われている」
(例5) ＝I think less attention is paid to philosophy in the United States than in any other country [anywhere else] in the world.
「世界中のどこよりもアメリカでは哲学に注意が払われていないと思う」
(例6) ＝Natural beauty has been more untouched in Utah than in any other state [anywhere else in the United States].
「他のどの州よりもユタ州では自然が手つかずだ」

┃解答┃
124　東京ほど多くの方言が使われる場所は日本中探してもない。
a) In no other place in Japan as many dialects are spoken as Tokyo. (×)
b) In no other place in Japan are as many dialects spoken as in Tokyo.
　　(○) ←〈In no other place＋倒置形＋as ... as in A〉

┃別解┃
More dialects are spoken in Tokyo than in any other place [anywhere

else] in Japan. (○)
← 〈比較級＋in A than in any other place [anywhere else]〉

125 本をたくさん読めば読むほど多くの知識を得られる。
a) The more you read books, the more you can get knowledge.
b) The more books you read, the more knowledge you can get.

解説

▼「…すればするほど（ますます）〜」という〈比例・相関〉を表す日本語は、〈**The＋比較級 . . . , the＋比較級 〜.**〉と表現する。この表現は本来の語順が大きく変化するので、英作文では次の手順を踏んで慎重に考えるのが確実な方法である。

〈手順 1〉形容詞や副詞を含む 2 つの英文を作る。
〈手順 2〉形容詞や副詞を比較級にする。
〈手順 3〉比較級に the を付けて文頭に移動し、コンマでつなぐ。
　（注）〈the＋比較級〉の形には次の 2 種類がある。
① 「副詞」や「補語になる（＝叙述用法の）形容詞」
　→〈the＋比較級〉で文頭に出す
② 「名詞を修飾する（＝限定用法の）形容詞」
　→〈the＋比較級＋名詞〉のセットで文頭に出す。

（例 ①）誰かのことを知れば知るほど、その人にもっと興味が出てくるものだ。
〈手順 1〉You know **much** about someone. You become **interested** in that person.
☞「誰かを多く知る」と「その人に興味を持つ」の 2 文が前提。much は副詞、interested は形容詞。
〈手順 2〉You know **more** about someone. You become **more interested** in that person.
☞much を more に、interested を more interested にする。
〈手順 3〉**The more** you know about someone, **the more interested** you become in that person.
☞the more と the more interested を文頭に移動する。

（例 ②）本をたくさん読めば読むほど多くの知識を得られる。
〈手順 1〉You read **many books**. You can get **much knowledge**.
☞「たくさんの本を読む」と「多くの知識を得られる」の 2 文が前提。many

books と much knowledge は〈形容詞＋名詞〉。
〈手順2〉You read **more books**. You can get **more knowledge**.
☞ many books を more books に、much knowledge を more knowledge にする。
〈手順3〉**The more books** you read, **the more knowledge** you can get.
☞ the more books と the more knowledge を文頭に移動する。よって b) が正解。

▼この表現は、とにかく the more を文頭に付けたらよいという誤解が多いせいか、次のような語順のミスが多く見受けられる。
（×）The more you know much about someone, the more you become interested in that person.
（×）The more you read books, the more you can get knowledge.
（→ a) のミス）

このようなミスをしないためには、元の文を前提にして手順を踏んで英文を完成させることが大切。

■解答
125　本をたくさん読めば読むほど多くの知識を得られる。
a) The more you read books, the more you can get knowledge.（×）
　← the more を文頭に付けただけの誤答。
b) The more books you read, the more knowledge you can get.（○）
　← 2文を前提に手順を踏んだ正答。

⓫㊉ 彼女を憎めば憎むほど私は幸せでなくなった。
a) The more I hated her, the happier I didn't become.
b) The more I hated her, the less happy I became.

■解説
▼「…すればするほど（ますます）〜しなくなる」という日本語は、〈**The＋比較級 . . . , the less 〜.**〉と表現する。この日本語は「完全にゼロになる」という否定の意味ではないので、not や don't を使った否定文で表すことはできない。「比例して程度が増す」という状況で使う the more と逆に、「**比例して程度が減る**」という状況なので the less を使うと理解しよう。手順は ⓫ と同じだが、〈**手順2〉で more の代わりに less を使う**ところがポイント。
（例）年をとればとるほど睡眠は必要でなくなる。

〈手順1〉You grow **old**. You need **much sleep**.
☞「年をとる」と「多く睡眠が必要」の2文を前提にする。old は形容詞、much sleep は〈形容詞＋名詞〉。
〈手順2〉You grow **older**. You need **less sleep**.
☞old を older に、much sleep を less sleep にする。more sleep「より多くの睡眠が必要」と逆なので、「より少ない睡眠が必要」と発想するのがコツ。この less は形容詞 little の比較級。
〈手順3〉**The older** you grow, **the less sleep** you need.
☞the older と the less sleep を文頭に移動する。
cf. 後半は the less you need to sleep でも OK。この less は副詞で、sleep は動詞。「より少なく眠る」という発想。
（例）彼女を憎めば憎むほど私は幸せでなくなった。
〈手順1〉I hated her **much**. I became **happy**.
☞「私は彼女を憎んだ」と「幸せになった」の2文を前提にする。much は副詞、happy は形容詞。
〈手順2〉I hated her **more**. I became **less happy**.（→ 副詞の less）
☞much を more に、happy を less happy にする。happier「幸せが増えた」と逆なので、「幸せが減った」と発想するのがコツ。この less は副詞 little の比較級。
〈手順3〉**The more** I hated her, **the less happy** I became.
☞the more と the less happy を文頭に移動する。よって b) が正解。
cf. 後半は the more unhappy I became でも OK。「より不幸になった」という発想。
▼最終的に the more には以下の3通りあることを整理しておこう。

① 動詞を修飾する副詞 **much** の比較級〈**the more SV**〉
（例）the more you know about someone（← you know much about someone）　☞副詞 much は動詞 know を修飾する。
（例）the more I hated her（← I hated her much）
☞副詞 much は動詞 hated を修飾する。
② 名詞を修飾する形容詞 **many / much** の比較級〈**the more＋名詞**〉
（例）the more books you read（← you read many books）
☞many は books を修飾する。
（例）the more knowledge you can get（← you can get much knowl-

edge)　☞much は knowledge を修飾する。
③ 形容詞・副詞の比較級〈the more＋形容詞・副詞〉
（例）the more interested you become (← you become interested)
☞形容詞 interested の比較級は more interested。
（例）the more slowly he walks (← he walks slowly)
☞副詞 slowly の比較級は more slowly。

■解答
126　彼女を憎めば憎むほど私は幸せでなくなった。
a) The more I hated her, the happier I didn't become. (×)
b) The more I hated her, the less happy I became. (○)
　　←〈The＋比較級 . . . , the less 〜.〉

127 インドネシアの気候はインドとは全く異なる。
a) The climate of Indonesia is completely different from India.
b) The climate of Indonesia is completely different from that of India.

■解説
▼「A と B は異なっている」は〈**A is different from B.**〉と表現する。
（例）君の答案は僕と完全に異なっている。
Your answer is completely different from mine.
　☞〈A is different from B.〉は 2 つの要素 A/B を比較した上で「両者は異なる」と述べる表現なので、一般的な比較表現と同様に**2 つの要素 A/B の種類を揃える（＝常識的に比べることが可能な要素にする）**ことがポイント。例文では your answer（君の解答）と my answer（僕の解答）を比較しており、answer の繰り返しを避けて所有代名詞の mine を使っている。日本語に引きずられた（×）Your answer is completely different from me. は不可。「あなたの解答」と「私という人間」は比較することができないからである。
▼本問も the climate of Indonesia（インドネシアの気候）と the climate of India（インドの気候）の種類を揃えて比較することがポイント。2 つ目の the climate の繰り返しを避けて代名詞の that を使っている b) が正解。a) のように「インドネシアの気候」と「インドという国」は常識的に比較することができない。

▼「異なる程度」を表す completely / quite / very / a little / slightly などの副詞は different の直前に置くこと。(×) different completely や、(×) different very much などの語順のミスが多い。
▼「A とは異なり、…」は〈Unlike A, SV . . .〉と表現する。
　(例) 兄とは異なり、彼は数学が得意ではない。
　Unlike his brother, he is not good at math.
　☞his brother と he を比べている。

|解答|
127　インドネシアの気候はインドとは全く異なる。
a) The climate of Indonesia is completely different from India. (×)
　← 比較対象が揃っていない。
b) The climate of Indonesia is completely different from that of India.
　(○) ← 比較対象が揃っている。

128 ラットとマウスには大きな違いがある。
a) There is a big difference between a rat and a mouse.
b) A rat has a big difference from a mouse.

|解説|
▼「A と B (の間) には…の違いがある」は〈**There is a＋形容詞＋difference between A and B.**〉と表現する。よってこの表現を用いた a) が正解。b) のような表現はできない。
▼「異なる程度」を表す big / important / small / slight などの形容詞は difference の直前に置くこと。
▼「…の点で異なる／…が異なる」は〈**in＋名詞**〉や〈**in that 節**〉を用いて表す。
　(例) 父と私は性格が大きく異なる。
　My father is widely different from me **in character**.
　＝There is a big difference **in character** between my father and me.
　(← 父と私には性格の大きな違いがある)
▼「A と B の違いは…ということである」は〈**The difference between A and B is that 節.**〉と表現する。
　(例) 人と動物との違いは人には言語能力があるということだ。
　The difference between humans and animals is that we have the gift of speech.

=Humans are different from animals **in that** we have the gift of speech.（← 人には言語能力があるという点で人と動物は異なる）

解答

128　ラットとマウスには大きな違いがある。
a) There is a big difference between a rat and a mouse.（○）
　　←〈There is a＋形容詞＋difference between A and B.〉
b) A rat has a big difference from a mouse.（×）

---

129 彼らの状況は我々と非常によく似ている。
a) Their situation is very alike to us.
b) Their situation is very similar to ours.

解説

▼「A と B は似ている」は〈**A is similar to B**〉や〈**A is [look] like B**〉と表現する。A/B を比較した結果として「似ている」と言えるので、比較級と同様に A/B の種類を揃えることがポイント。

　（例）君の答案は僕と似ている。
　（○）Your answer is similar to mine. → 本問の b) のパターン。
　（○）Your answer is [looks] like mine.
　（×）Your answer is similar to me.
　（×）Your answer is [looks] like me.
　（例）インドネシアの気候は南インドと似ている。
　（○）The climate of Indonesia is similar to that of South India.
　（×）The climate of Indonesia is similar to South India.

▼「…の点で似ている／…が似ている」は〈**in＋名詞**〉や〈**in that 節**〉を用いて表す。
　（例）その 2 台の車はデザインが似ている。
　The two cars are similar in design.

▼形容詞 alike は〈**A (and B) are alike**〉という使い方をする。主語は A and B か、複数名詞になることに注意しよう。（×）〈A is alike to B〉や〈A is alike B〉という使い方はできない。よって b) は不可。

　（例）君の答案は僕と似ている。Your answer and mine are alike.
　（例）その 2 台の車はデザインが似ている。The two cars are alike in design.

解答

129 彼らの状況は我々と非常によく似ている。
a) Their situation is very alike to us. (×)
b) Their situation is very similar to ours. (○)
←〈A is similar to B〉の表現。所有代名詞 ours は our situation のことを表している。

130 彼女が事故で大怪我をしたと聞いて私は驚きました。
a) I was surprised to hear that she was seriously injured in the accident.
b) I was surprising to hear that she was seriously injured in the accident.

解説

▼surprising と surprised は「分詞形容詞」と呼ばれる。分詞形容詞とは人の感情に関する他動詞(=感情動詞)の現在分詞と過去分詞が形容詞として使われるようになったものだと理解すれば良い。

▼分詞形容詞は苦手とする人が多いので、派生した**元の他動詞の意味に戻って考える**のがコツである。

① The news surprised me.「その知らせは私を驚かせた」
☞他動詞 surprise は「(人を) 驚かせる」という意味。The news (S) surprised (V) me (O). という構造。〈**S surprise A**〉「S は A (人)を驚かせる → **S が原因で A (人) は驚く**」というフレーズで覚えよう。
↓

② The news was surprising.「その知らせは驚きだった」
☞感情動詞 surprise から派生した現在分詞 **surprising** は「**(人を) 驚かせるような**」という能動的な意味になる。The news (S) was (V) surprising (C). という構造。〈**S is surprising**〉「**S (原因) は (人にとって) 驚きだ／意外だ**」というフレーズで覚えよう。
(注)〈S is surprising〉の表現は、進行形と〈be 動詞＋doing〉という見た目の形が同じなので非常に混同しやすい。例文を「その知らせは驚いていた」という意味に誤解することはまずないが、I was surprising. を「私は驚いていた」と誤解することは非常に多い (→ ③ を参照)。
↓

③ I was surprised at the news.「私はその知らせに驚いた」
☞ 感情動詞 surprise から派生した過去分詞 surprised は「(人が) 驚かされた」という受動的な意味になる。I (S) was (V) surprised (C) at the news. という構造。よって、b) が正解になる。〈S is surprised〉「S (人) は驚いた／驚いている」というフレーズで覚えよう。

（注）be surprised at A「A に驚く」のように「感情の原因」は前置詞句で表現できる。ただし、それぞれの分詞形容詞に使える前置詞はだいたい決まっており、どんな前置詞が使えるかは日本人に判断できない場合も多い。よって、**英作文では 〈S is surprised to do〉「…して驚く」のように、感情の原因は不定詞 (to do) で表すのが便利**。本問は「彼女が事故で怪我をしたと聞いて私は驚きました」と動詞を補って考えればよい。このような補訳は to hear ... (…を聞いて) / to see ... (…を見て) / to find [learn] that ... (…ということを知って) などが代表的。

▎まとめ

① 〈**S surprise A**〉「S は A (人) を驚かせる → **S が原因で A (人) は驚く**」
② 〈**S is surprising**〉「S (**原因**) は (人にとって) 驚きだ／意外だ」
③ 〈**S is surprised**〉「S (**人**) は驚いた／驚いている」

▎解答

130　彼女が事故で大怪我をしたと聞いて私は驚きました。
a) I was surprised to hear that she was seriously injured in the accident.
　（○）← 〈S is surprised〉「S (人) は驚いた／驚いている」
b) I was surprising to hear that she was seriously injured in the accident.（×）← I was surprising は「私は人を驚かすような人物だった」という意味になる。

---

131 朝早起きすると気分爽快だ。
a) Getting up early in the morning refreshes you.
b) It is refreshing to get up early in the morning.

▎解説

▼**130** と同様に、感情動詞の refresh から分詞形容詞の refreshing と refreshed が派生したと考えるのが最もわかりやすく、しかも英作文ではミスが少ない確実な方法と言える。

① 〈**S refresh A**〉「S は A（人）を気分爽快にさせる → S が原因で A（人）は気分爽快になる」
② 〈**S is refreshing**〉「S（原因）は（人にとって）気分爽快だ／さわやかだ／すがすがしい」
③ 〈**S is refreshed**〉「S（人）は爽快な気分だ／さわやかな気分だ／すがすがしい気分だ」

▼a) は ①〈S refresh A〉を用いているので正解。[Getting up early in the morning]（S）refreshes（V）you（O）. という構造。本問のように**動名詞句を主語として用いることは英語では珍しくない**。動名詞句は三人称単数に扱うので、述語動詞に三単現の s を付けるのを忘れないようにしよう。また本問の you は一般人称の you で、日本語には書かれていない目的語の補訳がポイント。②〈S is refreshing〉を用いて Getting up early in the morning is refreshing. としても正しい。

▼b) は ②〈S is refreshing〉を用いているので正解。It（S'）is（V）refreshing（C）[to get up early in the morning]（S）. という構造。**不定詞句を主語として用いるのは英語では不自然なので、本問のように形式主語の It を用いる**。①〈S refresh A〉を用いて It refreshes you to get up early in the morning. としても正しい。

|解答|

131　朝早起きすると気分爽快だ。
a) Getting up early in the morning refreshes you. (○)
　　← ①〈S refresh A〉「朝早起きすることは人を気分爽快にさせる」
b) It is refreshing to get up early in the morning. (○)
　　← ②〈S is refreshing〉「朝早起きすることは気分爽快だ」

|別解|

Getting up early in the morning is refreshing. (○) ← ②〈S is refreshing〉
It refreshes you to get up early in the morning. (○) ← ①〈S refresh A〉

---

132 そのミスはとても恥ずかしかった。
a) I was embarrassed about that mistake very much.
b) I was very embarrassed about that mistake.

:::解説

▼ ⓔ と ⓕ で紹介した「感情表現」を強調する場合は以下の3パターンになる。

① 〈S V A very much.〉「S（原因）はA（人）を非常に…の気持ちにする」
② 〈S is very doing.〉「S（原因）は（人にとって）非常に…の気持ちである」
③ 〈S is very done.〉「S（人）は非常に…の気持ちがする」
　☞ **very much は文末に置き、very は修飾する語句の直前に置くのが原則。**

（例①）そのミスはとても恥ずかしかった。
That mistake embarrassed me very much.
☞ 副詞の very much は感情動詞の embarrassed を後ろから修飾する。**肯定文の場合は much だけで動詞を修飾できないので、very much / so much / too much などを使う。**
（○）That mistake embarrassed me so much.
（○）That mistake embarrassed me too much.
（×）That mistake very [so / too] embarrassed me. というミスに注意。

（例②）そのミスはとても恥ずかしかった。
That mistake was very embarrassing.
☞ 副詞の very [so / too] は分詞形容詞の embarrassing を前から修飾する。
（○）That mistake was so embarrassing.
（○）That mistake was too embarrassing.
（×）That mistake was embarrassing very much [so much / too much] というミスに注意。

（例③）そのミスはとても恥ずかしかった。
I was very embarrassed about that mistake.
☞ 副詞の very [so / too] は分詞形容詞の embarrassed を前から修飾する。
（○）I was so embarrassed about that mistake.
（○）I was too embarrassed about that mistake.
（×）I was embarrassed about that mistake very much [so much / too much] というミスに注意。よって b) が正解。

▼ 強調の副詞だけでなく a little / slightly（少し）も同じような使い方をする。
（例）そのミスは少し恥ずかしかった。
①′ That mistake embarrassed me a little.
②′ That mistake was a little embarrassing.
③′ I was a little embarrassed about that mistake.

Part 2　暗唱英文 150 の解説

☞ 副詞の a little を用いている。(×) That mistake a little embarrassed me や、(×) I was embarrassed a little などのミスに注意。

【解答】

132　そのミスはとても恥ずかしかった。
a) I was embarrassed about that mistake very much. (×)
b) I was very embarrassed about that mistake. (○)
　　← ③〈S is very done.〉

【別解】

That mistake embarrassed me very much. (○) ← ①〈S V A very much.〉
That mistake was very embarrassing. (○) ← ②〈S is very doing.〉

133 退屈な講義を聞いていて眠くなった。
a) I felt sleepy while listening to a boring lecture.
b) I felt sleepy while listening to a bored lecture.

【解説】

▼分詞形容詞を「物」と「人」のどちらに用いるかという観点から、分詞形容詞の doing 型と done 型の使い分けを再整理してみよう。

① 〈S is doing.〉「S（原因）は（人にとって）…の気持ちである」

☞ 補語になる分詞形容詞 doing に対しては、主語 (S) に「物」と「人」の両方が使える。ただし、実際の英作文では「物」を主語にする方がずっと多い。
(◎) The book was boring.「その本は退屈だった」（物主語）
(○) The man was boring.「その男は退屈だった」（人主語）

② 〈S is done.〉「S（人）は…の気持ちがする」

☞ 補語になる分詞形容詞 done に対しては、主語 (S) に「人」だけが使え、「物」を主語にすることはできない。
(×) The book was bored.「その本は退屈していた」（物主語 NG）
(○) The man was bored.「その男は退屈していた」（人主語 OK）

▼分詞形容詞 doing / done が名詞を修飾する場合も原則として上記の ① ② の基準で判断すれば良い。
(○) the boring book「退屈な本」（物修飾 OK）
☞「その本が読む人を退屈させる」という状況。

183

（○）the boring man「退屈な男」（人修飾 OK）
☞「その男がつき合う人を退屈させる」という状況。a) のパターン。
（×）the bored book「退屈している本」（物修飾 NG）
☞「その本が退屈している」ということはありえない。b) のパターン。
（○）the bored man「退屈している男」（人修飾 OK）
☞「その男が退屈している」という状況。

解答
133　退屈な講義を聞いていて眠くなった。
a) I felt sleepy while listening to a boring lecture.（○）
　←「人を退屈させるような講義」
b) I felt sleepy while listening to a bored lecture.（×）
　←「退屈している講義」という意味になる。

まとめ
★主な分詞形容詞
（注）done 型については一緒に用いる代表的な前置詞も掲載してある。

☐ amazing「(人を) 驚嘆させるような」— amazed (at / by / with)「(人が) 驚嘆して」☐ exciting「(人を) 興奮させるような」— excited (about / by / at)「(人が) 興奮して」☐ frightening「(人を) びっくりさせるような」— frightened (by / at / about)「(人が) びっくりして」☐ shocking「(人を) ショックを与えるような」— shocked (by / at / about)「(人が) ショックを受けて」☐ surprising「(人を) 驚かすような」— surprised (at / by)「(人が) 驚いて」☐ scaring「(人を) 怖がらせるような」— scared (of)「(人が) 怖がって」☐ depressing「(人を) がっかりさせるような」— depressed (about / at)「(人が) がっかりして」☐ disappointing「(人を) 失望させるような」— disappointed (with / in / at)「(人が) 失望して」☐ discouraging「(人を) 落胆させるような」— discouraged (by / about)「(人が) 落胆して」☐ interesting「(人に) 興味をもたせるような」— interested (in)「(人が) 興味をもって」☐ annoying「(人を) いらいらさせるような」— annoyed (with / at / about)「(人が) いらいらして」☐ boring「(人を) 退屈させるような」— bored (with / of)「(人が) 退屈して」☐ confusing「(人を) 困惑させるような」— confused (about / by)「(人が) 困惑して」☐ embarrassing「(人を) 恥ずかしがらせるような」— embarrassed (about /

at)「(人が) 恥ずかしい」 □ pleasing「(人を) 喜ばせるような」— pleased (with / about)「(人が) 喜んで」 □ relieving「(人を) 安心させるような」— relieved (at / by)「(人が) 安心して」 □ satisfying「(人を) 満足させるような」— satisfied (with)「(人が) 満足して」

134 彼の昇進は間違いないと思う。
a) I am sure that he will be promoted.
b) He is sure to be promoted.

|解説|

▼〈確信〉を表す形容詞 sure は以下の使い方をする。非常に紛らわしいのでじっくりと検討すること。

① I am sure that SV「S は V すると私は確信している」
=② S is sure to do「S はきっと…する (**と私は確信している**)」
③ S is sure that SV「S は V すると S は確信している」

（例）彼の昇進は間違いないと思う。
① I am sure that he will be promoted.（← 彼は昇進すると私は確信している）
　☞ 確信しているのは話者である「私」。彼はこれから昇進する (=彼はまだ昇進していない) ので will が必要。
② He is sure to be promoted.（← 彼はきっと昇進する (と私は確信している)）
　☞ **確信している話者である「私」が書かれていない点がポイント。① I am sure that SV = ② S is sure to do** という関係をしっかり理解すること。
▼確信している話者が「私」以外の場合は、② S is sure to do の表現を用いることはできない (② S is sure to do の確信している話者は「私」だから！)。その場合は ③ S is sure that SV の表現を用いる。
（例）昇進は間違いないと彼は思っている。
（○）He is sure that he will be promoted.（← 彼は昇進すると彼は確信している）
（×）He is sure to be promoted.（← 彼はきっと昇進すると私は確信している）
▼〈S is sure of doing〉は ① ③ と同じで、主語 S は確信している話者である。

ただし、①③で表現できるので、**英作文では無理に〈S is sure of doing〉の表現を使う必要はない**。
　（例）彼の昇進は間違いないと思う。（← 彼は昇進すると私は確信している）
　I am sure of his being promoted.
　= ① I am sure that he will be promoted.
　☞ 確信しているのは「私」で、昇進するのは「彼」。主語が異なるので、動名詞の意味上の主語 his が必要。
　（例）昇進は間違いないと彼は思っている。（← 彼は昇進すると彼は確信している）
　He is sure of being promoted. = ③ He is sure that he will be promoted.
　☞ 確信しているのは「彼」で、昇進するのも「彼」。主語が同じなので動名詞の意味上の主語は不要。
▼頭が混乱してきた人は、とりあえず③〈S is sure that SV〉だけをしっかりと理解しよう。③〈S is sure that SV〉の表現を使いこなせば、とりあえず英作文で困ることはない。

解答

134　彼の昇進は間違いないと思う。
a) I am sure that he will be promoted. (○) ← ①〈I am sure that SV〉
b) He is sure to be promoted. (○) ← ②〈S is sure to do〉

> **135** 彼の昇進は確かだ。
> a) It is certain that he will be promoted.
> b) It is sure that he will be promoted.

解説

▼sure と certain は（ニュアンスは異なるが）ほぼ同じ使い方をする。**134** の sure を certain で置き換えた〈I am certain that SV〉、〈S is certain to do〉、〈S is certain that SV〉はすべて正しい表現となる。ただし、**〈It is certain that SV〉とは言えるが、(×) It is sure that SV とは言えない**ことには注意しよう。よって a) が正解。
▼確信度の違いは以下の目安で考えればよい。ただし個人差があるのであまり厳密に考えすぎないこと。

① 〈It is certain that SV〉「…は確かだ／確かに…するにちがいない」
（→ 100%に近い確信）
② 〈It is likely [probable] that SV〉「…しそうだ／たぶん…するだろう」
（→ 80%くらいの確信）
③ 〈It is possible that SV〉「…はありうる／…するかもしれない」
（→ 50%くらいの確信）
④ 〈It is unlikely that SV〉「…しそうもない／たぶん…しないだろう」
（→ 確信していない）
⑤ 〈It is impossible that SV〉「…はありえない」（→ 100%に近い否定）

（例①）彼はきっと来る。It is certain that he will come.
（例②）彼はたぶん来るだろう。It is likely [probable] that he will come.
（例③）彼が来ることはありうる。It is possible that he will come.
（例④）彼はたぶん来ないだろう。It is unlikely that he will come.
（例⑤）彼が来ることはありえない。It is impossible that he will come.
☞ ①～⑤ の形容詞は〈It is＋形容詞＋to do〉の形で用いることはできない
（→ **136** 参照）。

▼以下のような副詞で確信度の違いを表現することもできる。

certainly「きっと／確かに…ちがいない」（→ 100%に近い確信）
probably「たぶん／おそらく…だろう」（→ 80%くらいの確信）
maybe／perhaps「（ひょっとすると）…かもしれない」（→ 50%くらいの確信）

（例⑥）彼はきっと来る。Certainly he will come.
（例⑦）彼はたぶん来るだろう。Probably he will come.
（例⑧）彼はひょっとすると来るかもしれない。Perhaps he will come.
（例⑨）彼はきっと来ない。Certainly he will not come.
（例⑩）彼はたぶん来ないだろう。Probably he will not come.
（例⑪）ひょっとすると来ないかもしれない。Perhaps he will not come.
☞ 文修飾の副詞なので「文頭」で使うのが一般的だが、「否定文の not の位置
（＝一般動詞の前、be 動詞や助動詞の後）」で使うこともある。この考え方は
頻度副詞の位置と同じ（→ **149** 参照）。

（例⑥）彼はきっと来る。He will certainly come.
（例⑦）彼はたぶん来るだろう。He will probably come.
（例⑧）彼はひょっとすると来るかもしれない。He will perhaps come.

☞ すべて will not の not の位置（＝助動詞の直後）で用いている。
（例 ⑨）彼はきっと来ない。He will <u>certainly</u> not come.
（例 ⑩）彼はたぶん来ないだろう。He will <u>probably</u> not come.
（例 ⑪）ひょっとすると来ないかもしれない。He will <u>perhaps</u> not come.
☞ 否定文の場合は not の前で用いる。（×）will not certainly の語順は不可。

|解答|

135　彼の昇進は確かだ。
a) <u>It is certain that</u> he will be promoted.（○）← 〈It is certain that SV〉
b) <u>It is sure that</u> he will be promoted.（×）

---

136 高齢者が熱中症にかかるのは珍しいことではない．
a) It is not uncommon for the elderly to suffer heat stroke.
b) It is not uncommon that the elderly suffer heat stroke.

|解説|

▼「…することは〈形容詞〉である」という「**行為や事柄に対する評価・判断**」を述べる表現は英作文で頻出するが、〈It is＋形容詞＋to do ...〉と〈It is＋形容詞＋that SV ...〉のどちらの形を用いるかは、原則として以下の3通りがある。

① 〈It is＋形容詞＋to do ...〉を用いる
② 〈It is＋形容詞＋that SV ...〉を用いる
③ 〈It is＋形容詞＋to do ...〉と〈It is＋形容詞＋that SV ...〉の両方を用いる

▼形容詞の uncommon「まれな／めったにない／珍しい」は ① のパターンに属する形容詞なので、〈**It is uncommon to do ...**〉「…することは珍しい」の表現を用いた a) が正解になる。

▼〈It is＋形容詞＋(for A) to do ...〉を用いる主な形容詞は以下のものを覚えよう。

☐ easy「容易だ」 ☐ difficult「難しい」 ☐ hard「難しい」 ☐ common [usual]「ありふれた」 ☐ uncommon [unusual]「珍しい」 ☐ dangerous「危険な」 ☐ safe「安全な」 ☐ possible「可能な」 ☐ impossible「不可能な」 ☐ pleasant「楽しい」 ☐ convenient「便利な」 ☐ inconvenient「不便な」

▼「Aが…するのは形容詞だ」という場合は、意味上の主語 for A を加えた〈It is ＋形容詞＋for A to do . . .〉という表現を用いる。よって a) が正解。
▼〈It is＋形容詞＋(for A) to do . . .〉と find を組み合わせた〈**S find it＋形容詞＋(for A) to do . . .**〉という表現は使いこなせると便利な表現なので、ぜひとも習熟してほしい。
　(例 ①) 私生活については話しにくかった[話ずらかった]。(← 私生活について話すのは難しいと思った)
　(○) I found it hard to talk about my private life.
　(×) I found it hard that I talked about my private life.
　☞〈**find it hard [difficult] to do**〉は「…することを難しいと思う[感じる]」という意味。「…しにくい」「…しずらい」という日本語で出題されることが多い。
　(例 ②) そのコンピュータはとても使いやすかった。(← コンピュータを使うのはとても容易だと感じた)
　(○) I found it quite easy to use that computer.
　(×) I found it quite easy that I used that computer.
　☞〈**find it easy to do**〉は「…することを容易だと思う[感じる]」という意味。「…しやすい」という日本語で出題されることが多い。**(例 1/2) の形では think / feel よりも find を用いるが一般的。**

|解答|

136　高齢者が熱中症にかかるのは珍しいことではない．
a) It is not uncommon for the elderly to suffer heat stroke.（○）
　←〈It is＋形容詞＋for A to do 〉
b) It is not uncommon that the elderly suffer heat stroke.（×）

137 私が彼に間違った住所を教えたのは明らかだ。
a) It is clear for me to have given him a wrong address.
b) It is clear that I gave him a wrong address.

|解説|

▼clear「明らかだ／明白だ／はっきりしている」は〈It is＋形容詞＋that SV . . .〉の表現で用いる (→ **136** の ② のパターン)。よって b) が正解。
▼〈It is＋形容詞＋that SV . . .〉を用いる主な形容詞は以下のものを覚えよう。

□ clear [evident / obvious / apparent]「明らかな」□ certain「確かな」 □ uncertain「はっきりしない」□ fortunate「幸運な」□ unfortunate「遺憾だ」□ likely「ありそうな」□ unlikely「ありそうもない」□ possible「ありえる」□ impossible「ありえない」□ true「本当の」□ well-known「周知の」

▼ ⓻ と ⓼ のリストに載っていない形容詞は〈It is＋形容詞＋(for A) to do ...〉と〈It is＋形容詞＋that SV ...〉のどちらを使ってもよいことになる（→ ⓻ の③ のパターン）。**もちろん個々の形容詞によってはどちらか一方の表現をよく使うという好みや傾向は存在しているが、英作文ではそこまでの細かい知識は減点対象にはならないのであまり神経質になりすぎないこと。**

(例) 彼女がそう考えるのは当然だ。

(○) It is natural for her to think so.

(○) It is natural that she thinks so.

☞ 形容詞 natural は〈It is＋形容詞＋(for A) to do ...〉と〈It is＋形容詞＋that SV ...〉の両方に使える。実際は〈It is natural (for A) to do ...〉を使う方が、〈It is natural that SV ...〉を使うよりも多いが、入試ではどちらも正解。

(例) 生徒が求めるものを教師がわかっていることが大切だ。

(○) It is important for teachers to know what students need.

(○) It is important that teachers know what students need.

☞ 形容詞 important は〈It is＋形容詞＋(for A) to do ...〉と〈It is＋形容詞＋that SV ...〉の両方に使える。実際は〈It is important (for A) to do ...〉を使う方が、〈It is important that SV ...〉を使うよりも圧倒的に多いが、入試ではどちらも正解。

▼possible / impossible は ⓻ と ⓼ の両方のリストに載っているが、**to do と一緒に用いる場合と、that 節と一緒に用いる場合では意味が異なる。**

① 〈It is possible to do ...〉「…することは可能だ／**…できる**」

(例) It is possible to get there by subway.

「そこへは地下鉄で行くことが可能だ」← **可能**

② 〈It is possible that SV ...〉「…はありえる／**…かもしれない**」

(例) It is possible that human beings might live on other planets one day.「いつか人類が他の惑星に住むことはありえる」← **可能性**

③ 〈It is impossible to do ...〉「…することは不可能だ／**…できない**」

（例）It's impossible for me to be there before six.
「私が 6 時までにそこに着くのは不可能だ」← **不可能**

④〈It is impossible that SV ...〉「…はありえない／…のはずがない」
（例）It is impossible that he still loves me.
「彼が今でも私を愛していることはありえない」← **可能性なし**

|解答|
137 私が彼に間違った住所を教えたのは明らかだ。
a) It is clear for me to have given him a wrong address.（×）
b) It is clear that I gave him a wrong address.（○）
　　←〈It is clear that SV ...〉

---

138 彼女は正直に自分の誤りを認めた。
a) It was honest for her to admit her mistakes.
b) It was honest of her to admit her mistakes.

|解説|
▼「…するとは A（人）は〈形容詞〉だ」という「**人の性質や性格に対する評価・判断**」を表す場合は、〈**It is＋形容詞＋of A to do ...**〉という表現を用いる。
（例）自分の誤りを認めるとは彼女は正直だった。（← 彼女は正直に自分の誤りを認めた）
（○）It was honest of her to admit her mistakes.
（×）It was honest for her to admit her mistakes.
（×）It was honest that she admitted her mistakes.
☞形容詞 honest は〈It is honest of A to do〉という使い方をする。よって b) が正解。〈It is＋形容詞＋for A to do ...〉や〈It is＋形容詞＋that SV ...〉という使い方はできない点に注意すること。

▼〈It is＋形容詞＋of A to do ...〉を用いる主な形容詞は以下のものを覚えよう。

□ foolish [stupid / silly]「おろかな」□ careless「不注意な」□ polite「礼儀正しい」□ selfish「身勝手な」□ rude [impolite]「失礼な」□ kind [good / nice / thoughtful]「親切な」□ sensible [wise]「分別がある」□ clever「頭が良い」□ brave「勇気がある」□ honest「正直な」

▼上記の形容詞は人主語の〈A is＋形容詞＋to do〉という形で用いることもできる。よって本問は She was honest to admit her mistakes. としても正解。

（例）ドアを開けっ放しにするとは君は不注意だった。
（○）It was careless of you to leave the door open.
（○）You were careless to leave the door open. ←〈A is＋形容詞＋to do〉
（×）It was careless for you to leave the door open.
（×）It was careless that you left the door open.
☞形容詞 careless は〈It is careless of A to do〉や〈A is careless to do〉という使い方をする。

|解答|
138　彼女は正直に自分の誤りを認めた。
a) It was honest for her to admit her mistakes.（×）
b) It was honest of her to admit her mistakes.（○）
　　←〈It is honest of A to do〉
|別解|
She was honest to admit her mistakes.（○）←〈A is honest to do〉

---

139 君の字は本当に読みにくい。
a) It is really difficult to read your handwriting.
b) Your handwriting is really difficult to read.

|解説|
▼〈It is＋形容詞＋to do A〉という表現の中には、不定詞 to do の目的語 A を主語にして〈A is＋形容詞＋to do〉という表現に書き換えられるものもある。本問もこのパターンで a) と b) の両方が正解になる。
a) It is really difficult to **read** your handwriting. 「君の字を読むことは本当に困難だ」
b) Your handwriting is really difficult to **read**. 「君の字は読むのが本当に困難だ」
　☞他動詞 read の目的語 your handwriting が、主語の位置に移動して形式主語 It と入れ替わったと考えればよい。結果的に、文末の他動詞 read の目的語が欠けることになり、一見すると間違った英文に見えるので十分注意しよう。
▼前置詞の目的語 A を主語にして、〈A is＋形容詞＋to do＋前置詞〉となる場合もある。

（例）It is easy to get along **with** him.「彼と上手くやっていくのは簡単だ」

He is easy to get along **with**.「彼はつき合いやすい（人物だ）」
☞ 前置詞 with の目的語 him が、主語の位置に移動して形式主語 It と入れ替わり、主格の He になったと考えればよい。結果的に、文末の前置詞 with の目的語が欠けることになり、一見すると間違った英文に見えるので十分注意しよう。

▼〈It is ＋形容詞＋to do（前置詞）A〉⇄〈A is ＋形容詞＋to do（前置詞）〉の書き換えができる形容詞は以下のものを覚えよう（→ ⓲ のリストと照合すること）。

□ easy「容易だ」 □ difficult「難しい」 □ hard「難しい」 □ dangerous「危険な」 □ safe「安全な」 □ impossible「不可能な」 □ pleasant「楽しい」 □ convenient「便利な」 □ inconvenient「不便な」

▼原則として上記のリスト以外の形容詞はこの書き換えができない。**迷ったら〈It is ＋形容詞＋to do（前置詞）A〉を用いるのが英作文では安全といえる**。

（例）今ならパンダは見ることが可能だ。
（○）It is possible to see the panda now.
（×）The panda is possible to see now.
☞ 日本語で考えると The panda is possible... と言えそうだが、possible は〈It is ＋形容詞＋to do（前置詞）A〉⇄〈A is ＋形容詞＋to do（前置詞）〉の書き換えができない。

■解答
139　君の字は本当に読みにくい。
a）It is really difficult to read your handwriting.（○）
　　←〈It is difficult to do〉
b）Your handwriting is really difficult to read.（○）
　　←〈A is difficult to do〉

⓴ 昨日彼がこの手紙を見つけたのは彼女の部屋だった。
a）It was her room that he found this letter yesterday.
b）It was in her room that he found this letter yesterday.

■解説
▼文中のすべての情報が等しく重要であるとは限らない。英作文で特にある情報

だけを強調したい場合は、**強調構文〈It is [was] ～ that ...〉**を用いる。強調構文は**強調したい要素を It is [was] と that の間（～）に代入して、それ以外の要素を that の直後（...）に代入する**という手順で考えればよい。

▼① He found ② this letter ③ in her room ④ yesterday.「彼は昨日彼女の部屋でこの手紙を見つけた」という英文を前提にして、①〜④ の要素を強調する強調構文を作ってみる。

① **It was** he **that** found this letter in her room yesterday.
「昨日彼女の部屋でこの手紙を見つけたのは彼だった」
　　☞ 主語の he（＝代名詞）を It was と that の間に代入。

② **It was** this letter **that** he found in her room yesterday.
「昨日彼女の部屋で彼が見つけたのはこの手紙だった」
　　☞ 目的語の this letter（＝名詞）を It was と that の間に代入。

③ **It was** in her room **that** he found this letter yesterday.
「昨日彼がこの手紙を見つけたのは彼女の部屋だった」
　　☞ 副詞句（＝前置詞＋名詞）の in her room を It was と that の間に代入。よって b) が正解。**強調構文で強調される名詞や代名詞は、前提となる文の中で主語（S）や目的語（O）になる。**a) の her room は前提となる文の中で主語にも目的語にもなれない。このように<u>強調構文では前置詞を付け忘れるミスが最も多いので、常に元の文を前提にして考えることが大切</u>。

④ **It was** yesterday **that** he found this letter in her room.
「彼女の部屋で彼がこの手紙を見つけたのは昨日だった」
　　☞ 副詞の yesterday を It was と that の間に代入。

▌解答
140　昨日彼がこの手紙を見つけたのは彼女の部屋だった。
a) It was her room that he found this letter yesterday. （×）
b) It was in her room that he found this letter yesterday. （○）
　　← 副詞句（＝前置詞＋名詞）を強調している。

141 昨日彼がこの手紙を見つけたのはいったいどこだったのですか。
a) Where was it that he found this letter yesterday?
b) Where did he find this letter yesterday?

▌解説
▼強調構文の疑問文は**〈疑問詞＋is [was] it that ...?〉**となり、疑問詞が強調

されることになる。① He found ② this letter ③ in her room ④ yesterday.
「彼は昨日彼女の部屋でこの手紙を見つけた」という英文を前提にして、①〜④の要素を強調する強調構文の疑問文を作ってみる。強調された疑問文と普通の疑問文のニュアンスの違いを以下の ①〜④ で実感すること。

① **Who was it that** found this letter in her room yesterday?
「昨日彼女の部屋でこの手紙を見つけたのはいったい誰だったのだ」
　cf. Who found this letter in her room yesterday?
　「誰が昨日彼女の部屋でこの手紙を見つけましたか」

② **What was it that** he found in her room yesterday?
「昨日彼女の部屋で彼が見つけたのはいったい何だったのだ」
　cf. What did he find in her room yesterday?
　「昨日彼は何を彼女の部屋で見つけましたか」

③ **Where was it that** he found this letter yesterday? ← 本問の a) のパターン
「昨日彼がこの手紙を見つけたのはいったいどこだったのだ」
　cf. Where did he find this letter yesterday? ← 本問の b) のパターン
　「昨日彼はどこでこの手紙を見つけましたか」

④ **When was it that** he found this letter in her room?
「彼女の部屋で彼がこの手紙を見つけたのはいったいいつだったのだ」
　cf. When did he find this letter in her room?
　「いつ彼は彼女の部屋でこの手紙を見つけたのか」

▼疑問詞の強調には〈**疑問詞＋on earth [in the world]**〉「いったい（全体）…」も使える。
　（例）「いったい（全体）何を言いたいんだ」
　What on earth [in the world] do you want to say?

解答
141　昨日彼がこの手紙を見つけたのはいったいどこだったのですか。
a) Where was it that he found this letter yesterday? (○)
　　← 強調構文の疑問文
b) Where did he find this letter yesterday? (×) ← 普通の疑問文

> **142** ほとんどの子どもは小動物が好きだ。
> a）Almost children like small animals.
> b）Most children like small animals.

▐解説▌

▼「ほとんどのマンガ」「たいていの日本人」「大部分の駐車場」などは〈**most＋名詞**〉を用いて表現する。この most は many や few と同じ数量形容詞で、後ろの名詞を修飾する（→ **112** 参照）。よって b) が正解。「小動物が嫌いな子どももいる」という例外を認めた上での「**一般論**」を表すので、children は「**不特定の名詞**」ということになる。特定の子どもに限った話ではなく、「一般的な子どもというのは…」という言い方に込められたニュアンスをきちんと理解すること。

▼almost は副詞。（×）〈**almost＋名詞**〉のように名詞を修飾することはできない。よって a) は不可。

▼almost は形容詞、副詞、動詞などを修飾する。

　（例）その有名人にインタビューをするのはほとんど不可能だ。
　It is almost impossible to interview the famous celebrity.
　☞副詞 almost は形容詞 impossible を修飾している。
　（例）彼はほぼいつも 6 時に起きる。
　He almost always gets up at six.
　☞副詞 almost は副詞 always を修飾している。
　（例）彼は昨日あやうく［もう少しで］死ぬところだった。
　He almost died yesterday.
　☞副詞の almost は動詞の died を修飾している。ただし、動詞を修飾する almost には「…しそうになる（しかし、実際は…していない）」というニュアンスがあることに注意。例文は「実際には死ななかった」ということを表している。

▐解答▌

142　ほとんどの子どもは小動物が好きだ。
a）Almost children like small animals.（×）
b）Most children like small animals.（○）←〈most＋名詞〉

> **143** このクラスの子どものほとんどは犬が好きだ。
> a) Most of children in this class like dogs.
> b) Most of the children in this class like dogs.

■解説

▼「この店の商品のほとんど」「私の知り合いの大部分」などは〈**most of the [one's]＋名詞**〉を用いて表現する。この most は代名詞で、〈of the [one's]＋名詞〉が most を後置修飾している。よって b) が正解。「（一般的な子どもの話ではなく）特にこのクラスの子どもの中で、そのほとんどは犬が好きだ」という「個別論」を表すので、children は「特定の名詞」ということになり定冠詞の the が必要。定冠詞の the を付け忘れた（×）〈most of＋名詞〉というミスは非常に多いので要注意。**142** の一般論を表す〈most＋名詞〉と区別すること。

▼〈**A of B**〉は「**B の中の A**」という意味を持ち、B が「全体」を、A が「部分」を示すことがある。本問の「このクラスの子ども (the children in this class)」が「全体 B」を、「そのほとんど (Most)」が「部分 A」を表すので、Most と the children in this class の間に of が必要になることは納得できるはず。

　（例）その地域のビルの 3 分の 2 が取り壊された。
　Two-thirds of the buildings in the area were pulled down.
　　☞「その地域のビル (the buildings in the area)」が「全体」を、「その 3 分の 2 (Two-thirds)」が「部分」を表す。

▼「特定の名詞」を示すには、定冠詞の the 以外にも this / that / these / those や所有格などが使えることに注意。

　（例）「この［その］ゴミのほとんど」
　most of this [that] garbage
　（例）「この［その］ような具体例のほとんど」
　most of these [those] examples
　（例）「伊坂幸太郎［彼］の小説のほとんど」
　most of Kotaro Isaka's [his] novels

■解答

143　このクラスの子どものほとんどは犬が好きだ。
a) Most of children in this class like dogs. (×)
b) Most of the children in this class like dogs. (○)
　　←〈most of＋the 名詞〉

144 このクラスの子どもで犬好きはほとんどいない。
a) Few of children in this class like dogs.
b) Few of the children in this class like dogs.

▎解説

▼ **142 143** の most と同様に、**数量形容詞の many / much / few / little** などの場合も、**特定の名詞に対して使う場合は of が必要**。このことは〈部分＋of＋全体〉という発想から納得できるはず。よって b) が正解。「（一般的な子どもの話ではなく）特にこのクラスの子どもの中で、犬が好きな子どもは非常に少ない」という「**個別論**」を表すので、children は「**特定の名詞**」ということになり定冠詞の the が必要。

▼〈**many of＋the 名詞**〉、〈**much of＋the 名詞**〉、〈**few of＋the 名詞**〉、〈**little of＋the 名詞**〉というフレーズで覚えよう。この表現の many / much / few / little の品詞は代名詞になる。

（例）私の出会った人々の多くは親切だった。
Many of the people I met were friendly.
（例）その証拠の多くは信頼できる。Much of the evidence is reliable.
（例）その証拠の中には信頼できるものがほとんどない。
Little of the evidence is reliable.
　☞〈数量形容詞＋名詞〉の many people / much evidence / little evidence との違いに注目。

▎解答

144　このクラスの子どもで犬好きはほとんどいない。
a) Few of children in this class like dogs. (×)
b) Few of the children in this class like dogs. (○) ←〈few of the＋名詞〉

145 このクラスの子どもは全員犬が好きだ。
a) All the children in this class like dogs.
b) The all children in this class like dogs.

▎解説

▼ **142 143** の most と同様に、all / some / both / either / neither / each なども、不特定の名詞と特定の名詞に対する使い方が異なる。

① 〈all＋名詞〉「すべての（不特定の）名詞」
② 〈all（of）the＋名詞〉「（特定の）名詞のすべて」

（例）「すべての本」all books
☞ all は形容詞で、books は不特定の名詞
（例）「その本の全部」all（of）the books
☞ all は代名詞で、the books は特定の名詞

▼② の表現では of は省略可能。よって of を省略した All the children の形を用いた a) が正解になる。（×）〈the all＋名詞〉とは表現できない。b) の（×）The all children というミスが非常に多い。

③ 〈some＋名詞〉「いくつかの（不特定の）名詞／一部／…もある」
④ 〈some of the＋名詞〉「（特定の）名詞のいくつか／一部／…もある」

（例）「一部の男性たち」some men
☞ some は形容詞で、men は不特定の名詞
（例）「その男性たちの一部」some of those men
☞ some は代名詞で、those men は特定の名詞

⑤ 〈both＋名詞〉「両方の（不特定の）名詞」
⑥ 〈both（of）the＋名詞〉「（特定の）名詞の両方」

（例）「両手」both hands
☞ both は形容詞で、hands は不特定の名詞
（例）「彼の両手」both（of）his hands
☞ both は代名詞で、his hands は特定の名詞

▼⑥ の表現では of は省略可能。（×）〈the both＋名詞〉とは表現できない。（×）his both hands という語順は不可。この語順のミスも非常に多い。

|解答|
145 このクラスの子どもは全員犬が好きだ。
a) All the children in this class like dogs.（○）←〈all the＋名詞〉
b) The all children in this class like dogs.（×）

146 あらゆる小説が読む価値があるわけではない。
a) Not every novel is worth reading.
b) Not all novels are worth reading.

解説

▼「否定」には「**全否定**（＝肯定はゼロ）」、「**準否定**（＝肯定も少しある）」、「**部分否定**（＝肯定もあれば否定もある）」、「**強調否定**（＝否定を強く表現する）」の4種類がある。英作文で特に間違えやすい部分否定は、「全部が…とは限らない」や「いつも…というわけではない」という日本語に相当し、「肯定と否定の共存」を示す表現だと理解しよう。

▼「あらゆる／すべての／全部の〈名詞〉が…とは限らない」という部分否定は、形容詞 every と all を用いて〈**not every＋可算名詞の単数形**〉や〈**not all＋名詞**〉と表現する。よって a) と b) の両方が正解。「読む価値のある小説もあれば、読む価値のない小説もある」という「肯定と否定の共存」を述べている。

▼**every は可算名詞の単数形だけを修飾し、all は可算名詞（の複数形）も不可算名詞も修飾する。**

　（○）every novel / all novels　（×）every novels / all novel
　☞ novel は可算名詞。

　（○）all money　（×）every money
　☞ money は不可算名詞。

▼「いつも［必ずしも］…とは限らない」という部分否定は、〈**not always [necessarily]**〉と表現する。

　（例）美しい花がいつも［必ずしも］よい香りがするわけではない。
　Beautiful flowers do not always [necessarily] smell sweet.
　☞ always / necessarily は副詞。「よい香りがすることもあれば、しないこともある」ということ。副詞の necessarily と形容詞の necessary とはスペルを間違えやすいので注意。

解答

146　あらゆる小説が読む価値があるわけではない。

a) Not every novel **is** worth reading. (○)
　←〈not every＋可算名詞の単数形〉
b) Not all novel**s are** worth reading. (○)
　←〈not all＋可算名詞の複数形〉

Part 2 暗唱英文 150 の解説

> **147** すべての小説は読む価値がないと言う人もいる。
> a) Some people say that no novel is worth reading.
> b) Some peope say that no novels are worth reading.

▎解説

▼「…する［の］（不特定の）名詞はない」という全否定は、形容詞 no を用いて〈**no＋名詞**〉と表現する。〈no＋名詞〉はその名詞を否定するだけでなく、結果的に文全体の内容も否定することになる。〈**no＋可算名詞**〉の場合は単数形と複数形のどちらも使える。よって a) と b) の両方が正解。

▼〈**no＋名詞**〉は可算名詞でも不可算名詞でも使える。
　（例）お金はもう残っていない。We have no money left.
　　☞ money は不可算名詞。

▼「…する［の］（特定の）名詞はない」は、代名詞 none を用いて〈**none of the ＋名詞**〉と表現する。この形は〈部分＋of＋全体〉の発想で理解しよう（→ **143** 参照）。
　（例）この本棚にあるすべての小説は読む価値がない。
　None of the novels on this shelf are worth reading.
　　☞「この本棚にあるすべての小説」という特定の名詞が全体で、その中で「読む価値がある本」という部分がゼロということ。no は形容詞として使うので、（×）〈no of the＋名詞〉とは表現できない。

▼all / no / none は 3 つ以上の名詞に使うので、2 つの名詞の場合は both / either / neither を使うことに注意。
　（例）両方とも食べてよい。You can eat both of them.
　（例）両方とも食べてよいわけではない。You cannot eat both of them.
　　☞〈**not both**〉は「両方とも…というわけではない」という部分否定。「2 つの中で一方は食べても良いが、もう一方は食べてはいけない」ということ。
　（例）どちらか（一方は）食べてよい。You can eat either of them.
　（例）どちらも食べてはいけない。You cannot eat either of them.
　　　　　　　　　　　　　　　　＝You can eat neither of them.
　　☞〈**not either＝neither**〉で「（2 つの要素の）どちらも…ない」という全否定。

▎解答

147　すべての小説は読む価値がないと言う人もいる。
a) Some people say that no novel is worth reading.（○）

←〈no＋可算名詞の単数形〉
b) Some people say that no novels are worth reading.（○）
　　　←〈no＋可算名詞の複数形〉

> **148** 彼はすっかり酔っ払って、ほとんど歩くことができなかった。
> a) He was so drunk that he could hardly walk.
> b) He was so drunk that he could rarely walk.

▪解説

▼「ほとんど…ない」という〈準否定〉の日本語は、英語では以下の使い分けがある。

> ① 「ほとんど…ない／満足に…ない／ろくに…ない」→〈S hardly V〉
> ② 「ほとんど…ない／めったに…ない／…する回数［頻度／機会］は少ない」→〈S rarely [seldom] V〉
> ③ 「〈名詞〉はほとんどない／数量が少ない」→〈few [little]＋名詞〉
> 　（→ **112** 参照）

（例）彼はほとんど歩けなかった。He could hardly walk.
☞「彼は満足に歩くこともできなかった／ろくに歩けなかった」ということ。よって a) が正解。

▼「ほとんど」は almost で、「…ない」は not と考えて、（×）He could almost not walk. / He could not almost walk. という表現はできない。

（例）彼のことは昨日会ったばかりでろくに知らない。
I only met him yesterday. I hardly know him.
（例）目を開けていることも満足にできない（＝ほぼ眠りかけている）。
I can hardly keep my eyes open.
（例）家賃もろくに払うことができなかった。
We could hardly afford to pay the rent.
☞ can / could と一緒に can hardly do / could hardly do の形で用いる場合が多い。

（例）彼はテレビをほとんど観ない。He rarely [seldom] watches TV.
☞「彼はめったにテレビを見ない／テレビを観る機会が少ない」ということ。よって b) は「彼はすっかり酔っ払って、めったに歩くことができなかった」という不自然な意味になる。

▼**rarely＝seldom＝almost never＝hardly ever** という関係にある。
（例）彼はテレビをほとんど観ない。
He almost never [hardly ever] watches TV.

|解答|

148　彼はすっかり酔っ払って、ほとんど歩くことができなかった。
a）He was so drunk that he could hardly walk.（○）←「十分にできない」
b）He was so drunk that he could rarely walk.（×）←「回数が少ない」

> **149** 常に自転車には鍵をかけなさい。
> a) Always lock your bicycle.
> b) Lock always your bicycle.

|解説|

▼以下の**頻度副詞**は「否定文の **not** の位置に入る」と覚えておけば間違えない。

> always「常に／必ず／いつも」
> usually「たいてい／いつもは／普段は」
> often「よく／しばしば／たびたび」
> sometimes「ときどき／…こともある」
> rarely [seldom]「めったに…ない」
> never「一度も…ない」

（例）彼はいつも元気だった。He was always cheerful.
☞always は否定文 He was not cheerful の not の位置（＝be 動詞の後）。
（例）彼は常に腹を空かしているようだ。He always seems to be hungry.
☞always は否定文 He doesn't seem to be hungry の not の位置（＝一般動詞の前）。
（例）この歌を聴けばいつも彼女を思い出すだろう。
I will always think of her when I hear this song.
☞always は否定文 I will not think of her の not の位置（＝助動詞の後）。
（例）彼はずっと庭いじりが大好きだった。He has always loved gardening.
☞always は否定文 He has not loved gardening の not の位置（＝完了の助動詞 have / has / had の後）。
▼本問は命令文。命令文は相手に向かって「あなたは…しなければならない」と命令しているので、動詞の原形の前には **You must** が省略されていると考えてよ

い。すると頻度副詞 always は否定文 You must not lock your bicycle. の not の位置（＝助動詞の後）に入るので、a）が正解となる。

|解答|
149　常に自転車には鍵をかけなさい。
a) Always lock your bicycle.（○）←〈Always＋命令文〉の語順。
b) Lock always your bicycle.（×）

150　予想された通り、彼は部屋に入ってすぐに封筒を慎重に開けた。
a) Naturally, he opened the envelope carefully soon after he entered the room.
b) Naturally, he opened carefully the envelope soon after he entered the room.

|解説|
▼副詞は「場所、時、頻度、程度、様態（＝動作がどのように行われるか）」などの意味を表す。「場所・時」を表す副詞は文末や文頭に置くのが一般的で、頻度副詞の位置は **149** で学習済み。「程度」を表す副詞は修飾する語句の前に置くのでまず間違えない。よって、**英作文では動詞を修飾する様態の副詞の位置に特に気をつけることが大切**。

▼副詞を英文中のどこに置くかに関する絶対的なルールは存在しないので、入試では以下のパターンを使いこなせれば十分。**極端に不自然な位置に書かなければ、副詞の位置に関して減点されることはない**と考えてよい。副詞は中心情報にはならないので、あまり神経質になりすぎないことが大切。

① 〈自動詞＋様態の副詞〉の語順
　様態の副詞が自動詞を修飾する場合は、**自動詞の後ろ**に様態の副詞を置くのが原則。この語順は日本語と異なるので注意すること。
　（例）「ゆっくり歩く」walk **slowly**　「高く飛ぶ」fly **high**
　←〈自動詞＋副詞〉

② 〈他動詞＋目的語＋様態の副詞〉の語順
　様態の副詞が他動詞を修飾する場合は、**目的語の後ろ**に様態の副詞を置くのが原則。この語順ミスが一番多い。
　（例）彼は封筒を慎重に開けた。
　（○）He (S) opened (V) the envelope (O) **carefully**.

← 〈他動詞＋目的語＋副詞〉の語順。よって、a) が正解。

　　(×) He opened **carefully** the envelope.
　　← 不自然な語順。本問の b) のミス。
　　(注) ① ② では様態の副詞を動詞の前に置くこともある。ただし、英作文では原則通りに考えてよい。
　　(○) He **slowly** walked down the street. ← 〈副詞＋自動詞＋前置詞句〉
　　(○) He **carefully** opened the envelope. ← 〈副詞＋他動詞＋目的語〉

▼本問は naturally / carefully / soon という 3 つの副詞が用いられている。
- naturally (予想される通り、当然のことながら) は文修飾の副詞なので、文頭に置いている。
- carefully は動詞 opened を修飾する様態の副詞なので、目的語 the envelope の後ろに置いている。
- soon は副詞節 after he entered the room を修飾する程度の副詞なので、副詞節の前に置いている。

|解答|
150　予想された通り、彼は部屋に入ってすぐに封筒を慎重に開けた。
a) Naturally, he opened the envelope carefully soon after he entered the room. (○) ← 〈他動詞＋目的語＋様態の副詞〉の語順
b) Naturally, he opened carefully the envelope soon after he entered the room. (×)

Part 3
誤文訂正問題150——暗唱英文を定着する——

　英作文でミスをなくすためには、**答案を見直して自分でミスに気づいて正しく修正する訓練が必要**です。150個の誤文訂正問題を通して「ミス発見センサー」の感度を磨きましょう。各英文の下線部が間違っているので、そこを訂正してください。ただし、**下線部の間違いは1箇所とは限らない**ので注意してください。

　誤文訂正問題の番号は、暗唱英文の番号と一致しているので、不正解の場合は該当する暗唱英文の解説に戻ってきちんと復習をしましょう。**反復練習こそが英作文の点数アップを保証**してくれるのです。

1. 朝早く彼女からメールが届きました。
   I arrived an e-mail from her early in the morning.

2. インターネットのおかげで私たちは世界中の人々と意思疎通を図ることができるようになった。
   The Internet has enabled us communicate people all over the world.

3. ひどい風邪を引いたせいで金曜日の授業に出ることができなかった。
   A bad cold prevented me to attend to classes on Friday.

4. この映画を見ると私はいつも爆笑する。
   This movie always makes me to burst out laughing.

5. 彼女の姿を見るだけで怒りを覚えることもある。
   Just seeing her sometimes remembers me anger.

6. 残念ながら僕の英語はあまり進歩していないと思う。
   I'm afraid I'm not making many progresses with English.

解答 1 got　2 to communicate with people　3 from attending classes　4 burst　5 makes me angry　6 much progress

7 彼はこの高校の生徒で、クラスで一番だ。
He is the student of this high school, and he is the top of the class.

8 英語を学ぶ目的の1つは，外国人の考え方を知ることである。
One of purpose of learning English is to learn about foreigner's ways of thinking.

9 誰に車を貸したの？――友達。
Who did you lend your car? — I lent a friend it.

10 なんてすてきなドレスなのかしら。試着してみれば。
What a nice dress! Why don't you try on it?

11 彼女のマンションは東京の都心にある。
There is her condominium in central Tokyo.

12 僕には信頼できる友人がいない。
There is no reliable friend with me.

13 この問題については医者と相談した方がいい。
You should discuss about this problem with a doctor.

14 迷子の犬を探しています。近くの公園の中はすでに探しました。
I am searching a lost dog. I have already searched in the nearby park.

15 彼女は3日前に日本を離れた。私は1週間後にフランスに旅発つ予定だ。
She left from Japan three days ago. I am going to leave to France in a week.

16 彼は正午までにはきっとそこに到着するにちがいないと思う。
I am sure that he will reach there by noon.

17 彼女は目を閉じて寝ているふりをした。
She closed her eyes and pretended being asleep.

解答 **7** a student at **8** the purposes / foreigners' **9** it to a friend **10** try it on **11** Her condominium is **12** I have no reliable friends. **13** discuss [talk about] this problem **14** searching for / searched **15** left / leave for **16** arrive [get] there **17** to be asleep

18 私は完璧な親であろうとすることをあきらめています。
I have given up to try being a perfect parent.

19 朝食の後、私は忘れずにその薬を飲んだ。
I remembered taking the medicine after breakfast.

20 目をこらしたが何も見えなかった。
I saw hard, but I couldn't look at anything.

21 耳を澄ましたが何も聞こえなかった。
I heard hard, but I couldn't listen to anything.

22 その少年は車にはねられてから2日間意識不明のままだった。
After the car hit the boy, he remained unconsciously for three days.

23 3人の女性が通りを渡るのを見た。
I saw three women walked cross the street.

24 その生徒がいじめられるのを目撃したことがありますか。
Have you ever seen the student was bullied?

25 誰かが大声で話している声が聞こえた。
I heard someone was talking in a loud voice.

26 彼女は人に笑われるのではないかと心配だった。
She was afraid that she was laughed by people.

27 その患者は医者から食べすぎないように忠告された。
The doctor advised the patient in order not to eat too much.

28 父親が出産に立ち会うことを医者は強く勧めている。
Doctors strongly recommend that fathers are present at their baby's birth.

解答 **18** trying to be　**19** to take　**20** looked / see　**21** listened / hear　**22** unconscious　**23** walk [walking] across　**24** bullied [being bullied]　**25** talk [talking]　**26** people would laugh at her / she would be laughed at by people　**27** not to　**28** be [should be] present

29 私は母親から毎週50個の新しい英単語を覚えさせられた。
My mother let me learn fifty new English words every week.

30 父は私に一人暮らしをさせてくれなかった。
My father didn't make me live alone.

31 保証期間中にコンピュータを修理してもらった。
I had my computer fix under warranty.

32 私は先生に英作文を添削してもらった。
I got my teacher correct my English composition.

33 私は財布を盗まれた。
I was stolen my wallet.

34 母からパーティーの準備を手伝うように言われた。
My mother said to me to help her get ready for a party.

35 電車で個人的なことを大声で話すのは恥ずかしい。
It is embarrassing to talk loudly private something on the train.

36 彼女の手紙には正午に来るつもりだと書いてある。
Her letter is written that she's coming at noon.

37 彼女は昨日病気で寝ていたようだ。
She seems that she was sick in bed yesterday.

38 その有名な俳優は3年前に亡くなったそうだ。
The famous actor was said to die three years ago.

39 その後間もなく私は彼の無実を信じるようになった。
Soon afterward I became to believe that he was innocent.

解答 **29** made **30** let **31** fixed **32** got my teacher to correct **33** I had my wallet stolen. / My wallet was stolen. **34** told me to help **35** talk loudly about something private **36** says **37** It seems that she was sick / She seems to have been sick **38** is said to have died **39** came to believe

40 もう精神科医になりたいとは思わなくなった。
I have come not to want to be a psychiatrist.

41 その橋は現在建設中です。
The bridge is built now.

42 私は外見は弟に似ているが性格は似ていない。
I am resembling to my brother in appearance but not in character.

43 私は毎日地下鉄で通勤しています。
I am taking subway to work every day.

44 私は大学を卒業してから商社に勤務しています。
I am working for a trading company after I graduated from college.

45 科学技術の発達のおかげで生活はとても便利になった。
Life became much more easy because of the development of technology.

46 ハワイには行ったことがないが、来年は行けたらいいと思っている。
I have never gone to Hawaii, but I hope to visit it next year.

47 家を出るとき雪が降っていた。
It was snowing when I leave home.

48 君と出会ったときにはすでに何度もハワイを訪れていた。
I have visited Hawaii for many times when I met you there.

49 先月は5回映画を見に出かけた。
I have gone to the movies five times last month.

解答 **40** no longer want　**41** is being built　**42** resemble my brother　**43** take the subway　**44** have been working / since　**45** has become much easier　**46** been to Hawaii　**47** left　**48** had visited Hawaii many times　**49** went to the movies

50	彼女は30代のとき5年間ロンドンに住んでいた。	

50 彼女は30代のとき5年間ロンドンに住んでいた。
She <u>had lived</u> in London for five years when she was in her 30s.

51 会社に到着して、ドアの鍵をかけ忘れてきたことに気づいた。
When I got to the office, I found that I <u>forgot locking</u> the door.

52 明日は仕事を休む予定だ。
I <u>will take a rest from work</u> tomorrow.

53 明日は仕事を休むと彼女に言った。
I told her that I <u>took a day off tomorrow</u>.

54 彼から連絡があり次第すぐにお知らせします。
I will let you know as soon as <u>I will contact from him</u>.

55 昨日は15分で報告書を仕上げることができた。
I <u>could finish</u> my report in 15 minutes yesterday.

56 昨日の台風は関東地方に被害を与えたかもしれない。
The typhoon yesterday <u>might do damage</u> to the Kanto region.

57 彼女はその時家にいたので、その事故に巻き込まれたはずがない。
She was at home then, so she <u>must not have been involved in</u> the accident.

58 授業が終わったら電話します。
I will call you <u>if the class will be over</u>.

59 もし昨日晴れていたら青山に買い物に行っただろう。
If it <u>was</u> fine yesterday, I <u>would go</u> shopping in Aoyama.

60 昨夜その薬を飲んでいたら，今頃はもっと体調がいいかもしれない。
If I <u>took</u> the medicine last night, I <u>might have felt</u> better now.

■解答　50 lived　51 had forgotten to lock　52 am going to take a day off　53 would [was going to] take a day off the next day　54 I hear from him　55 was able to finish / finished　56 may [might] have done damage　57 cannot have been involved in　58 when the class is over　59 had been / would have gone　60 had taken / might feel

61 （まず無理だとは思うが）もし次の電車に乗れたら、会議に間に合うかもしれないけど。
If you will catch the next train, you may be in time for the meeting.

62 （ネタばらしをした相手に向かって）その映画の結末を言って欲しくなかった。
I wish you didn't tell me how the film ends.

63 どうして彼女が仕事を辞めたのかは彼には依然として謎のままです。
Why did she quit the job is still a mystery to him.

64 私が本当に知りたいのはあなたが誰を最も尊敬しているのかということです。
What I really want to know is whom do you respect the most.

65 僕が君よりも何歳年上かということを知っていますか？
Do you know that how older I am than you?

66 彼は何と言ったと思いますか。
Do you think what did he say?

67 あとどのくらいで退院できますか？
How long can I be discharged?

68 これが私が先日医者と話し合った問題だ。
This is the problem about that I discussed with a doctor the other day.

69 ここは私の長男が出た大学です。
This is the college my eldest son graduated.

解答 **61** caught / might **62** hadn't told **63** Why she quit the job **64** who you respect the most **65** how much older I am than you **66** What do you think he said? **67** How soon **68** that [which / 不要] **69** (which / that) my eldest son graduated from / from which my eldest son graduated

70 以前からとても興味があったイタリアをぜひ訪れてみたい。
I really want to visit Italy which I have been very interested.

71 私が言いたいのはその意見に賛成だということだ。
That I want to say is what I agree with that opinion.

72 生まれも育ちもこの町です。
This is the town which I was born and raised.

73 彼女が休暇を過ごした長野県は山国だ。
Nagano prefecture she spent her holidays has a lot of mountains.

74 この問題はいくつかの異なった取り組み方が可能だ。
There are several different ways how we can tackle this problem.

75 ここは日本で一番暮らしやすい町だと僕は思う。
This is the town where I think is the best place to live in Japan.

76 その有名な映画俳優は離婚の噂を否定した。
The famous movie actor denied the rumor to get divorced.

77 最近の親は子どもを甘やかす傾向がある。
There is a tendency of parents these days spoiling their children.

78 彼女には以前爪を噛む悪い癖があった。
She used to have a bad habit to bite her nails.

79 私は留学生と交流する機会が多い。
I have many chances of interacting international students.

80 その問題は彼にも解けるほど易しい問題だ。
The problem is so easily that he can solve.

解答 **70** , which I have been very interested in / , in which I have been very interested   **71** What I want to say is that I agree with that opinion.   **72** in which [where]   **73** , where she spent her holidays,   **74** 不要 [in which]   **75** which   **76** the rumor that he would get divorced   **77** for parents these days to spoil   **78** a bad habit of biting her nails.   **79** many chances to interact with   **80** so easy that he can solve it

Part 3　誤文訂正問題 150

81 この本は私に理解できないくらい難しい本だ。
This is so a difficult book that I can't understand it.

82 彼はヨットが買えるほどの金持ちだ。
He is enough rich to buy a yacht.

83 彼は貧乏すぎて自転車が買えない。
He is too poor not to buy a bicycle.

84 目を覚ましているために私はコーヒーをがぶ飲みした。
I drank a lot of coffee for staying wake.

85 眠らないように私は濃いコーヒーを飲んだ。
I drank strong coffee not to fall sleep.

86 彼が道に迷わないように彼に地図を書いてあげた。
I drew him a map so that he didn't get lost.

87 病院へ行った。というのも頭が痛かったからだ。
I saw the doctor. Because I had a headache.

88 頭が痛かったので病院に行った。
The reason I had a headache was that I saw the doctor.

89 頭が痛かった。だから病院へ行った。
I saw the doctor. This was why I had a headache.

90 幸せである限り、お前がどんな仕事をしていても構わない。
As far as you are happy, I don't care what job you are doing.

91 僕の聞いたところでは、彼女の方は怪我をして、彼の方は入院したそうだ。
I hear that she was injured and he hospitalized.

解答 **81** such a difficult book that　**82** rich enough to buy　**83** too poor to buy　**84** in order to [so as to / to] stay awake　**85** in order [so as] not to fall asleep　**86** he wouldn't get lost　**87** I saw the doctor(,) because I had a headache. / I saw the doctor. I had a headache.　**88** The reason I saw the doctor was that I had a headache.　**89** This was because　**90** As long as　**91** and that he was hospitalized

92 問題は彼の収入が少ないことではなく、ギャンブルに金をつぎ込んでいる点である。
The problem is not that he has a low income, <u>but he wastes his money gambling.</u>

93 寄付をするだけでなく、ボランティアをすることでも困っている人を助けることができる。
You can help those in trouble <u>by not only making a donation but also doing volunteer work.</u>

94 私は彼女にプレゼントした。しかし、彼女からは何もなかった。
I gave her a present. <u>But,</u> she didn't give me anything.

95 私は彼女にプレゼントしたが、彼女からは何もなかった。
I gave her a present. <u>However</u> she didn't give me anything.

96 たいていの子どもはすぐに読み書きができるようになるが、特別な支援が必要な子どももいる。
Most children learn to read and write easily, <u>on the other hand,</u> some need extra help.

97 どんな職業についても、全力を尽くしなさい。
<u>However job you get</u>, do it as best you can.

98 どんなに時間がかかっても報告書を仕上げなければならない。
I have to finish my report, <u>however it takes a long time.</u>

99 好むと好まざるとに関わらず、君は食生活を変えなければならない。
<u>Even if</u> you like it or not, you'll have to change your eating habits.

■解答■ 92 but that he wastes his money gambling.　**93** not only by making a donation but also by doing volunteer work　**94** However,　**95** However, / But　**96** while　**97** Whatever job you get / No matter what job you get　**98** however long it takes / no matter how long it takes　**99** Whether

100 彼は留学中に彼女と出会い結婚した。
He met and married her during studying in abroad.

101 僕は携帯電話で会話をしながら自転車に乗ることがよくあります。
I often ride a bicycle, with talking the cellphone.

102 彼女は脚を組み膝の上にノートパソコンを置いてそこに座っていた。
She sat there crossing her legs and putting the laptop on her knees.

103 名前を呼ばれるまで待つしかない。
You'll just have to wait by the time they will call your name.

104 明かりを消して5分後に眠りに落ちた。
I fell asleep after five minutes I turned off the light.

105 家のリフォームに半年以上かかった。
I spent more than six months to have my house remodeled.

106 彼が亡くなってからから3年になる。
It has passed three years since he died.

107 子どもたちは学校と同様に家庭でもそのプログラムにアクセス可能です。
Your children can access the program at home just as school.

108 森林が姿を消すにつれて、気候は深刻な影響を受けている。
With more and more forests are disappearing, the climate is being seriously influenced.

109 私はいくつかの楽器を演奏できる。例えばフルート、ギター、ピアノなどです。
I can play several musical instruments, as the flute, the guitar and the piano.

解答 **100** while studying abroad **101** talking on the cellphone **102** with her legs crossed and (with) the laptop **103** until they call your name **104** five minutes after **105** It took me more than six months to have **106** is [has been] three years **107** just as at school **108** As **109** such as

110 彼の気持ちを傷つけないように気をつけなさい。
Be careful not to hurt the feelings of him.

111 寝ている子どもたちを起こさないように静かに歩いた。
I walked quietly so as not to wake up the asleep children.

112 箱の中に残っているお金はとても少ない。
The money left in the box is very little.

113 最近留学をする日本の若者が少なくなっている。
Young Japanese people studying abroad is decreasing these days.

114 私は彼と同じくらい多くの本を持っている。
I have as many as books he has.

115 彼は昔ほどゴルフに興味がない。
He is not as interested in golf as the past.

116 中国の人口は日本の10倍だ。
The population of China is ten times as large as Japan.

117 その女優は見た目よりもずっと年をとっている。
The actress is much older than her looks.

118 野球は最も興奮するスポーツだ。
Baseball is more exciting than other sports.

119 健康が一番。
Health is more valuable than any other things.

120 僕は友人とのお喋りが最高に楽しい。
I never feel as happy as I am talking with a friend.

■解答 **110** his feelings　**111** the sleeping children　**112** There is very little money left in the box. / Very little money is left in the box.　**113** The number of young Japanese people　**114** as many books as　**115** as he used to be / as (he was) in the past　**116** as that of Japan　**117** than she looks　**118** any other sport　**119** anything else　**120** when I am talking with a friend

Part 3　誤文訂正問題 150

121 こんな寒い冬は経験したことがない。
This is the coldest winter we have never had.

122 5年ぶりの空梅雨だ。
We have not had such a dry rainy season for the first time in five years.

123 大学教育が今ほど重要な時代は歴史上なかった。
Never before a college education has been as important.

124 東京ほど多くの方言が使われる場所は日本中探してもない。
In no other place in Japan as many dialects are spoken as Tokyo.

125 本をたくさん読めば読むほど多くの知識を得られる。
The more you read books, the more you can get knowledge.

126 彼女を憎めば憎むほど私は幸せでなくなった。
The more I hated her, the happier I didn't become.

127 インドネシアの気候はインドとは全く異なる。
The climate of Indonesia is different completely from India.

128 ラットとマウスには大きな違いがある。
There is a big difference in a rat with a mouse.

129 彼らの状況は我々と非常によく似ている。
Their situation is very alike to us.

130 彼女が事故で大怪我をしたと聞いて私は驚きました。
I was surprising to hear that she was seriously injured in the accident.

131 朝早起きすると気分爽快だ。
It is refreshed to get up early in the morning.

解答　**121** we have ever had　**122** in five years　**123** has a college education been　**124** are as many dialects spoken as in Tokyo　**125** The more books you read, the more knowledge you can get.　**126** the less happy I became　**127** completely different from that of India　**128** between a rat and a mouse　**129** similar to ours　**130** surprised　**131** refreshing

132 そのミスはとても恥ずかしかった。
I was embarrassing very much about that mistake.

133 退屈な講義を聞いていて眠くなった。
I felt sleepy while listening to a bored lecture.

134 彼の昇進は間違いないと思う。
He is sure that he will be promoted.

135 彼の昇進は確かだ。
It is sure that he will be promoted.

136 高齢者が熱中症にかかるのは珍しいことではない．
It is not uncommon that the elderly suffer heat stroke.

137 私が彼に間違った住所を教えたのは明らかだ。
It is clear for me to have given him a wrong address.

138 彼女は正直に自分の誤りを認めた。
It was honest for her to admit her mistakes.

139 君の字は本当に読みにくい。
Your handwriting is really difficult to be read.

140 昨日彼がこの手紙を見つけたのは彼女の部屋だった。
It was her room that he found this letter yesterday.

141 昨日彼がこの手紙を見つけたのはいったいどこだったのですか。
Where it was that did he find this letter yesterday?

142 ほとんどの子どもは小動物が好きだ。
Almost children like small animals.

143 このクラスの子どものほとんどは犬が好きだ。
Most of children in this class like dogs.

解答 **132** very embarrassed　**133** boring　**134** I am sure that　**135** certain　**136** for the elderly to suffer heat stroke　**137** that I gave him a wrong address　**138** of her to admit　**139** to read　**140** It was in her room that　**141** Where was it that he found　**142** Most children　**143** Most of the children

Part 3 誤文訂正問題 150

144 このクラスの子どもで犬好きはほとんどいない。
Few of children in this class like dogs.

145 このクラスの子どもは全員犬が好きだ。
The all children in this class like dogs.

146 あらゆる小説が読む価値があるわけではない。
Not every novels are worth reading.

147 すべての小説は読む価値がないと言う人もいる。
Some people say that every novel is not worth reading.

148 彼はすっかり酔っ払って、ほとんど歩くことができなかった。
He was so drunk that he could rarely walk.

149 常に自転車には鍵をかけなさい。
Lock always your bicycle.

150 予想された通り、彼は部屋に入ってすぐに封筒を慎重に開けた。
Naturally, he opened carefully the envelope soon after he entered the room.

解答 **144** Few of the children　**145** All (of) the children　**146** Not every novel is / Not all novels are　**147** no novel is　**148** hardly　**149** Always lock　**150** opened the envelope carefully / carefully opened the envelope

付録

暗唱英文150
──追加ポイント解説──

　150個の暗唱英文を再録しています。日本語を見てすぐに英語を思い出す練習ができるレイアウトにしています。この150個の英文を使いこなせたら、まず本番の試験で困ることはありません。すべて完璧に覚えるまで何度でも繰り返し取り組んでください。

　研究社のホームページ（http://www.kenkyusha.co.jp）から音源をダウンロードして、「**耳で聞く → 目で見て音読する → 手を使って紙に書いてみる → 暗唱例文と照らし合わせる → 間違った箇所を修正する**」という作業を実践しましょう。特に**スペル・単複・時制（三単現のs）・助動詞・冠詞・表現の抜け**などの細かい所まで、暗唱英文と自分の答案を照合して、ミスを発見し修正する練習を積むことが大切です。

　文法ルールの説明や語法などの定型表現の紹介はPart 2の〈解説〉で詳しく述べていますが、ここではそれ以外の「英作文で狙われやすい表現」や、「日本語からの直訳で間違えやすい表現」などのポイントも追加しています。すべて得点に直結する頻出表現ばかりなので、どこがポイントかを理解した上で、どんどん覚えましょう。

1 朝早く彼女からメールが届きました。

2 インターネットのおかげで私たちは世界中の人々と意思疎通を図ることができるようになった。

3 ひどい風邪を引いたせいで金曜日の授業に出ることができなかった。

4 この映画を見ると私はいつも爆笑する。

5 彼女の姿を見るだけで怒りを覚えることもある。

6 残念ながら僕の英語はあまり進歩していないと思う。

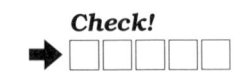

7 彼はこの高校の生徒で、クラスで一番だ。

- I got an e-mail from her early in the morning.
- She e-mailed me early in the morning.
  * e-mail はハイフンの付かない email という形でも使われる。名詞の e-mail は可算・不可算の両方に用いられる。(例) send a lot of email(s)「多くのメールを送る」

- Thanks to the Internet, we have become able to communicate with people all over the world.
- The Internet has enabled us to communicate with people all over the world.
  * communicate with A は「A と意思疎通をする」という意味。the Internet「インターネット (← 必ず the が付き大文字で書く!)」

- A bad cold prevented me from attending classes on Friday.
- I couldn't attend classes on Friday because I had a bad cold.
  * attend A は「A (学校など) に (定期的に) 通う」「A (会議・儀式など) に出席する」という意味。attend to A「A (仕事・問題など) を扱う/処理する」と混同しないように。

- This movie always makes me burst out laughing.
- Whenever I see this movie, I burst out laughing.
  * burst out laughing「爆笑する (＝burst into laughter)」cf. burst out crying「急に泣き出す (＝burst into tears)」

- Just seeing her sometimes makes me angry.
  * 日本語では「…の姿を見る」と言うが、「姿」に相当する figure / form / shape を英訳する必要はない。「姿」は「見る」という行為に含まれる虚辞として無視して構わない。

- I'm afraid I'm not making much progress with English.
  * I'm afraid ...「残念ながら…」make progress「進歩する/上達する」

- He is a student at this high school, and he is the top of the class.
  * a student at A「A (学校) の生徒 (← of ではなく at を用いる!)」be the top of A「A のトップ [首位/最高位] である」

8 英語を学ぶ目的の1つは，外国人の考え方を知ることである。

9 誰に車を貸したの？——友達。

10 なんてすてきなドレスなのかしら。試着してみれば。

11 彼女のマンションは東京の都心にある。

12 僕には信頼できる友人がいない。

13 この問題については医者と相談した方がいい。

14 迷子の犬を探しています。近くの公園の中はすでに探しました。

- One of the purposes of learning English is to learn about foreigners' ways of thinking.
  ＊purpose of doing「…する目的」learn about A「A について（**新しい情報を**）知る」way of thinking「考え方／思考様式」cf. way of living [life]「生き方／生活様式」

- Who did you lend your car (to)? — I lent it to a friend.
  ＊返答の「友達」とは「私はそれ（＝私の車）を友達に貸した」ということ。省略された情報を補って英訳する点がポイント。

- What a nice dress! Why don't you try it on?
  ＊What a nice dress! は感嘆文。What a nice dress it is! という表現から it is が省略された形。
  ＊Why don't you do...?「…したらどうですか（← 提案を表す会話表現）」

- Her condominium is in central Tokyo.
  ＊mansion は「大邸宅／豪邸」という意味。日本語の「マンション」は apartment / flat / condominium などで表すのが一般的。condominium は「分譲マンション」。

- I have no reliable friends.
  ＊形容詞 no のあとに可算名詞が続く場合は、その名詞が常識的に複数存在する場合は複数形を用いる。「友人」は一般的に複数存在するので no friend（← 単数形）よりも no friends（← 複数形）とするのが自然。

- You should discuss [talk about] this problem with a doctor.
  ＊相手に対して「…する方がよい」という忠告や助言をする場合は You should do... という形を用いるのが一般的。You had better do... は状況によっては失礼な言い方になるので避ける方が無難。

- I am searching for a lost dog. I have already searched the nearby park.
  ＊場所に関して「近くの…」という場合は形容詞 nearby を用いる。（例）a nearby store「近くの店」形容詞 near にこの用法はないので、「近くの公園」を（×）the near park とは表現できない。

15 彼女は3日前に日本を離れた。私は1週間後にフランスに旅発つ予定だ。

16 彼は正午までにはきっとそこに到着するにちがいないと思う。

17 彼女は目を閉じて寝ているふりをした。

18 私は完璧な親であろうとすることをあきらめています。

19 朝食の後、私は忘れずにその薬を飲んだ。

20 目をこらしたが何も見えなかった。

21 耳を澄ましたが何も聞こえなかった。

- She left Japan three days ago. I am going to leave for France in a week.
  ＊時間に関して「これから…後に／今から…経ったら」は in ... と表現する。(×) after ... ／ ... later とは言えない。(例)「1時間後に戻ります」I'll be back in an hour. (×) I'll be back after an hour [an hour later].

- I am sure that he will arrive [get] there by noon.
  ＊前置詞 by は「動作・状態が**ある時点までに終わる**」ことを示す。前置詞 until は「動作・状態が**ある時点まで続く**」ことを示す。(例) He will stay here until noon.「彼は正午まで（ずっと）ここにいる」

- She closed her eyes and pretended to be asleep.
  ＊asleep の関連表現：fall asleep「眠りに落ちる（＝begin to sleep）」be sound asleep / be fast asleep「ぐっすり眠っている（＝be sleeping very deeply）」

- I have given up trying to be a perfect parent.
  ＊give up doing は「すでにやっていることを途中でやめる」という意味。(例) give up smoking「たばこをやめる」（← 喫煙している人が禁煙する）「これから…することをあきらめる」という場合は give up the idea of doing を用いる。(例) give up the idea of studying abroad「留学をあきらめた」（← これから留学する計画を取りやめる）

- I remembered to take the medicine after breakfast.
  ＊「薬を飲む」という場合は drink ではなく take を使う。breakfast / lunch / dinner は原則として無冠詞。(例) have breakfast [lunch / dinner]「朝食［昼食／夕食］を取る」

- I looked hard, but I couldn't see anything.
  ＊この hard は副詞で「一心に／注意深く」という意味。look hard で「一心に見る／注意深く見る → 目をこらす」となる。but 以下は I could see nothing としてもよい。

- I listened hard, but I couldn't hear anything.
  ＊❷ と同様に listen hard で「一心に聴く／注意深く聴く → 耳を澄ます」となる。but 以下は I could hear nothing としてもよい。

22 その少年は車にはねられてから 2 日間意識不明のままだった。

23 3 人の女性が通りを渡るのを見た。

24 その生徒がいじめられるのを目撃したことがありますか。

25 誰かが大声で話している声が聞こえた。

26 彼女は人に笑われるのではないかと心配だった。

27 その患者は医者から食べすぎないように忠告された。

- After the car hit the boy, he remained unconscious for three days.
  ＊この hit は「(動いている物が) 当たる／ぶつかる／衝突する」という意味。(例) The car hit the wall. 「その車は壁に衝突した」

- I saw three women walking [walk] across the street.
  ＊across は前置詞。動詞の cross と混同しないように。walk across the street＝cross the street と覚えること。

- Have you ever seen the student bullied [being bullied]?
  ＊bully A は「A (弱い者) をいじめる」という意味。名詞の bully は「弱い者いじめをする人／いじめっ子」という〈人物〉を表し、bullying が「いじめ」という〈行為〉を表すことに注意。(例) bullying at school 「学校でのいじめ」bullying at work 「職場でのいじめ」

- I heard someone talking [talk] in a loud voice.
  ＊in a . . . voice 「…の声で」(例) in a low [high / clear / sleepy] voice 「低い [高い／はっきりした／眠そうな] 声で」

- She was afraid that people would laugh at her.
- She was afraid that she would be laughed at by people.
  ＊「人に笑われるのではないか」というのは、「これから笑われる＝まだ笑われていない」という未来の内容。よって would を補訳するのがポイント。(×) She was afraid that people laughed at her. は不可。

- The doctor advised the patient not to eat too much.
  ＊〈動詞＋too much〉で「…しすぎる」という意味。この much は副詞。(例) work [drink / talk] too much 「働きすぎる [飲みすぎる／喋りすぎる]」〈too much＋名詞〉「多すぎる…」と混同しないように。この much は形容詞。(例) too much work 「多すぎる仕事 (← この work は不可算名詞)」
  ＊動詞の advise と名詞の advice (← 絶対不可算名詞) はスペルが似ているので混同しないように。

28 父親が出産に立ち会うことを医者は強く勧めている。

29 私は母親から毎週50個の新しい英単語を覚えさせられた。

30 父は私に一人暮らしをさせてくれなかった。

31 保証期間中にコンピュータを修理してもらった。

32 私は先生に英作文を添削してもらった。

33 私は財布を盗まれた。

34 母からパーティーの準備を手伝うように言われた。

- Doctors strongly recommend that fathers (should) be present at their baby's birth.
  ＊「勧めている」は現在進行中の動作ではなく、「一般論」を述べていると解釈するのが適切。よって Doctors / fathers という無冠詞の複数形を用い、動作動詞の現在形 recommend を用いている。

- My mother made me learn fifty new English words every week.
  ＊この learn A は「(学んで) A を覚える／暗記する (＝memorize A / learn A by heart)」という意味。cf. learn A by rote「A をそらで覚える／棒暗記する」rote learning「(機械的な) 丸暗記」

- My father didn't let me live alone.
  ＊live alone「一人暮らしをする／一人で住んでいる」cf. travel alone「一人旅をする」

- I had my computer fixed under warranty.
  ＊fix A「A を修理する (＝repair A)」under warranty「保証期間中で」

- I got my teacher to correct my English composition.
  ＊correct A「A (誤りなど) を訂正する／A (作文など) を添削する」cf. correction「訂正／修正／添削」correction pen「修正ペン」

- I had my wallet stolen.
- My wallet was stolen.
  ＊steal A は「A (物) を (こっそりと) 盗む」という意味。cf. rob A of B は「A (人) から B (物) を (無理やり・暴力を用いて) 奪う」という意味。(例) He robbed me of my wallet.「彼から財布を奪われた」

- My mother told me to help her get ready for a party.
  ＊help A (to) do「A が…するのを手伝う」get ready for A「A の準備をする」

35 電車で個人的なことを大声で話すのは恥ずかしい。

36 彼女の手紙には正午に来るつもりだと書いてある。

37 彼女は昨日病気で寝ていたようだ。

38 その有名な俳優は3年前に亡くなったそうだ。

39 その後間もなく私は彼の無実を信じるようになった。

40 もう精神科医になりたいとは思わなくなった。

41 その橋は現在建設中です。

- It is embarrassing to talk loudly about something private on the train.
  ＊〈something＋形容詞〉の語順に注意。「個人的なこと」は（×）private something とは言えない。

- Her letter says that she's coming at noon.
  ＊she's coming は現在進行形だが、未来の内容を表していることに注意。

- It seems that she was sick in bed yesterday.
- She seems to have been sick in bed yesterday.
  ＊be sick in bed「病気で寝ている」この表現では be ill in bed という言い方はあまりしない。

- It is said that the famous actor died three years ago.
- The famous actor is said to have died three years ago.
  ＊ここでの to have died は完了不定詞。過去完了形ではないので、「3年前」の英訳を（×）three years before とする必要はない。

- Soon afterward I came to believe that he was innocent.
  ＊believe は状態動詞。I began to believe ...「…を信じ始めた＝信じるようになった」としても正解。

- I no longer want to be a psychiatrist.
  ＊「A（職業の人）になりたい」は want to become A よりも want to be A と表現するのが一般的。

- The bridge is being built now.
  ＊「建設中」を「建設されているところだ」と読み替える。

42 私は外見は弟に似ているが性格は似ていない。

43 私は毎日地下鉄で通勤しています。

44 私は大学を卒業してから商社に勤務しています。

45 科学技術の発達のおかげで生活はとても便利になった。

46 ハワイには行ったことがないが、来年は行けたらいいと思っている。

47 家を出るとき雪が降っていた。

48 君と出会ったときにはすでに何度もハワイを訪れていた。

- I resemble my brother in appearance but not in character.
   ＊in appearance「外見において」in character「性格において」

- I take the subway to work every day.
   ＊take the subway「地下鉄に乗る（← the を必ず付ける！）」work「（無冠詞で）職場／会社／仕事先（＝the office）」cf. go to work「仕事に出かける／出勤する」at work「仕事中」leave work「会社を出る」

- I have been working for a trading company since I graduated from college.
   ＊graduate from college「大学を卒業する（← college は無冠詞！）」cf. at [in] college「大学在学中に（＝when S was a college student）」go to [attend] college「大学に通う」

- Life has become much easier because of the development of technology.
   ＊この easy は「（暮らしなどが）安楽な／豊かな／便利な」という意味。反意語は hard「苦しい／つらい／ひどい」（例）an easy life「豊かな生活／便利な暮らし」a hard life「苦しい生活／辛い人生」

- I have never been to Hawaii, but I hope to visit it next year.
   ＊「来年は行けたらいい」とは「来年はハワイに行けたらいい」ということ。他動詞 visit の目的語である it（＝Hawaii）を補訳する点がポイント。自動詞 go を用いると I hope to go there next year となる。

- It was snowing when I left home.
   ＊It snows.「雪が降る」leave home「（仕事などで）家を出る」

- I had visited Hawaii many times when I met you there.
   ＊「回数」は once（1回）／ twice（2回）／ three times（3回以上は . . . times）という表現を用いる。前置詞を付けない点に注意。

49 先月は5回映画を見に出かけた。

50 彼女は30代のとき5年間ロンドンに住んでいた。

51 会社に到着して、ドアの鍵をかけ忘れてきたことに気づいた。

52 明日は仕事を休む予定だ。

53 明日は仕事を休むと彼女に言った。

54 彼から連絡があり次第すぐにお知らせします。

55 昨日は15分で報告書を仕上げることができた。

- I went to the movies five times last month.
  ＊「映画を見に行く」は、go to a movie [movies / the movies] と表現する。go to the movie は「その（特定の）映画を見に行く」という意味になる。cf. see a movie 「（映画館で）映画を見る」⇔ watch a movie「（テレビや DVD で）映画を見る」

- She lived in London for five years when she was in her 30s.
  ＊「…歳代」は〈in one's . . .s〉と表現する。early（前半）、mid-（半ば）、late（後半）などの形容詞と一緒に用いることも多い。（例）「彼が 20 代前半に」in his early 20s 「私が 40 代半ばで」in my mid-40s

- When I got to the office, I found that I had forgotten to lock the door.
  ＊office は「（働いている場所としての）会社／職場」という意味。（例）go to the office 「出勤する」get to the office「出社する」leave the office「退社する」company は 「（法人組織としての）会社」という意味なので、「出勤／出社」の意味で（×）go［get］to the company という言い方はしない。leave the company は「会社を辞める／退職する」という意味になる。

- I am going to take a day off tomorrow.
  ＊take . . . off「…の間仕事を休む／休暇を取る」（例）take two weeks off「2 週間休暇を取る」

- I told her that I would take a day off the next day.
  ＊tomorrow は「今日から見て次の日に（＝on the day after today）」という意味。よって、「過去のある時点から見て次の日に」は tomorrow ではなく、the next day を用いる（← 前置詞は付けない！）。

- I will let you know as soon as I hear from him.
  ＊let A know「A（人）に知らせる」hear from A「A（人）から（**手紙・電話・メールなどで**）連絡がある（← 連絡の手段は手紙とは限らない！）」

- I was able to finish [finished] my report in 15 minutes yesterday.
  ＊in 15 minutes の in は「…の間で」という〈動作をするのに必要な期間〉を表す。（例）visit five countries in a week「1 週間で 5 カ国を訪問する」

56 昨日の台風は関東地方に被害を与えたかもしれない。

57 彼女はその時家にいたので、その事故に巻き込まれたはずがない。

58 授業が終わったら電話します。

59 もし昨日晴れていたら青山に買い物に行っただろう。

60 昨夜その薬を飲んでいたら，今頃はもっと体調がいいかもしれない。

61 （まず無理だとは思うが）もし次の電車に乗れたら、会議に間に合うかもしれないけど。

62 （ネタばらしをした相手に向かって）その映画の結末を言って欲しくなかった。

- The typhoon yesterday may have done damage to the Kanto region.
  ＊do [cause] damage to A「Aに被害を与える（← give damage とは言えない！）」the Kanto region「関東（地方）」cf. the Kansai [Tohoku / Kyushu] region「関西［東北／九州］地方」

- She was at home then, so she cannot have been involved in the accident.
  ＊be at home「家にいる／在宅している」be involved in A「A（事件・事故など）に巻き込まれる」cf. be involved in A は「Aに参加している／関わっている／夢中である」という意味でも用いる。

- I will call you when the class is over.
  ＊「電話します」は「あなたに電話する」ということ。他動詞 call の目的語である you を補訳する点がポイント。A is over「A（出来事・期間など）が終わる（＝A has ended）」

- If it had been fine yesterday, I would have gone shopping in Aoyama.
  ＊「Aに買い物に行く」は go shopping in [at] A と表現する。（例）go shopping at a department store「デパートに買い物に行く」日本語に引きずられて（×）go shopping **to A** としないように。

- If I had taken the medicine last night, I might feel better now.
  ＊形容詞 well は「健康で／体の調子が良い」という意味。feel well「体調が良い（→ feel better で「もっと体調が良い」）」get well「体調が良くなる」cf. feel good「楽しい／気分が良い／気持ちがいい」

- If you caught the next train, you might be in time for the meeting.
  ＊catch A「A（電車・バス・飛行機など）に間に合う」⇔ miss A「A（電車・バス・飛行機など）に間に合わない／乗り遅れる」be in time for A「Aに間に合う」cf. on time「時間通りに／定刻に」

- I wish you hadn't told me how the film ends.
  ＊「その映画の結末」は the ending of the film としてもよい。how the film ends は「その映画がどのように終わるか＝その映画の結末」という意味の名詞節。

63 どうして彼女が仕事を辞めたのかは彼には依然として謎のままです。

64 私が本当に知りたいのはあなたが誰を最も尊敬しているのかということです。

65 僕が君よりも何歳年上かということを知っていますか？

66 彼は何と言ったと思いますか。

67 あとどのくらいで退院できますか？

68 これが私が先日医者と話し合った問題だ。

69 ここは私の長男が出た大学です。

- Why she quit the job is still a mystery to him.
  ＊形式主語 it を用いて It is still a mystery to him why she quit the job. としても OK。〈It is a mystery to A＋疑問詞節〉「…かは A にとって謎である」というフレーズでインプットしておこう。

- What I really want to know is who you respect the most.
  ＊〈want to know＋疑問詞節〉「…かを知りたい（と思う）」（例）I want to know what happened to him.「彼に何が起きたのか知りたい（と思う）」

- Do you know how much older I am than you?
  ＊how が比較級を修飾する場合は〈how much＋比較級〉という形にする。（×）〈how ＋比較級〉は不可。how old I am「私は何歳か」→ how much older I am than you「私はあなたより何歳年上か」

- What do you think he said?
  ＊cf. What do you think of [about] A?「（意見を聞いて）A をどう思いますか」

- How soon can I be discharged?
  ＊S is discharged.「S は退院する」⇔ S is hospitalized.「S は入院する」（← どちらも受動態で用いるのが一般的）

- This is the problem (that) I discussed with a doctor the other day.
- I discussed this problem with a doctor the other day.
  ＊the other day「先日／この間／この前（＝recently）」は原則として過去時制で用いる。

- This is the college (which / that) my eldest son graduated from.
- This is the college from which my eldest son graduated.
- My eldest son graduated from this college.
  ＊eldest son「長男」⇔ eldest daughter「長女」cf. 兄弟姉妹の年齢の上下を意識する場合は、elder brother「兄」elder sister「姉」younger brother「弟」younger sister「妹」と表現する。

70 以前からとても興味があったイタリアをぜひ訪れてみたい。

71 私が言いたいのはその意見に賛成だということだ。

72 生まれも育ちもこの町です。

73 彼女が休暇を過ごした長野県は山国だ。

74 この問題はいくつかの異なった取り組み方が可能だ。

75 ここは日本で一番暮らしやすい町だと僕は思う。

- I really want to visit Italy, which I have been very interested in.
- I really want to visit Italy because I have been very interested in it.
  ＊be interested in A「Aに興味［関心］がある」→ be <u>very</u> [<u>really</u>] interested in A「Aに**とても**興味［関心］がある」（×）be interested very much in A とは言えないことに注意。

- What I want to say is that I agree with that opinion.
- (I want to say that) I agree with that opinion.
  ＊agree with A「Aに賛成する／同感である」のAには「人・意見（opinion）・考え（idea）」などが来る。cf. agree to A「A（提案・条件など）に同意する／承諾する」

- This is the town in which [where] I was born and raised.
- I was born and raised in this town.
  ＊S was born and raised in A.「SはAで生まれて育った」← 受動態を用いるのがポイント。

- Nagano prefecture, where she spent her holidays, has a lot of mountains.
- Nagano prefecture has a lot of mountains and she spent her holidays there.
- She spent her holidays in Nagano prefecture. It has a lot of mountains.
  ＊S have A.「S（場所）にはAが存在する」（例）This room has no windows.「この部屋には窓がない（＝There are no windows in this room.）」

- There are several different ways we can tackle this problem.
- We can tackle this problem in several different ways.
  ＊tackle A「A（犯罪や失業などの社会問題）に取り組む」in a ... way「…のやり方で」

- This is the town which I think is the best place to live in Japan.
- I think (that) this town is the best place to live in Japan.
  ＊place <u>which</u> S live <u>in</u>（Sが住む場所）→ place to live in（住む場所）と考えれば in Japan の前に in が必要だが、place <u>in which</u> [<u>where</u>] S live → place to live と考えれば不要。どちらの形も正しい。

76 その有名な映画俳優は離婚の噂を否定した。

77 最近の親は子どもを甘やかす傾向がある。

78 彼女には以前爪を噛む悪い癖があった。

79 私は留学生と交流する機会が多い。

80 その問題は彼にも解けるほど易しい問題だ。

81 この本は私に理解できないくらい難しい本だ。

- The famous movie actor denied the rumor that he would get divorced.
- People said that the famous movie actor would get divorced, but he denied that rumor.
    * S get divorced「Sは離婚する（← 離婚相手を明示しない表現！）」cf. S divorce A「SはAと離婚する」（例）She is divorcing her husband.「彼女は夫と離婚しようとしている」

- There is a tendency for parents these days to spoil their children.
- Parents these days tend to [often / usually] spoil their children.
    * 過去と対比して「最近の［近頃の／今の］A（人）」という場合は〈A these days [today]〉と表現する。（例）young people these days [today]「最近の若者」（×）recent young people は不可。

- She used to have a bad habit of biting her nails.
- She used to bite her nails.
    * have a bad habit of doing「…する悪い癖がある」bite one's (finger) nails「爪を噛む」

- I have many chances to interact with international students.
- I often interact with international students.
    * interact with A「（お互い話をして、一緒に何かをして）Aと交流する／ふれあう／つき合う」
    *「留学生」は international student / foreign student / student from abroad [overseas] などで表す。

- The problem is so easy that he can solve it.
    * solve a problem「問題を解く」cf. answer a question「質問に答える」（×）solve a question / answer a problem は不可。

- This is such a difficult book that I can't understand it.
    *〈so＋形容詞＋a＋名詞〉を用いた so difficult a book の語順も正しいが、英作文では使わない方がよい。

82 彼はヨットが買えるほどの金持ちだ。

→ Check! ☐☐☐☐☐

83 彼は貧乏すぎて自転車が買えない。

→ Check! ☐☐☐☐☐

84 目を覚ましているために私はコーヒーをがぶ飲みした。

→ Check! ☐☐☐☐☐

85 眠らないように私は濃いコーヒーを飲んだ。

→ Check! ☐☐☐☐☐

86 彼が道に迷わないように彼に地図を書いてあげた。

→ Check! ☐☐☐☐☐

87 病院へ行った。というのも頭が痛かったからだ。

→ Check! ☐☐☐☐☐

88 頭が痛かったので病院に行った。

→ Check! ☐☐☐☐☐

- He is rich enough to buy a yacht.
- He is so rich that he can buy a yacht.
  ＊形容詞の enough は〈enough＋名詞＋to do〉「…するのに十分な〈名詞〉」という使い方をする。(例) enough money to buy a house「家を購入するのに十分なお金」

- He is too poor to buy a bicycle.
- He is so poor that he cannot buy a bicycle.
  ＊too を強調するには much や far を用いる。(例) too big「大きすぎる」→ much [far] too big「あまりにも大きすぎる」

- I drank a lot of coffee in order to [so as to / to] stay awake.
  ＊stay [remain] awake「寝ないで起きている」cf. wake up「(寝ていた状態から) 目覚める」get up「(布団から出て) 起床する」

- I drank strong coffee in order not to [so as not to] fall asleep.
  ＊strong coffee「濃いコーヒー」⇔ weak coffee「薄いコーヒー」(×) thick coffee / thin coffee という言い方はしない。

- I drew him a map so that he wouldn't get lost.
  ＊draw は「線を引く／線で図を描く」という意味。絵の具やペンキなどで彩色する場合は paint を、文字を書く場合は write を用いる。「道に迷う」は get lost / lose one's way と表現する。

- I saw the doctor because I had a headache.
  ＊see a [the] doctor は「医者に診てもらう／病院に行く」という意味。通例 go to (the) hospital は入院が必要な病気の場合に用いる。頭痛レベルで用いるのは不自然。

- The reason I saw the doctor was that I had a headache.
- I saw the doctor. The reason (for this) was that I had a headache.
  ＊主語の The reason の直後には関係副詞の why が省略されている。

89 頭が痛かった。だから病院へ行った。

90 幸せである限り、お前がどんな仕事をしていても構わない。

91 僕の聞いたところでは、彼女の方は怪我をして、彼の方は入院したそうだ。

92 問題は彼の収入が少ないことではなく、ギャンブルに金をつぎ込んでいる点である。

93 寄付をするだけでなく、ボランティアをすることでも困っている人を助けることができる。

94 私は彼女にプレゼントした。しかし、彼女からは何もなかった。

95 私は彼女にプレゼントしたが、彼女からは何もなかった。

- I saw the doctor. This was because I had a headache.
- I had a headache. This was why I saw the doctor.
- I saw the doctor. I had a headache.
  ＊have a headache「頭痛がする」have a bad headache「ひどい頭痛がする」suffer from headaches「頭痛に悩まされる／頭痛持ちである」

- As long as you are happy, I don't care what job you are doing.
  ＊I don't care＋疑問詞節「…かは気にしない／構わない」（例）I don't care what other people think of me.「他人からどう思われようが私は気にしない」

- I hear that she was injured and that he was hospitalized.
  ＊I hear (that) ...「…だと噂に聞いている／…だそうだ」be injured「怪我をする」

- The problem is not that he has a low income, but that he wastes his money gambling.
  ＊low income「収入が少ないこと／低収入」⇔ high income「収入が多いこと／高収入」waste A doing「…することにA（お金・時間）を浪費する」cf. waste A on B「BにA（お金・時間）を浪費する」（例）waste money on clothes「衣服に浪費する」

- You can help those in trouble not only by making a donation but also by doing volunteer work.
  ＊make a donation「寄付する」do volunteer work「ボランティアをする」cf. volunteer「ボランティア（をする人）」（×）do volunteerとは言えないことに注意。

- I gave her a present, but she didn't give me anything.
  ＊give A a present「A（人）にプレゼントする」動詞のpresentをこの意味で用いるのは不自然。（×）I presented herとは言えない。

- I gave her a present. However, she didn't give me anything.
  ＊「彼女からは何もなかった」とは「彼女は私に何もくれなかった」と解釈するのが適切。

96 たいていの子どもはすぐに読み書きができるようになるが、特別な支援が必要な子どももいる。

97 どんな職業についても、全力を尽くしなさい。

98 どんなに時間がかかっても報告書を仕上げなければならない。

99 好むと好まざるとに関わらず、君は食生活を変えなければならない。

100 彼は留学中に彼女と出会い結婚した。

101 僕は携帯電話で会話をしながら自転車に乗ることがよくあります。

102 彼女は脚を組み膝の上にノートパソコンを置いてそこに座っていた。

- Most children learn to read and write easily, while some need extra help.
  ＊learn to do「…できるようになる」some は some children のことを表している。

- Whatever job you get, do it as best you can.
  ＊as best S can「可能な限り／できるだけ／精一杯」

- I have to finish my report, however long it takes.
  ＊S take long.「S は時間がかかる」（例）It won't take long.「時間はかからない＝すぐに終わるよ」

- Whether you like it or not, you'll have to change your eating habits.
  ＊Whether you like it or not, SV . . .「好むと好まざるとに関わらず［否が応でも］、…」← この it はあとの主節の内容を予告的に示している。日本語には明示されていないので書き忘れないように注意すること。

- He met and married her while studying abroad.
  ＊S marry A「S は A と結婚する」cf. S get married「S は結婚する（← 結婚相手を明示しない場合に用いる！）」S is married「S は結婚している（← 状態を表す）」

- I often ride a bicycle, talking on the cellphone.
  ＊「携帯電話」は cellphone や cell phone を用いるのが一般的。（例）on the cellphone「携帯電話で」

- She sat there with her legs crossed and (with) the laptop on her knees.
  ＊「ノートパソコン」は laptop (computer) を用いるのが一般的。

103 名前を呼ばれるまで待つしかない。

→ *Check!* ☐☐☐☐☐

104 明かりを消して5分後に眠りに落ちた。

→ *Check!* ☐☐☐☐☐

105 家のリフォームに半年以上かかった。

→ *Check!* ☐☐☐☐☐

106 彼が亡くなってから3年になる。

→ *Check!* ☐☐☐☐☐

107 子どもたちは学校と同様に家庭でもそのプログラムにアクセス可能です。

→ *Check!* ☐☐☐☐☐

108 森林が姿を消すにつれて、気候は深刻な影響を受けている。

→ *Check!* ☐☐☐☐☐

109 私はいくつかの楽器を演奏できる。例えばフルート、ギター、ピアノなどです。

→ *Check!* ☐☐☐☐☐

付録　暗唱英文150

- You'll just have to wait until they call your name.
    * wait until SV「…するまで待つ」cf. wait for A「A を待つ」wait for A to do「Aが…するのを待つ」（例）wait for a bus「バスを待つ」wait for a bus to stop「バスが止まるのを待つ」

- I fell asleep five minutes after I turned off the light.
    * I turned off the light. Five minutes later, I fell asleep.「明かりを消した。それから5分後に眠りに落ちた」と2文に分けて書いてもよい。〈SV 〜. 時間差＋later, SV ...〉という形で覚えよう。

- It took me more than six months to have my house remodeled.
    *「A（建物）をリフォームする／改築する」は remodel A / have A remodeled と表現する。日本語に引きずられて（×）reform A としないこと。reform は「（社会制度などを）改革する／改正する」という意味。

- It has been three years since he died.
- Three years have passed since he died.
- He died three years ago.
- He has been dead for three years.
    * S die.「S が死ぬ／亡くなる（← die は自動詞）」cf. S is dead.「S は死んでいる／亡くなっている（← dead は形容詞）」

- Your children can access the program at home just as at school.
    * access A「A（情報やネットワークなど）にアクセスする」（×）access to A というミスに注意。

- As more and more forests are disappearing, the climate is being seriously influenced.
    * influence A「A に影響を与える」→ A is influenced「A は影響を受ける（← 受動態）」→ A is being influenced「A は影響を受けているところだ（← 受動態の進行形！）」

- I can play several musical instruments, such as the flute, the guitar and the piano.
    *「楽器を演奏する」は、定冠詞 the を付けて〈play the＋楽器〉と表現するのが一般的。

110 彼の気持ちを傷つけないように気をつけなさい。

111 寝ている子どもたちを起こさないように静かに歩いた。

112 箱の中に残っているお金はとても少ない。

113 最近留学をする日本の若者が少なくなっている。

114 私は彼と同じくらい多くの本を持っている。

115 彼は昔ほどゴルフに興味がない。

116 中国の人口は日本の10倍だ。

- Be careful not to hurt his feelings.
  * hurt one's feelings「…の感情を傷つける／気分を害する（← 複数形の feelings を用いる !）」

- I walked quietly so as not to wake up the sleeping children.
  * wake up A / wake A up「A を目覚めさせる／起こす」

- There is very little money left in the box.
  * There is A left「A が残っている（＝A is left）」日本語に引きずられて（×）A is remaining としないように。

- Fewer and fewer young Japanese people are studying abroad these days.
- The number of young Japanese people studying abroad is decreasing these days.
- There are fewer and fewer people studying abroad these days.
  * abroad は副詞。study abroad「留学する」travel abroad「海外旅行をする」work abroad「海外で働く」live abroad「外国で暮らす」のように〈動詞＋abroad〉という使い方をする。

- I have as many books as he has.
  * cf. She ate as much food as she liked.「彼女は好きなだけ食べた」→ 不可算名詞 food には形容詞 much を用いる。（×）as much as food のミスに注意。

- He is not as interested in golf as he used to be.
- He is not as interested in golf as (he was) in the past.
  * cf. It is as hot today as (it was) yesterday.「今日は昨日と同じくらい暑い」→ yesterday があるので過去であることは明らか。よって it was は省略して良い。

- The population of China is ten times as large as that of Japan.
  *「人口が多い／少ない」には形容詞 large / small を用いる。（例）a large [small] population「人口＝人の数」だからといって many / few は使えない。

117 その女優は見た目よりもずっと年をとっている。

118 野球は最も興奮するスポーツだ。

119 健康が一番。

120 僕は友人とのお喋りが最高に楽しい。

121 こんな寒い冬は経験したことがない。

122 5年ぶりの空梅雨だ。

- The actress is much older than she looks.
  ＊比較級の強調には much / far などを用いる。比較級の強調に very は使えない。

- Baseball is more exciting than any other sport.
- No (other) sport is as exciting as baseball.
- Baseball is the most exciting (sport).
  ＊スポーツは無冠詞で用いるのが原則。「野球をする」は play baseball が正しく、(×) play the baseball とはしない。

- Nothing is more valuable than health.
- Nothing is as valuable as health.
- Health is more valuable than anything else.
- Health is the most valuable thing.
  ＊else は〈疑問詞＋else〉という使い方もする。(例) Who else came to the party?「他に誰がパーティーに来ましたか」What else do you need?「他に何が必要ですか」

- Nothing is as pleasant to me as talking with a friend.
- Nothing is more pleasant to me than talking with a friend.
- I never feel as happy as when I am talking with a friend.
- I never feel happier than when I am talking with a friend.
  ＊形容詞 pleasant には「**物事が**楽しい／魅力的な (＝enjoyable / attractive)」と、「**人が**感じがよい／礼儀正しい (＝friendly / polite)」という２つの意味がある。両者を混同しないように。(例) a pleasant place「楽しい場所」⇔ a pleasant young man「感じの良い青年」

- We have never had such a cold winter.
- This is the coldest winter we have ever had.
  ＊a cold winter「寒い冬」a severe [hard] winter「厳しい冬＝厳冬」a mild winter「暖かい冬＝暖冬」のように、形容詞で種類を区別しているので winter は可算名詞扱い。冠詞の a を付ける点がポイント。

- We have not had such a dry rainy season in five years.
- This is the driest rainy season we have had in five years.
  ＊ここでの形容詞 dry は「雨が降らない」という意味。そこから「日照り続きの／乾燥した」という意味になる。

123 大学教育が今ほど重要な時代は歴史上なかった。

→ Check! ☐☐☐☐☐

124 東京ほど多くの方言が使われる場所は日本中探してもない。

→ Check! ☐☐☐☐☐

125 本をたくさん読めば読むほど多くの知識を得られる。

→ Check! ☐☐☐☐☐

126 彼女を憎めば憎むほど私は幸せでなくなった。

→ Check! ☐☐☐☐☐

127 インドネシアの気候はインドとは全く異なる。

→ Check! ☐☐☐☐☐

- Never before has a college education been as important.
- Never before has a college education been so important (as (it is) now).
- Never before has a college education been more important (than (it is) today).
- A college education is more important than ever (before).
  ＊「歴史上」とは「過去から現在までの全期間」を念頭に置いていることになり、現在完了形を用いるのが適切。倒置形が難しいという場合は、〈比較級＋than ever (before)〉を用いればよい。

- In no other place in Japan are as many dialects spoken as in Tokyo.
- In no other place in Japan are so many dialects spoken as in Tokyo.
- In no other place in Japan are more dialects spoken than in Tokyo.
- Nowhere in Japan are as many dialects spoken as in Tokyo.
- In no other place in Japan do people use as many dialects as (they do) in Tokyo.
- More dialects are spoken in Tokyo than in any other place [anywhere else] in Japan.
  ＊最上級相当の〈比較級＋than anything else〉や〈比較級＋than anyone else〉と同様の発想で、〈比較級＋than anywhere else〉「他のどんな場所よりも…」を用いると理解すればよい。

- The more books you read, the more knowledge you can get.
  ＊get [gain / acquire] knowledge「知識を得る」

- The more I hated her, the less happy I became.
  ＊「幸せでなくなった」が単純な否定ではない点がポイント。less の感覚に慣れること。

- The climate of Indonesia is completely [quite] different from that of India.
  ＊climate は「気候（＝ある地域の長期間の平均的な気象状態）」を意味する。weather「(ある時の、晴れや雨などの変動する) 天気・天候」と混同しないように。

128 ラットとマウスには大きな違いがある。

129 彼らの状況は我々と非常によく似ている。

130 彼女が事故で大怪我をしたと聞いて私は驚きました。

131 朝早起きすると気分爽快だ。

132 そのミスはとても恥ずかしかった。

133 退屈な講義を聞いていて眠くなった。

134 彼の昇進は間違いないと思う。

- There is a big difference between a rat and a mouse.
  ＊〈between A and B〉の代わりに between them（それらの間）、between the two countries（その２つの国の間）などの表現も可能。

- Their situation is very similar to ours.
  ＊similar は叙述用法と限定用法の両方で使える。（例）We have similar interests.「私たちの興味は似ている」← 限定用法

- I was surprised to hear that she was seriously injured in the accident.
  ＊be seriously injured「大怪我をする／重傷を負う」

- Getting up early in the morning refreshes you.
- Getting up early in the morning is refreshing.
- It is refreshing to get up early in the morning.
- It refreshes you to get up early in the morning.
  ＊get up early (in the morning)「朝早く起きる／早起きする（← 起きるのは朝に決まっているので in the morning は虚辞として書かなくても良い）」

- I was very embarrassed about that mistake.
- That mistake embarrassed me very much.
- That mistake was very embarrassing.
  ＊embarrassed「（人にどう思われるかと思って）恥ずかしい／きまりが悪い」
  cf. ashamed「（良心に照らして）恥じている／やましい気がする」shy「（人見知りして）恥ずかしがりの／内気な」

- I felt sleepy while listening to a boring lecture.
  ＊feel sleepy「眠い」while listening は while I was listening から I was を省略した形。

- I am sure that he will be promoted.
- He is sure to be promoted.
  ＊be promoted「昇進する（← 昇進は自分で決められないので受動態で表現する！）」

135 彼の昇進は確かだ。

Check!

136 高齢者が熱中症にかかるのは珍しいことではない。

Check!

137 私が彼に間違った住所を教えたのは明らかだ。

Check!

138 彼女は正直に自分の誤りを認めた。

Check!

139 君の字は本当に読みにくい。

Check!

140 昨日彼がこの手紙を見つけたのは彼女の部屋だった。

Check!

141 昨日彼がこの手紙を見つけたのはいったいどこだったのですか。

Check!

- It is certain that he will be promoted.
　＊I am certain that he will be promoted. や He is certain to be promoted. としても正解。

- It is not uncommon for the elderly to suffer heat stroke.
　＊the elderly ＝elderly people「高齢者／年配の人たち（← elder と混同しないように！）」suffer heat stroke「熱中症にかかる（← from を付けない方が自然！）」

- It is clear that I gave him a wrong address.
　＊この形容詞 wrong は「間違った／誤った／不正確な」という意味。（例）You have the wrong number.「間違い電話ですよ」take the wrong bus「間違ったバスにのる＝バスを乗り間違う」

- It was honest of her to admit her mistakes.
- She was honest to admit her mistakes.
　＊admit one's mistake(s)「誤りを認める」

- It is really difficult to read your handwriting.
- Your handwriting is really difficult to read.
　＊handwriting「手書き／筆跡」（例）have bad handwriting「字が汚い」⇔ have neat handwriting「字がきれい」cf. handwritten「手書きの」（例）a handwritten note「手書きのメモ」

- It was in her room that he found this letter yesterday.
　＊cf.「彼が亡くなったのは 8 月だった」It was in August that he died. → 時を表す副詞句 in August が強調されている。前置詞を書き忘れた（×）It was August that he died. のミスに注意。

- Where was it that he found this letter yesterday?
　＊間接疑問の語順にも注意。（例）「昨日彼がこの手紙を見つけたのはいったいどこだったのか私は知らない」I don't know where it was that he found this letter yesterday.

142 ほとんどの子どもは小動物が好きだ。

143 このクラスの子どものほとんどは犬が好きだ。

144 このクラスの子どもで犬好きはほとんどいない。

145 このクラスの子どもは全員犬が好きだ。

146 あらゆる小説が読む価値があるわけではない。

147 すべての小説は読む価値がないと言う人もいる。

148 彼はすっかり酔っ払って、ほとんど歩くことができなかった。

- Most children like small animals.
  ＊domestic animals「家畜」wild animals「野生動物」the higher animals「高等動物」the lower animals「下等動物」

- Most of the children in this class like dogs.
  ＊keep [have] a dog「犬を飼う」take one's dog for a walk [＝walk one's dog]「犬を散歩に連れて行く」

- Few of the children in this class like dogs.
  ＊a few は「少しは…」という肯定的な意味になる。（例）A few of the children in this class like dogs.「このクラスの子どもで犬好きも少しはいる」

- All the children in this class like dogs.
  ＊all your mistakes「君の間違いはすべて（← all＋所有格＋可算名詞）」、all my money「有り金全部（← all＋所有格＋不可算名詞）」、all these areas「この全地域」などの組み合わせもある。

- Not every novel is worth reading.
- Not all novels are worth reading.
  ＊A is worth doing「Aは…する価値がある」は、「Aが他動詞 do の目的語」という関係が成立する。本問も novels が他動詞 read の目的語（＝read novels「小説を読む」）。（例）The movie is worth seeing.「その映画は見る価値がある（←The movie が他動詞 see の目的語＝see the movie「その映画を見る」）」

- Some people say that no novel is worth reading.
- Some people say that no novels are worth reading.
  ＊It is worth doing ...「…する価値がある／…すべきだ」という定型表現もある。（例）「その映画は見る価値がある」It is worth seeing the movie.＝The movie is worth seeing.

- He was so drunk that he could hardly walk.
  ＊be drunk「酔っ払っている（← 状態）」⇔ get drunk「酔っ払う（← 動作）」cf. 名詞の前では通例 drunken を用いる。（例）her drunken husband「彼女の酔っ払った夫」ただし、「酒酔い運転」は drunken driving / drunk driving のどちらも OK。

149 常に自転車には鍵をかけなさい。

150 予想された通り、彼は部屋に入ってすぐに封筒を慎重に開けた。

- Always lock your bicycle.
  ＊lock the door「ドアに鍵をかける」⇔ unlock the door「ドアの鍵を開ける」
  lock up the house「家の戸締まりをする」

- Naturally, he opened the envelope carefully soon after he entered the room.
- Naturally, he carefully opened the envelope soon after he entered the room.
  ＊soon after SV「…した直後に（← after は接続詞）」cf. soon after A「A の直後に（← after は前置詞）」（例）soon after the press conference「記者会見の直後に」

大学入試 150 パターンで解く英作文

●2014年12月1日 初版発行●

●著者●
米山 達郎
©Tatsuro Yoneyama, 2014

●発行者●
関戸 雅男

●発行所●
株式会社 研究社
〒102-8152 東京都千代田区富士見 2-11-3
電話 営業 03-3288-7777（代） 編集 03-3288-7711（代）
振替 00150-9-26710

KENKYUSHA
〈検印省略〉

●印刷所・本文レイアウト●
研究社印刷株式会社

●装丁●
寺澤 彰二

●英文校閲●
Randall Pennington, Stephen Farrell

ISBN978-4-327-76481-4 C7082 Printed in Japan